기초부터 해단까지 이해와 암기가 쉬운

기문명리학

奇 門 命 理 學

기초부터 해단까지 이해와 암기가 쉬운

기문명리학

초판 1쇄 인쇄일 2026년 1월 7일
초판 1쇄 발행일 2026년 1월 20일

지은이 이주헌
펴낸이 양옥매
디자인 표지혜 송다희
마케팅 송용호
교   정 조준경

펴낸곳 도서출판 책과나무
출판등록 제2012-000376
주소 서울특별시 마포구 방울내로 79 이노빌딩 302호
대표전화 02.372.1537 **팩스** 02.372.1538
이메일 booknamu2007@naver.com
홈페이지 www.booknamu.com
ISBN 979-11-6752-725-7 (03180)

기초부터 해단까지 이해와 암기가 쉬운

기문명리학
奇門命理學

이주헌 지음

책나무

책을 내면서

'아! 내 인생은 왜 이럴까? 왜 나한테만 이런 일이 일어나지?'

한 번쯤은 이러한 생각을 해 보았을 것이다.

이런 일들을 순조롭게 풀어 가면서 내 삶의 실타래가 슬슬 풀리듯이 행복한 삶을 살 수는 없을까?

나를 알면 백전백승이라 하지 않는가. 그래서 나를 알기 위해 명리를 공부하기 시작했고 지금도 공부하고 있다. 그러나 명리는 나에게 커다란 만족감을 주지 못했다. 항상 뭔가가 부족했고 자신감이 없었다. 내 명리 실력이 부족해서 그런가 보다라고 생각하며 명리를 공부하는 다른 사람들에게 물어보니, 그분들도 명리가 어렵고 힘들다고 했다.

과연 무엇이 문제일까?

일반 명리 책들을 보면 거의 대동소이하다. 기본 이론서이다. 그래서일까? 대부분의 사람들은 아무리 공부해도 입이 잘 떨어지지 않는다고 한다. 사람들은 사주를 통변하려고 명리를 공부하지 않는가? 하지만 책만 보아서는 사주를 잘 풀이할 수가 없다.

명리를 좀 아신다는 선생님들은 자기한테 오면 사주를 잘 풀 수 있는 노하우를 가르쳐 주겠다고 한다. 하지만 막상 가 보면 뭐 특별한 것이 없다. 알면서 가르쳐 주지 않는 것인지, 몰라서 안 가르쳐 주는 것인지는 잘 모르겠지만 말이다.

그런데 어느 날 우연히 어느 지인분이 기문둔갑을 한번 공부해 보라고 했다. 기문둔갑의 기본 이론만 제대로 공부하고 이해하면 사주를 해단하는 것은 문제가 없다는 것이다. 즉, 사주를 포국해서 보이는 그대로 있는 그대로 이야기해 주면 된다는 것이다.

　그 말에 필자는 마음이 확 끌리게 되어 큰 고민 없이 기문둔갑을 공부하게 되었다. 기문둔갑은 나에게 꼭 맞는 옷처럼 공부의 즐거움을 주었고, 내 삶의 방향을 바꾸어 놓았다.

　그래서 나 혼자만 이 행복을 누릴 것이 아니라 누구나 기문둔갑을 공부해서 공부의 즐거움을 가지고 자기의 삶을 알아 가면 좋지 않을까 하는 마음으로 이 책을 쓰게 되었다.

　그리고 기문둔갑에 누구나 관심이 있는 분들이 쉽게 접근하고, 쉽게 이해하여 공부의 재미를 더해 가도록 한자와 한글을 병행하였고 어려운 낱말에 대해서는 풀이를 해 놓아서 쉽게 이해를 도운 것이 장점이라고 할 수 있다.

　기문둔갑은 인간이 태어나면서부터 주어진 사주팔자라는 시간적 개념과 구성이라는 공간적 개념을 도입하여 인간사 부귀빈천과 길흉화복을 추론하는 학문이다.

　누구나 태어나면서 주어진 팔자라는 정해진 운명 속에서 그 숙명적인 운명대로 살아간다. 하지만 예외적인 경우도 있다.

　인간은 어떻게 태어났느냐가 굉장히 중요하다. 즉, 금수저로 태어났느냐 흙수저로 태어났느냐 하는 것이다. 그러나 그 주어진 운명을 극복하려고 노력하면서 살아가는 것이 우리 인간만이 가지는 삶이 아닌가 생각한다.

　따라서 여러분들이 이 책을 통해 기문둔갑을 편안한 마음으로 열심히 공부해서 실력을 키워 본인의 행복뿐만 아니라 상담자에게 행복과 즐거운 삶을 불어넣어 주는 훌륭한 상담가가 되기를 바란다.

乙巳年 따스한 봄날에
장전 이 수 헌

제3장 격국(48격)

제4장 질병론(疾病論)

제5장 기문국 해단(奇門局 解斷)

제6장 기문(奇門) 해단(解斷) 보충 이론

제7장 천하국(天下局) 포국

제8장 기문둔갑 해단에 따른 참고 이론

제1장

기문둔갑

奇 門 遁 甲

개요

기문둔갑이란

인간(人間)이 태어나서 가지는 年(년), 月(월), 日(일), 時(시)를 바탕으로 한 시간적(時間的) 개념(槪念)과 구성(九星)이라는 공간적(空間的) 개념(槪念)을 도입하여 인간의 부귀빈천(富貴貧賤)과 길흉화복(吉凶禍福)을 추론(推論)하는 학문이다.

1. 기문둔갑의 어원

기문둔갑은 구궁을 근본으로 하고, 三奇(삼기), 六儀(육의), 八門(팔문), 八將(팔장), 九星(구성)을 배합하여 인간의 길흉화복을 살피는 것이다. 이 중 三奇에서 奇를, 八門에서 門을 구궁상에 甲이 나타나지 않고 숨는다 하여 遁甲(둔갑)이라 하고, 조합하여 奇門遁甲(기문둔갑)이라 부른다.

기문둔갑의 奇(기)는 10 天干(천간) 중 乙丙丁(을병정)을 三奇(삼기)라 한다. 그리고 門(문)은 인간과 인간과의 관계를 알아보는 것으로 점치는 사람의 九宮(구궁)에 맞추어 길흉을 점치는 사람의 8개의 門(문)을 말한다.

1) 八門(팔문)

八門은 生門(생문), 傷門(상문), 杜門(두문), 景門(경문), 死門(사문), 驚門(경문), 開門(개문), 休門(휴문)을 말한다.

2) 三奇(삼기)

三奇는 乙(을), 丙(병), 丁(정)을 말한다.
'乙奇(을기) = 日奇(일기) = 태양'
'丙奇(병기) = 月奇(월기) = 달'

'丁奇(정기) = 星奇(성기) = 별'을 뜻한다.

三奇(삼기)는 하늘의 빛을 내는 것이므로 총명과 지혜를 뜻한다. 따라서 三奇(삼기)가 入墓(입묘)되면 지혜가 없어지고 빛이 사라지는 격이므로 시력과 판단력이 흐려질 수 있다.

2. 둔갑이란

기문둔갑에서 遁甲(둔갑)이란 遁(둔)은 숨는다는 뜻인데 甲(갑)은 십 天干(천간)의 첫머리로서 가장 重要(중요)하고 尊貴(존귀)하니 자신을 드러내지 않고 갑을 保護(보호)하기 위해 六儀(육의)인 戊(무), 己(기), 庚(경), 辛(신), 壬(임), 癸(계)에 숨어 있으면서 九宮(구궁)상에 갑이 나타나지 않고 숨는다 하여 遁甲(둔갑)이라 한다.

3. 기문둔갑의 종류

기문은 크게 中國奇門(중국기문)과 우리나라 東國奇門(동국기문)이 있다. 중국기문은 時柱(시주)를 위주로 하는 煙局奇門(연국기문)이라 하고, 東國奇門(동국기문)은 日柱(일주)를 위주로 하고 洪局奇門(홍국기문)이라 한다.

● 煙局奇門(연국기문)은 洪局數(홍국수)가 없고 六儀三奇(육의삼기) 위주로 간명하는 중국기문이고,

洪局奇門(홍국기문)은 洪局數(홍국수)를 위주로 하는 우리나라 기문으로 東國奇門(동국기문)이라 한다.

● 時柱(시주)를 위주로 하는 중국기문은 六儀三奇(육의삼기), 時家八門(시가팔문), 八將(팔장), 太乙九星(태을구성)을 활용하고,

日柱(일주)를 爲主(위주)로 하는 우리나라 東國奇門(동국기문)은 洪局數(홍국수), 日家八門(일가팔문), 八將(팔장), 天蓬九星(천봉구성), 八卦(팔괘)에 六儀三奇(육의삼기), 四干四支(사간사지), 六親(육친), 12運星(운성), 12神殺(신살), 天乙貴人(천을귀인), 禄(록), 天馬(천마), 空亡(공망) 流年運(유년운: 大運, 小運) 등을 함께 활용하고 있다.

태을구성은 일주를 기준으로 포국하고, 천봉구성은 時柱(시주) 기준으로 포국한다.

● 日家八門(일가팔문)은 日柱(일주)를 기준으로 하는 것이며, 時家八門(시가팔문)은 時柱(시주)를 기준으로 하며 2시간마다 바뀐다. 점사에 많이 사용된다. 時間(시간)은 地支(지지)를 기준으로 2시간마다 바뀌는데 궁으로 따지면 子午卯酉(자오묘유)를 제외하고 艮宮(간궁)은 丑寅(축인)이 있으므로 4시간마다 바뀌고, 巽宮(손궁)도 辰巳(진사)가 있으므로 4시간마다 바뀌고, 坤宮(곤궁) 역시 未申(미신)이 있으므로 4시간마다 바뀌고, 乾宮(건궁)도 戌亥(술해)가 있으므로 4시간마다 바뀐다. 즉, 자오묘유 궁은 각 2시간씩 바뀌므로 통합해서 24시간, 즉 하루가 된다.

● 八門은 對人關係(대인관계)를 보는 문으로 천지인 중 人(인)에 해당한다.

※ 八門은 洪局數(홍국수) 數理五行(수리오행)과 달리 궁 오행으로 본다.

奇門命理學

4. 홍국기문과 연국기문의 차이점

1) 홍국기문(洪局奇門)

① 기문국은 홍국과 연국을 합친 홍연국을 말한다.

② 홍국은 기문 布局(포국) 요소 중에 洪局數(홍국수)를 위주로 해서 諸般事(제반사)를 判斷(판단)하는 것이다. 이것을 우리나라 奇門(기문)이라는 뜻에서 我國奇門(아국기문), 東國奇門(동국기문)이라 부른다.

③ 우리나라 洪局奇門(홍국기문)은 洪局數(홍국수)와 六儀三奇(육의삼기), 日家八門(일가팔문)을 쓰고 太乙九星(태을구성)을 쓰지 않는 특징이 있다. 또한 병술, 점술, 지리뿐만 아니라 인사명리를 보는 데까지 이용되고 있다.

④ 엄격한 의미에서 洪局奇門(홍국기문)은 洪局數(홍국수)라는 數理(수리)만을 가리키지만 간명 시에는 더욱 폭넓게 사용한다.

2) 연국기문(煙局奇門)

① 洪局數(홍국수)를 사용하지 않는 奇門(기문)을 말하는 것으로 중국기문을 말한다. 본기라고도 하는데 중국의 煙局奇門(연국기문)은 八門(팔문)도 日家八門(일가팔문) 대신 時家八門(시가팔문)을 쓰며 太乙九星(태을구성)을 쓴다는 점에서 洪局奇門(홍국기문)과 區別(구별)된다.

② 특히 중국의 연국기문은 병술과 점술에 많이 활용되고 있다.

③ 이처럼 홍국기문과 연국기문은 다른 점이 있으나 이것을 완벽하게 구분하여 쓰지는 않고 각 장점을 살려 混用(혼용)하고 있는 것이 현재의 실정이다.

④ 洪局奇門上(홍국기문상)의 가장 큰 특징은 洪局數(홍국수)를 사용한다는

것이고, 이로 인해 人事(인사)의 解斷(해단)에 洪局數(홍국수)가 포함되어 연국기문보다 폭넓은 활용 범위를 갖고 있다는 점이 중국과 다른 우리나라 기문의 特徵(특징)이라 하겠다.

제2장

기문둔갑

奇 門 遁 甲

기본 이론

수(數)의 의미

● 주역 계사전에 의하면 1, 3, 5, 7, 9 등의 奇數(기수: 홀수)는 陽(양)에 속하는 天數(천수)요 2, 4, 6, 8, 10의 偶數(우수: 짝수)는 음에 속하는 地數(지수)다.

● 天數(천수)는 五位(오위)요, 地數(지수)도 五位(오위)니 두 개의 五位(오위)를 相得(상득)해서 合(합)하면, 천수는 25요 지수는 30이다. 수를 합하면 55이니 이것이 變化(변화)를 成(성)하게 하고 귀신을 행하게 하는 까닭이라고 했으니 이것이 數(수)의 근본 원리이다.

● 一(일)에서 五(오)까지를 生數(생수)라 하고, 六(육)에서 十(십)까지를 成數(성수)라 하는데, 그 생성 원리는 하도(河圖)와 낙서(洛書)에서 비롯된 것이다. 一에서 十까지 數(수)가 종합된 것이 宇宙(우주)를 대표하는 수로서 모든 事物(사물)의 根源(근원)이 되는 것이다.

● 서양에서는 대체로 십진법을 쓰지만 동양의 易理的(역리적) 상수(象數)는 오묘한 이치가 들어 있기 때문에 9진법을 쓴다. 10은 1로 還元(환원)되는 數에 불과하고 바탕에 깔고 있다고 생각했으므로 변화를 보는 원리는 9진법이면 충분하다는 것이 낙서수(洛書數)이다.

● 9년 홍수를 치수하다가 우연히 취한 數(수)가 9인데 9는 변화의 마지막 숫자가 된다. 아무리 큰 수도 그 하나를 낱낱이 數(수)로 合(합)해 가면 1부터

奇門命理學

9의 범위에 들 뿐이며 易理的(역리적)으로 算出(산출)된 수를 9로 나누어 남는 數를 쓰는 數理的(수리적) 방법이 기론(奇論)의 홍연수(洪煙數)이다.

● 變化(변화)의 역수(易數)는 9일 뿐이므로 숫자를 논하는 모든 방법론은 이 원리에 입각한 것이다.

● 1, 2, 3, 4, 5는 자라나는 생수(生數)이고, 6, 7, 8, 9, 10은 다 자란 성수(成數)라 한다.

● 생수(生數) + 완성된 수(完成의 數) 五(土) = 成數다.
'1 + 5 = 6은 一六 水'이고,
'2 + 5 = 7은 二七 火'이며,
'3 + 5 = 8은 三八 木'이고,
'4 + 5 = 9는 四九 金'이고,
'5 + 5 = 10은 五十 土'이다.

● 生數(생수)는 事物(사물)을 生成(생성)시키는 數(수)이고,
成數(성수)는 事物(사물)을 完成(완성)시키는 뜻에서 成數(성수)라 한다.
五는 하도와 낙서의 중앙 五로서 태극(太極)이 되며 통합, 조절, 완성의 기능을 가진 土(토)의 數(수)로서 한쪽에 치우치지 않는 中正(중정)의 道(도)에 緣由(연유; 사유)하여 皇極數(황극수: 편파가 없는 곧고 바른 수)라 칭하기도 한다.

천간과 지지, 오행과 음양

1. 10天干(천간)

天干	甲(갑)	乙(을)	丙(병)	丁(정)	戊(무)	己(기)	庚(경)	辛(신)	壬(임)	癸(계)
陰陽 (음양)	陽 (양)	陰 (음)	陽 (양)	陰 (음)	陽 (양)	陰 (음)	陽 (양)	陰 (음)	陽 (양)	陰 (음)
五行 (오행)	木 (목)	木 (목)	火 (화)	火 (화)	土 (토)	土 (토)	金 (금)	金 (금)	水 (수)	水 (수)

2. 12地支(지지)

地支	子 (자)	丑 (축)	寅 (인)	卯 (묘)	辰 (진)	巳 (사)	午 (오)	未 (미)	申 (신)	酉 (유)	戌 (술)	亥 (해)
陰陽	陽	陰	陽	陰	陽	陰	陽	陰	陽	陰	陽	陰
五行	水	土	木	木	土	火	火	土	金	金	土	水
動物	쥐	소	범	토끼	용	뱀	말	양	원숭이	닭	개	돼지

3. 오행(五行)과 음양(陰陽)

五行	木		火		土		金		水	
天干	甲	乙	丙	丁	戊	己	庚	辛	壬	癸
地支	寅	卯	午	巳	辰戌	丑未	申	酉	子	亥
數理	三	八	七	二	五	十	九	四	一	六
陰陽	陽	陰	陽	陰	陽	陰	陽	陰	陽	陰

合(합), 刑(형), 沖(충), 破(파), 害(해), 怨嗔(원진), 數理(수리)

1. 천간합(天干合)

天干	甲己	乙庚	丙辛	丁壬	戊癸
數理	三十	八九	七四	二一	五六

2. 지지합(地支合)

天干	子丑	寅亥	卯戌	辰酉	巳申	午未
數理	一十	三六	八五	五四	二九	七十

3. 형(刑)

五行	寅巳申	丑戌未	子卯	辰辰	午午	酉酉	亥亥
數理	三二九	안 씀	一八	五五	七七	四四	六六

4. 천간충(天干沖)

五行	甲庚	乙辛	丙壬	丁癸
數理	三九	八四	七一	二六

5. 지지충(地支冲)

五行	子午	丑未	寅申	卯酉	辰戌	巳亥
數理	一七	十十	二九	八四	五五	一六

6. 파(破)

五行	子酉	丑辰	寅亥	卯午	巳申	戌未
數理	一四	十五	三六	八七	二九	五十

7. 해(害)

五行	子未	丑午	寅巳	卯辰	申亥	酉戌
數理	一十	十七	三二	八五	九六	四五

8. 원진(怨嗔)

五行	子未	丑午	寅酉	卯申	辰亥	巳戌
數理	一十	十七	三四	八九	五六	二五

9. 은복수(隱伏數)

中宮數	一	二	三	四	五	六	七	八	九	十
隱伏數	六	七	八	九	十	一	二	三	四	五

10. 奇門(기문)의 自然數(자연수)

天干	甲	乙	丙	丁	戊	己	庚	辛	壬	癸		
地支	子	丑	寅	卯	辰	巳	午	未	申	酉	戌	亥
數理	1	2	3	4	5	6	7	8	9	10	11	12

기문에 필요한 도표

1. 육십갑자(六十甲子) 및 순수(旬首) 그리고 공망(空亡)

旬首	旬	六 十 甲 子									空亡
戊	甲子	乙丑	丙寅	丁卯	戊辰	己巳	庚午	辛未	壬申	癸酉	戌亥
己	甲戌	乙亥	丙子	丁丑	戊寅	己卯	庚辰	辛巳	壬午	癸未	申酉
庚	甲申	乙酉	丙戌	丁亥	戊子	己丑	庚寅	辛卯	壬辰	癸巳	午未
辛	甲午	乙未	丙申	丁酉	戊戌	己亥	庚子	辛丑	壬寅	癸卯	辰巳
壬	甲辰	乙巳	丙午	丁未	戊申	己酉	庚戌	辛亥	壬子	癸丑	寅卯
癸	甲寅	乙卯	丙辰	丁巳	戊午	己未	庚申	辛酉	壬戌	癸亥	子丑

2. 오자원(五子元)

五子元	五 子 元 중에 있는 日柱									
甲子	乙丑	丙寅	丁卯	戊辰	己巳	庚午	辛未	壬申	癸酉	甲戌	乙亥
丙子	丁丑	戊寅	己卯	庚辰	辛巳	壬午	癸未	甲申	乙酉	丙戌	丁亥
戊子	己丑	庚寅	辛卯	壬辰	癸巳	甲午	乙未	丙申	丁酉	戊戌	己亥
庚子	辛丑	壬寅	癸卯	甲辰	乙巳	丙午	丁未	戊申	己酉	庚戌	辛亥
壬子	癸丑	甲寅	乙卯	丙辰	丁巳	戊午	己未	庚申	辛酉	壬戌	癸亥

오십토(五十土) 구분

	巳	午				未(十)	
辰(五)							申
卯			五		十		酉
		五行	辰	戌	丑	未	
		陽, 陰年	十(양)	一(음)	十(양)	一(음)	
		陽年	辰		丑		
		陰年	戌		未		
寅							戌(五)
	丑(十)	子				亥	

※ 五十土가 四九金을 生할 때는 疾厄(질액)이다.

① 年柱(년주)에서 天干(천간)이 陽干(양간)이면 五土는 辰土(진토)가 되고,

② 年柱(년주)에서 天干(천간)이 陰干(음간)이면 五土는 戌土(술토)가 된다.

③ 年柱에서 천간이 양간이면 十土는 丑土(축토)가 되고,

④ 年柱에서 천간이 음간이면 十土는 未土(미토)가 된다.

⑤ 辰巳方(진사방)에 五土는 양간이든 음간이든 무조건 辰土가 되고,
　　戌亥方(술해방)에 五土는 양간이든 음간이든 무조건 戌土가 된다.

⑥ 丑寅方(축인방)에 十土는 양간이든 음간이든 무조건 丑土가 되고,
　　未申方(미신방)에 十土는 양간이든 음간이든 무조건 未土가 된다.

⑦ 中宮은 五土와 十土를 다 쓴다.

기문(奇門)의 기본 정위도(定位圖)

1. 九宮(구궁) 명칭 및 八卦(팔괘)

☴ 巽宮(손궁)	☲ 離宮(이궁)	☷ 坤宮(곤궁)
☳ 震宮(진궁)	中宮(중궁)	☱ 兌宮(태궁)
☶ 艮宮(간궁)	☵ 坎宮(감궁)	☰ 乾宮(건궁)

2. 九宮 운행 順序(순서)

4 巽宮	9 離宮	2 坤宮
3 震宮	5 中宮	7 兌宮
8 艮宮	1 坎宮	6 乾宮

3. 12支 五行 定位圖(정위도)

辰 巳	午	未 申
卯		酉
寅 丑	子	亥 戌

4. 宮 五行(궁 오행)

木	火	土
木	土	金
土	水	金

5. 六親(육친) 定位圖

장녀	중녀	어머니
장남		소녀
소남	중남	아버지

6. 身體(신체) 定位圖

어깨	머리	어깨
팔	배	팔
다리	생식기 자궁	다리 머리

7. 方位(방위) 定位圖

東南	南	南西
東		西
北東	北	西北

8. 八卦(팔괘) 定位圖

絕體 (절체)	遊魂 (유혼)	禍害 (화해)
天宜 (천의)		福德 (복덕)
生氣 (생기)	歸魂 (귀혼)	絕命 (절명)

奇門命理學

9. 八卦 및 屬性(속성)

區分	☰ 乾 (건)	☱ 兌 (태)	☲ 離 (이)	☳ 震 (진)	☴ 巽 (손)	☵ 坎 (감)	☶ 艮 (간)	☷ 坤 (곤)
陰陽 五行	陽金	陰金	火	陽木	陰木	水	陽土	陰土
六親	父親	小女	中女	長男	長女	中男	小男	母親
身體	머리	입	눈	다리	허벅지	귀	손	배
動物	말	양	꿩	용	닭	돼지	개	소
性質	굳셈	기쁨	붙음	움직임	들어감	험난함	그침	유순
自然	하늘	연못	불	우뢰	바람	비	산	땅
方位	西北	西	南	東	東南	北	北東	南西

10. 八門(팔문) 定位圖

杜門 (두문)	景門 (경문)	死門 (사문)
傷門 (상문)		驚門 (경문)
生門 (생문)	休門 (휴문)	開門 (개문)

11. 八將(팔장) 定位圖

螣蛇 (등사)	朱雀 (주작)	九地 (구지)
六合 (육합)	句陳 (구진)	太陰 (태음) 白虎 (백호)
直符 (직부)	玄武 (현무)	九天 (구천)

12. 天蓬九星(천봉구성) 定位圖

天甫星 (천보성)	天英星 (천영성)	天芮星 (천예성)
天冲星 (천충성)	天禽星 (천금성)	天柱星 (천주성)
天任星 (천임성)	天蓬星 (천봉성)	天心星 (천심성)

13. 太乙九星(태을구성) 定位圖

招搖 (초요)	天乙 (천을)	攝提 (섭제)
軒轅 (헌원)	天符 (천부)	咸池 (함지)
太陰 (태음)	太乙 (태을)	靑龍 (청룡)

14. 八卦 表示(팔괘 표시)

☴ 巽下絕 (손하절)	☲ 離虛中 (이허중)	☷ 坤三絕 (곤삼절)
☳ 震下連 (진하연)	中宮	☱ 兌上絕 (태상절)
☶ 艮上連 (간상연)	☵ 坎中連 (감중연)	☰ 乾三連 (건삼연)

15. 12地支 五行 數理

二	七	九
八		四
三	一	六

16. 河圖五行(하도오행)

二	七	九
八	五	四
三	一	六

17. 洛書五行(낙서오행)

四	九	二
三	五	七
八	一	六

절기(節氣) 및 삼원국수(三元局數) 표

1. 24節氣(절기) 표

季節	月 (地藏干)	節氣	日子	内容
봄 (春)	寅 (戊庚丙)	입춘(立春)	2월 4일경	봄의 시작을 알림
		우수(雨水)	2월 19일경	봄비가 내리고 새싹이 돋는 시기
	卯 (甲 乙)	경칩(驚蟄)	3월 6일경	개구리가 겨울잠에서 깨어나는 시기
		춘분(春分)	3월 21일경	낮이 밤보다 길어지는 시기
	辰 (乙癸戊)	청명(淸明)	4월 5일경	봄 농사를 준비하는 시기
		곡우(穀雨)	4월 20일경	농사짓는 비가 내리는 시기
여름 (夏)	巳 (戊庚丙)	입하(立夏)	5월 6일경	여름의 시작을 알림
		소만(小滿)	5월 21일경	본격적으로 농사짓기 시작함
	午 (丙己丁)	망종(芒種)	6월 6일경	씨 뿌리는 시기
		하지(夏至)	6월 21일경	낮의 길이가 가장 긴 시기
	未 (丁乙己)	소서(小暑)	7월 7일경	본격적인 여름 더위가 시작되는 시기
		대서(大暑)	7월 23일경	1년 중 더위가 가장 무더운 시기
가을 (秋)	申 (戊壬庚)	입추(立秋)	8월 8일경	가을의 시작을 알림
		처서(處暑)	8월 23일경	더위는 가고 조석으로 일교차가 큼
	酉 (庚 辛)	백로(白露)	9월 8일경	이슬이 맺히고 가을이 절정인 시기
		추분(秋分)	9월 23일경	밤의 길이가 낮보다 길어지는 시기
	戌 (辛丁戊)	한로(寒露)	10월 8일경	찬 이슬의 서리가 내리는 시기
		상강(霜降)	10월 23일경	서리가 내리기 시작함
겨울 (冬)	亥 (戊甲壬)	입동(立冬)	11월 7일경	겨울의 시작을 알림
		소설(小雪)	11월 22일경	얼음이 얼기 시작함
	子 (壬 癸)	대설(大雪)	12월 7일경	큰 눈이 내리는 시기
		동지(冬至)	12월 22일경	밤의 길이가 1년 중 가장 긴 시기
	丑 (癸辛己)	소한(小寒)	1월 5일경	겨울의 추위가 절정에 달하는 시기
		대한(大寒)	1월 20일경	겨울의 추위가 극심한 시기

2. 陰陽遁(음양둔) 三元局(삼원국) 표

구분\절기	陽遁(양둔)			구분\절기	陰遁(음둔)		
	상원	중원	하원		상원	중원	하원
동지(冬至)w	一	七	四	하지(夏至)	九	三	六
소한(小寒)	二	八	五	소서(小暑)	八	二	五
대한(大寒)	三	九	六	대서(大暑)	七	一	四
입춘(立春)	八	五	二	입추(立秋)	二	五	八
우수(雨水)	九	六	三	처서(處暑)	一	四	七
경칩(驚蟄)	一	七	四	백로(白露)	九	三	六
춘분(春分)	三	九	六	추분(秋分)	七	一	四
청명(淸明)	四	一	七	한로(寒露)	六	九	三
곡우(穀雨)	五	二	八	상강(霜降)	五	八	二
입하(立夏)	四	一	七	입동(立冬)	六	九	三
소만(小滿)	五	二	八	소설(小雪)	五	八	二
망종(芒種)	六	三	九	대설(大雪)	四	七	一

※ 상기는 기본의 局(국)이고, 초신접기가 될 시에는 바뀐다.

※ 24절기 중 한 절기가 15일인바 5일씩 상원, 중원, 하원으로 구성된다.

3. 六十甲子(육십갑자) 日辰(일진) 三元局(삼원국) 表(표)

上元(상원)					中元(중원)					下元(하원)				
甲子	乙丑	丙寅	丁卯	戊辰	己巳	庚午	辛未	壬申	癸酉	甲戌	乙亥	丙子	丁丑	戊寅
己卯	庚辰	辛巳	壬午	癸未	甲申	乙酉	丙戌	丁亥	戊子	己丑	庚寅	辛卯	壬辰	癸巳
甲午	乙未	丙申	丁酉	戊戌	己亥	庚子	辛丑	壬寅	癸卯	甲辰	乙巳	丙午	丁未	戊申
己酉	庚戌	辛亥	壬子	癸丑	甲寅	乙卯	丙辰	丁巳	戊午	己未	庚申	辛酉	壬戌	癸亥
元首 甲己 子午卯酉 (원수 갑기 자오묘유)					元首 甲己 寅申巳亥 (원수 갑기 인신사해)					元首 甲己 辰戌丑未 (원수 갑기 진술축미)				

● 三元(삼원: 上元, 中元, 下元) 찾는 법

① 日柱(일주) 기준하여 60甲子(갑자)의 干支(간지)를 통해 三元別(삼원별)로 구분한다. 즉, 日柱(일주)를 가지고 일지에 일간을 놓고 甲(갑)이나 己(기)가 나올 때까지 역행한다. 그다음 地支(지지)에 따라 三元(상원, 중원, 하원)을 결정한다.

② 상원은 甲己일에 子午卯酉는 상원으로 20개 干支가 해당되고

③ 중원은 甲己일에 寅申巳亥는 중원으로 20개 干支가 해당되며

④ 하원은 甲己일에 辰戌丑未는 하원으로 20개 干支가 해당된다.

※ 甲(갑)부터 戊日(무일)까지, 己(기)부터 癸日(계일)까지 5일간을 元(원)이라 한다.

※ 甲과 己는 三元의 부두(符頭)라 한다.

4. 節氣(절기) 및 三元局數(삼원국수) 表(표)

豫定日(예정일)		5/6	5/21	6/6	6/21	7/7	7/23	8/8	8/23	9/8
節氣(절기)		立夏 입하	小滿 소만	芒種 망종	夏至 하지	小暑 소서	大暑 대서	立秋 입추	處暑 처서	白露 백로
局數 국수	上元	四	五	六	九	八	七	二	一	九
	中元	一	二	三	三	二	一	五	四	三
	下元	七	八	九	六	五	四	八	七	六
豫定日(예정일)		3/21	4/5	4/20				9/23	10/8	10/23
節氣(절기)		春分 춘분	淸明 청명	穀雨 곡우	하지부터 동지 전까지 음둔 동지부터 하지 전까지 양둔			秋分 추분	寒露 한로	霜降 상강
局數 국수	上元	三	四	五				七	六	五
	中元	九	一	二				一	九	八
	下元	六	七	八				四	三	二
豫定日(예정일)		2/4	2/19	3/6	12/22	1/5	1/20	11/7	11/22	12/5
節氣(절기)		立春 입춘	雨水 우수	驚蟄 경칩	冬至 동지	小寒 소한	大寒 대한	立冬 입동	小雪 소설	大雪 대설
局數 국수	上元	八	九	一	一	二	三	六	五	四
	中元	五	六	七	七	八	九	九	八	七
	下元	二	三	四	四	五	六	三	二	一

※ 節氣(절기) 위치는 九宮(구궁) 위치와 같다.

※ 陽遁(양둔)에서는 삼원 숫자가 올라가고, 陰遁(음둔)에서는 내려간다.

※ 24절기는 다음과 같다.

立春(입춘), 雨水(우수), 驚蟄(경칩), 春分(춘분), 淸明(청명), 穀雨(곡우), 立夏(입하), 小滿(소만), 芒種(망종), 夏至(하지), 小暑(소서), 立秋(입추), 處暑(처서), 白露(백로), 秋分(추분), 寒露(한로), 霜降(상강), 立冬(입동), 小雪(소설), 大雪(대설), 冬至(동지), 小寒(소한), 大寒(대한)

❀ 무슨 元(원) 몇 局(국)인지를 찾는 방법

[예시 1] 陰曆(음력) 2019년 1월 1일 자시생은?

　　　立春 中元 五局 陽遁(양둔)

　　　陽曆(양력) 2019년 2월 5일 ○○시 10분

　　　壬　癸　丙　己
　　　子　酉　寅　亥

① 일주가 癸酉(계유)이니 甲(갑)과 己(기)가 나올 때까지 뒤로 간다. 따라서 日支 酉에 日干 癸(계)를 놓고 甲이나 己가 나올 때까지 뒤로 간다.

② 일간 己에 일지가 巳이니 중원이다.

③ 寅月이니 양둔이고 음력 1월 1일은 기문력에서 보면 立春(입춘)이므로 양력으로 환산하여 三元局數(삼원국수) 표에서 입춘 상원을 보면 몇 局(국)인지 알 수 있다. 立春(입춘) 五局(오국)이다.

④ 陽遁(양둔)이니 順行(순행)하고

⑤ 五局이니 중궁에서 출발하여 戊己庚辛壬癸丁丙乙(무기경신임계정병을) 順(순)으로 육의삼기를 붙이면 된다.

[예시 2] 양력 2023년 7월 28일 11시 10분

大暑(대서) 陰遁(음둔) 중원 1국

丙　丁　己　癸
午　亥　未　卯

① 日柱(일주)가 丁亥(정해)이니 亥에 丁을 놓고 甲(갑)과 己(기)가 나올 때까지 거꾸로 간다. 丁亥 → 丙戌(병술) → 乙酉(을유) → 甲申(갑신)이다.

② 地支(지지)가 申(신)이니 中元(중원)이다.

③ 그리고 未月(미월)이니 陰遁(음둔)이다.

④ 7월 28일은 節氣(절기)가 大暑(대서)이고, 甲申(갑신)은 中元(중원)이므로 三元局數(삼원국수) 表(표)를 보면 一局(일국)이다.

⑤ 陰遁(음둔)이니 逆行(역행)하고 一局(일국)이니 坎宮(감궁)에서 출발하여 六儀三奇(육의삼기)를 붙여 나산나.

삼원(三元)

1. 삼원이란

삼원이란 하늘을 상징하는 상원과 사람을 상징하는 중원과 땅을 상징하는 하원을 말한다. 역법에서 태양을 기준으로 한 1년은 약 365일이다. 달을 기준으로 하는 太陰曆(태음력)은 1년이 약 355일이 된다.

태양력(365일)과 태음력(355일)의 일수를 평균한 1년은 360일이다. 이는 한 節氣(절기)에서 이듬해 같은 節氣(절기)까지가 360일이 걸린다는 것이다. 60 갑자로 환원하면 한 번 도는 것을 一元(일원)이라 하며, 陽遁(양둔)에서 3회(상원, 중원, 하원), 陰遁(음둔)에서 3회(상원, 중원, 하원) 모두 6번 돌면 1년이 되는 것이다.

만약 冬至(동지)의 日辰(일진)이 甲子(갑자)일이면 그 후 60일 동안은 上元(상원)에 해당하고, 새로운 甲子일에서 60일 동안은 中元(중원)에 해당하고, 그다음 甲子일에서 60일 동안은 下元(하원)에 해당되어 陽遁(양둔) 상원, 중원, 하원 180일이 끝나게 된다. 夏至(하지)와 冬至(동지) 사이인 陰遁(음둔)의 경우도 같은 이치이다.

2. 일원(一元)이란

六十甲子가 한 바퀴 돌면 그것을 一元(일원)이라 한다. 사람으로 말하자면 환갑이 일원이 된다는 것이다.

① 시주 기준 하루가 12支(지)이다.

'12支×5일= 60시간'이니, 즉 5일 만에 一元(일원)이 된다.

② 일주 기준은 하나의 干支(간지)가 하루이므로 60甲子이니 60일 만에 一

元이 된다.

③ 월주 기준은 1년이 12개월이니 5년 만에 一元이 된다.

(12월×5년)=60월

④ 년주 기준은 60년이 一元이 된다.

즉, 時柱(시주) 기준 60시간을 時柱 一元(5일)이라 하고,

日柱(일주) 기준 60일을 日柱 一元이라 하며,

月柱(월주) 기준 60월을 月柱 一元(5년)이라 하고,

年柱(년주) 기준 60년을 年柱 一元이라 한다.

※ 60갑자가 60간지이고, 하루에 12간지(2시간 간격)이면 60간지가 지나가기 위해서는 5일이 걸린다.

※ 1년은 24節氣(절기)이고, 매 절기는 15일 간격이다.

※ 60간지가 1번 지날 때마다 상원, 중원, 하원이 바뀐다.

※ 5일에 한 번씩 바뀌므로 5일에 한 번씩 상원, 중원, 하원이 바뀐다.

※ 5일에 한 번씩 바뀌는 상원, 중원, 하원은 天干이 甲(갑)이나 己(기)로 출발한다.

동경 135도 기준 일본과 32분 차이 나는 이유

● 지구는 1일 24시간에 360도를 회전하므로 경도가 15도 차이가 날 때마다 시간은 1시간씩 차이가 난다. 이에 따라 세계 각국은 15도 단위로 구분되는 경도선을 자기 나라의 자오 표준시로 채택하여 세계 표준시와 정수의 시간 차이가 나도록 정해서 사용한다. 우리나라도 1908년 4월 1일부터 표준시 자오선을 정하여 표준시를 사용하기 시작했는데 동경 135도를 표준 자오선으로 정하여 세계 표준시(영국 런던)보다 9시간이 빠른 한국 표준시를 사용하고 있다.

● 태양이 하루 동안 지구를 한 바퀴 돌기 때문에 하루는 24시간이고 한 바퀴는 360도이니 360을 24시간으로 나누면 시간당 15도의 차이가 난다. 따라서 1도의 간격을 지나가는 시간이 4분이 소요된다(60분÷15=4분). 계산해 보면 24시간×60분=1,440분, 1,440분×360도=4분이다. 따라서 일본의 동경 135도와 한국의 127도는 8도의 차이가 나니 이 간격만큼 소요되는 시간이 32분이 되는 것이다(135−127=8, 8×4분=32분).

선천수와 후천수

1. 하도와 낙서

① 하도: 선천수의 근본이고, 우주 만물의 근본이다.

　복희씨가 발견, 10개의 수(1~10)로 이루어졌다, 상생의 원리

② 낙서: 후천수의 근본이고, 우주 만물의 변화, 변동을 나타낸다.

　문왕이 발견, 9개의 수(1~9)로 이루어졌다. 상극의 원리

2. 오행의 생성 순서

① 물(水): 물이 모든 생명체의 근원이므로

② 불(火): 물과 반대되는 불이 필요해서

③ 나무(木): 물과 불은 수승 하강하므로 서로 순환해야 하는데 물을 끌어
올릴 기운이 필요하므로

④ 금(金): 물과 불은 수승 하강하므로 서로 순환해야 하는데, 불을 끌어 내
리는 기운이 필요하므로

⑤ 흙(土): 이 모든 작용을 주관하므로

3. 자연수

자연수는 다음과 같다. 1, 2, 3, 4, 5, 6, 7, 8, 9, 10, 11, 12

천간	甲	乙	丙	丁	戊	己	庚	辛	壬	癸		
지지	子	丑	寅	卯	辰	巳	午	未	申	酉	戌	亥
자연수	1	2	3	4	5	6	7	8	9	10	11	12

4. 선천수와 후천수

1) 선천수(용마하도) : 상생 원리

二	七	九
八	五	四
三	一	六

2) 후천수(신구낙서) : 상극 원리

四	九	二
三	五	七
八	一	六

3) 天干(천간)과 地支(지지)의 선천수

(1) 선천수는 生數와 成數로 이루어졌다.

① 生數 : 1, 2, 3, 4, 5

② 成數 : 6, 7, 8, 9, 10

③ 시계 방향으로 순행하면서 상생의 원리이다.

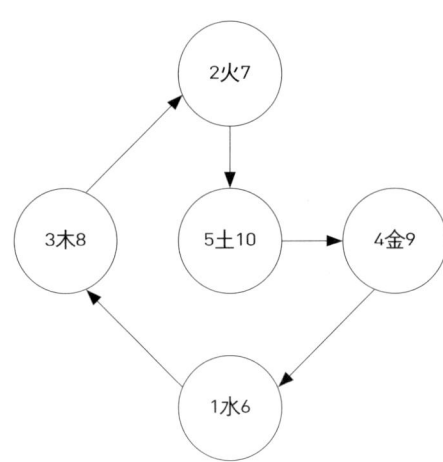

(2) 후천수는

① 양의 기운이 음의 기운을 이끈다.

② 시계 반대 방향으로 역행하면서 상극의 원리이고,

③ 가로 세로의 합이 15인 마방수의 특징이 있다.

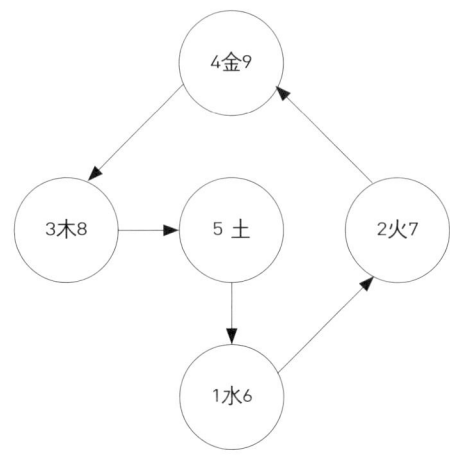

사주(四柱)의 구성(構成)

時柱(시주)	日柱(일주)	月柱(월주)	年柱(년주)	구분
時干 아들	日干 내가 밖에 나가 하는 일	月干 형제	年干(歲干) 아버지	天干(천간)
時支 딸	日支(己身) 나 자신, 본인	月支 자매	年支(歲支) 어머니	地支(지지)
자식	가택궁, 부부궁	형제	부모	六親(육친)

1. 年干(년간)

① 년간은 아버지 부모 조상이다.

② 년간이 吉門(길문), 吉卦(길괘), 吉格(길격)을 띠고 生助(생조)를 받는 궁에 臨(임)했는데, 天地盤(천지반)까지 상생되면 건강과 복이 따르고 부모는 인자하고 지혜로우며 자식은 효도하는 화목한 가정이다.

③ 년간이 凶門(흉문), 凶卦(흉괘), 凶格(흉격)을 帶同(대동)했거나 또는 沖(충), 剋(극), 刑(형)에 天地盤(천지반)이 相戰(상전)하면 災禍(재화)가 따르고 憂患(우환)이 끊일 날이 없다. 따라서 骨肉(골육)의 刑傷(형상)이 있을 수 있고, 심신이 편치 못하고 家宅(가택) 또한 불안하다.

④ 년간궁에 丙이나 庚이 臨(임)하면 흉하고, 死門(사문), 絕命(절명)을 만나도 흉하다.

2. 月干(월간)

① 월간은 형제, 자매, 친구이다.

② 월간궁에 천반 · 지반이 상생하면 有情(유정)하고, 吉門(길문) · 吉卦 (길괘) 등 吉格(길격)과 同宮(동궁)하면 만사가 좋고, 형제가 和睦(화목) 하다.

③ 반대로 월간의 상하가 作沖(작충)하고 凶門(흉문) · 凶卦(흉괘)이면 형제 가 貧苦(빈고)하고 分派(분파)되기 쉬우며, 休官罷職(휴관파직: 직장을 그 만둠)하고 육친의 慘狀(참상)이니 家宅(가택) 또한 편안할 수 없다.

④ 월간궁에 死門(사문) · 絶命(절명)을 만나면 兄弟姉妹(형제자매)의 喪事 (상사)이기 쉽고, 丙 · 庚이 가해지면 관재구설이 일어나기 쉽다.

3. 日干(일간)

① 일간궁에 상하가 相生(상생)으로 有情(유정)하고, 吉門(길문) · 吉卦(길괘) 가 同宮(동궁)하면 구하려는 일마다 이루어지고, 대외적인 사회 활동이 왕성하면 형제가 和穆(화목)하다.

② 일간의 상하가 刑冲剋制(형충극제)하면 無情(무정)하고, 凶門(흉문) · 凶 卦(흉괘)를 만나면 육친 무덕으로 형제 不睦(불목)한다. 그러나 일간이 왕 한 방향에 居(거)하면 百厄(백액)이 不侵(불침)하니 禍厄(화액)을 면한다.

③ 명국에서의 四辰(사진)과 중궁 등 動處(동처)는 많을수록 좋고, 년 · 월 일 · 시가 동일 육신 궁으로 雙立(쌍립)되지 않아야 한다.

④ 어럿의 動處(동처)와 고른 뷰포이 六神(육신)으로 圓狀通氣(원상통기)가 잘되면 일간 궁은 크게 重視(중시)되지 않는다. 그러나 일지 궁과 直交 (직교)할 수 있는 유일한 곳이 일간 궁인데, 相生(상생)될 수 있는 일간 궁 이라면 準動處(준동처)로 간주한다.

4. 時干(시간)

① 孫爻(손효), 時支(시지)와 함께 또한 자손인 고로 시간 궁의 상하 天地盤(천지반)이 相生(상생)하면 有情(유정)하고 吉門(길문), 吉卦(길괘)를 얻으면 妻子(처자)가 賢能(현능)하고 종업원이나 부하에게 忠心(충심)이 있다.

② 시간의 상하가 刑(형), 沖(충), 剋(극)하고 凶門(흉문), 凶卦(흉괘)가 동궁하면 수하 사람의 自亂(자란)으로 부모와는 不和(불화)하고 자식은 不孝(불효)하고, 奴婢(노비)는 背主(배주: 배신하고 도망감)한다.

③ 시간이 入 中宮(입 중궁)했는데 孫爻(손효)가 空亡(공망)이면 無子(무자)이기 쉽고, 入墓(입묘)되어도 또한 같다.

사주(四柱) 세우기

1. 四柱(사주)의 구성

四柱(사주)는 4개의 기둥에 8자의 오행으로 구성되어 있다. 위의 글자는 天干(천간)이라 하며, 아래 글자는 地支(지지)라 한다. 天干(천간)은 10자이며 地支(지지)는 12자이다. 四柱(사주)를 구성할 때는 萬歲曆(만세력)을 이용하여 4기둥을 세운다.

2. 四柱(사주) 세우기

① 奇門(기문) 萬歲曆(만세력)을 이용해 태어난 년, 월, 일, 시주의 사주 4기둥을 세운다.

② 24節氣(절기) 중 어느 절기에 해낭하는가 본나.

③ 삼원(상원, 중원, 하원) 중에서 어느 元(원)에 해당하는지 보고,

④ 一局(일국)에서 九局(구국) 중 몇 局(국)에 해당하는지 본다.

⑤ 陽遁節(양둔절)에 태어났는지 陰遁節(음둔절)에 태어났는지 확인한다.

　　㉠ 양둔절은 冬至(동지)에서 夏至(하지) 前(전)까지이고,

　　㉡ 음둔절은 夏至(하지)에서 冬至(동지) 前(전)까지를 말한다.

3. 四柱(사주) 4 기둥 세우기

1) 年柱(년주)

① 立春(입춘)을 기준으로 한다.

② 각 해의 입춘부터 다음 해의 입춘 전까지 같은 年柱(년주)를 쓴다.

　[예시] 乙巳年(2025) 입춘은 양력 2월 3일이고 음력은 1월 6일이다.

음력 1월 5일은 甲辰年 년주이고, 1월 6일은 乙巳年 년주이다.

2) 月柱(월주)

① 월간은 년간의 干合(간합)을 기준으로 한다.

② 월지는 節氣(절기)에 의해서 정해지지만, 월간은 太歲(태세)인 년간의 天干合(천간합)에 의해 만들어진다.

③ 년간 오행이 合(합)을 해서 나온 오행을 생해 주는 오행이 바로 월주의 天干(천간)이 되는 것이다.

　㉠ 甲己(갑기) 合(합)하면 土(토)인데 토를 生(생)해 주는 오행이 火이다. 따라서 1월은 陽火(양화)인 丙寅(병인)월부터 시작한다.

　㉡ 乙庚(을경) 合(합)은 金(금)인데 금을 생해 주는 五行(오행)이 土이다. 따라서 1월은 陽土(양토)인 戊寅(무인)월부터 시작한다.

　㉢ 丙申(병신) 合(합)은 水(수)인데 수를 생해 주는 오행이 金이다. 따라서 1월은 陽金(양금)인 庚寅(경인)월부터 시작한다.

　㉣ 丁壬(정임) 合(합)은 木(목)인데 목을 생해 주는 오행이 水이다. 따라서 1월은 陽水(양수)인 壬寅(임월)월부터 시작한다.

　㉤ 戊癸(무계) 合(합)은 火(화)인데 화를 생해 주는 오행이 木이다. 따라서 1월은 陽木(양목)인 甲寅(갑인)월부터 시작한다.

❀ 月干支 조견표

月 年干	1月	2月	3月	4月	5月	6月	7月	8月	9月	10月	11月	12月
甲己年	丙寅	丁卯	戊辰	己巳	庚午	辛未	壬申	癸酉	甲戌	乙亥	丙子	丁丑
乙庚年	戊寅	己卯	庚辰	辛巳	壬午	癸未	甲申	乙酉	丙戌	丁亥	戊子	己丑
丙辛年	庚寅	辛卯	壬辰	癸巳	甲午	乙未	丙申	丁酉	戊戌	己亥	庚子	辛丑
丁壬年	壬寅	癸卯	甲辰	乙巳	丙午	丁未	戊申	己酉	庚戌	辛亥	壬子	癸丑
戊癸年	甲寅	乙卯	丙辰	丁巳	戊午	己未	庚申	辛酉	壬戌	癸亥	甲子	乙丑

3) 日柱(일주)

① 子時(자시)를 基準(기준)으로 한다.

② 奇門 三元曆 參照(기문 삼원력 참조)

※ 기문눈갑에서는 野子時(야자시), 朝子時(소사시)를 구분하지 않는다. 자
정이 되지 않았더라도 자시가 되면 다음 날의 日辰(일진)을 쓴다.

4) 時柱(시주)

① 시주는 출생한 時刻(시각)으로 본다.

② 時干(시간)은 일간과 합한 오행을 剋(극)해 주는 오행이 바로 시주의 天
干(천간)이 되는 것이다.

ㄱ 甲己(갑기) 合(합)하면 土(토)인데 토를 剋(극)해 주는 오행이 木이다.
따라서 陽木(양목)인 甲子(갑자) 時(시)부터 시작한다

ㄴ 乙庚(을경) 合(합)은 金(금)인데 금을 剋(극)해 주는 오행이 火이다. 따
라서 陽火(양화)인 丙子(병자) 時(시)부터 시작한다.

ㄷ 丙辛(병신) 合(합)은 水(수)인데 수를 剋(극)해 주는 오행이 土이다. 따

라서 陽土(양토)인 戊子(무자) 時(시)부터 시작한다.

　㉣ 丁壬(정임) 合(합)은 木(목)인데 목을 剋(극)해 주는 오행이 金이다. 따라서 陽金(양금)인 庚子(경자) 時(시)부터 시작한다.

　㉤ 戊癸(무계) 合(합)은 火(화)인데 화를 剋(극)해 주는 오행이 水이다. 따라서 陽水(양수)인 壬子(임자) 時(시)부터 시작한다.

❸ 時干支(시간지) 早見表(조견표)

時 日干	子時	丑時	寅時	卯時	辰時	巳時	午時	未時	申時	酉時	戌時	亥時
甲己日	甲子	乙丑	丙寅	丁卯	戊辰	己巳	庚午	辛未	壬申	癸酉	甲戌	乙亥
乙庚日	丙子	丁丑	戊寅	己卯	庚辰	辛巳	壬午	癸未	甲申	乙酉	丙戌	丁亥
丙辛日	戊子	己丑	庚寅	辛卯	壬辰	癸巳	甲午	乙未	丙申	丁酉	戊戌	己亥
丁壬日	庚子	辛丑	壬寅	癸卯	甲辰	乙巳	丙午	丁未	戊申	己酉	庚戌	辛亥
戊癸日	壬子	癸丑	甲寅	乙卯	丙辰	丁巳	戊午	己未	庚申	辛酉	壬戌	癸亥

오행(五行)의 생극(生剋) 관계

1. 五行(오행)의 相生(상생)

목생화 → 화생토 → 토생금 → 금생수 → 수생목

① 木은 나: 比肩(비견), 劫財(겁재)

② 火는 子息(자식): 食神(식신), 傷官(상관)

③ 土는 財(재): 偏財(편재), 正財(정재)

④ 金은 官(관): 偏官(편관), 正官(정관)

⑤ 水는 父母(부모): 偏印(편인), 正印(정인)

2. 五行(오행)의 相剋(상극)

목극토 → 토극수 → 수극화 → 화극금 → 금극목

① 木은 나(비견, 겁재)

② 土는 財(편재, 정재)

③ 水는 부모(편인, 정인)

④ 火는 자식(식신, 상관)

⑤ 金은 官(편관, 정관)

육신(六神) 관계

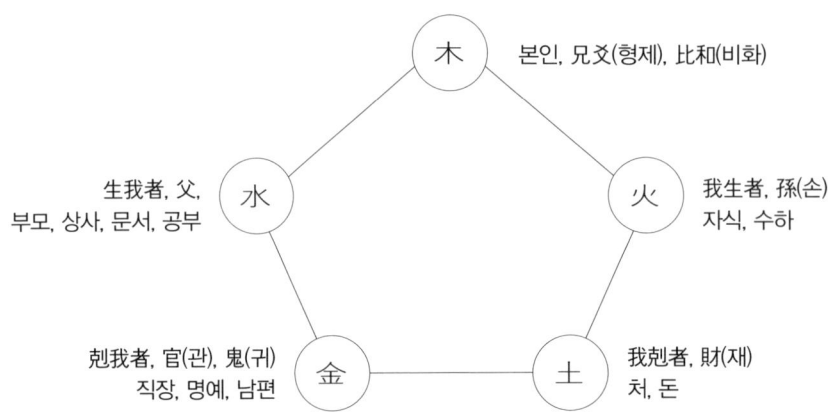

- 兄爻(형효): 比和者(비화자)로서 나와 같은 五行(오행)

  比肩(비견): 日支(일지)와 같은 陰陽(음양)

  劫財(겁재): 日支(일지)와 다른 陰陽(음양)

- 孫爻(손효): 我生者(아생자)로서 일지인 내가 도와주는 오행

  食神(식신): 日支와 같은 음양

  傷官(상관): 日支와 다른 음양

- 財爻(재효): 我剋者(아극자)로서 일지인 내가 剋(극)하는 오행

  偏財(편재): 일지와 같은 음양

  正財(정재): 일지와 다른 음양

- 官爻(관효): 剋我者(극아자)로서 일지인 나를 剋(극)하는 오행

  正官(정관): 일지와 다른 음양

- 鬼爻(귀효): 剋我者(극아자)로서 일지인 나를 剋(극)하는 오행

偏官(편관): 일지와 같은 음양

● 父爻(부효): 生我者(생아자)로서 일지인 나를 生(생)해 주는 오행

偏印(편인): 일지와 같은 음양

正印(정인): 일지와 다른 음양

1. 兄爻(형효), 比和(비화)

① 일지 외 다른 宮(궁)의 天地盤(천지반)에 있는 같은 오행을 형효라 부른다. 比和(비화)라고도 한다.

② 형효는 형제, 친구, 동료, 경쟁자, 동업자 등을 말한다.

③ 형효는 유산, 재산, 官(관), 鬼(귀)를 나눈다.

④ 兄運(형운)에는 分官(분관), 分財(분재), 分印(분인)이 일어난다. 따라서 損財(손재)가 따른다.

⑤ 학생은 제2 학마운으로 친구가 찾아와 어울려 놀고 공부를 안 한다. 따라서 좋은 대학에 가기 힘들다.

⑥ 직장인은 직장 변동이다. 왜냐하면 나와 똑같은 사람을 만나니, 즉 나의 경쟁자가 생겼다는 뜻이니 직장 변동이다(내 직장을 뺏으려고 하기 때문).

⑦ 사업가는 가차 없이 損財(손재)다. 분관 분재, 분인으로 내 돈을 나누어 먹자고 하기 때문이다. 사업하는 사람은 兄運(형운)이나, 鬼運(귀운)이면 안 좋다.

⑧ 사업자는 동업 제의, 지점, 분점 개설 운이다.

⑨ 兄運(형운)에는 무조건 結婚運(결혼운)이 안 좋다. 많은 사람들이 離婚(이혼)을 많이 하는 운이다.

2. 孫爻(손효)

① 손효는 일 벌이는 것, 부하 직원, 수하 사람, 자식을 의미한다. 영업자는 손님이 손효다.

② 손효는 일지의 기운을 洩氣(설기)시킨다.

③ 손효는 財(재)를 만드는 공장이다. 아이템이다. 표현하는 것이다.

④ 孫運(손운)에는 돈을 벌기 위해 일을 벌인다(孫生財로).

⑤ 孫爻運(손효운)에는 官(관: 학교)을 剋(극)하므로 공부를 안 한다. 학생은 제1 학마운으로 아르바이트 등 돈 벌 생각으로 공부가 잘 안되고, 좋은 성적이 안 나온다.

⑥ 孫運(손운)이 오면 여자는 남편이 미워진다. 이혼 또는 별거하려 한다(왜냐하면 孫動剋官(손동극관)하기 때문). 따라서 남편을 미워하지 말고 돈을 번다든지 밖에 나가서 활동하는 게 좋다(스트레스를 해소하기 위해).

⑦ 손효는 治鬼者(치귀자: 鬼(귀)를 다스리는 사람) 기능을 한다. 鬼(귀)는 귀신, 疾厄(질액)인데 귀신과 질병을 다스리기 때문이다. 즉, 孫運(손운)에 病(병)이 나을 수 있다는 것이다. 만약 孫이 水(수)라면 水는 ㅁ, ㅂ, ㅍ이므로 孫(손)에 해당되는 병원에 가는 것도 빨리 낫는 방법이다.

⑧ 손효는 財(재)가 없다면 官(관)을 친다. 孫(손)이 官(관)을 剋(극)하니 官災口舌(관재구설)이 일어난다(孫動剋官으로).

⑨ 孫運(손운)에는 부하 직원 관리를 잘해야 한다. 손효는 부하 직원, 수하 사람, 제자 등으로 부하 직원 때문에 관재구설이 일어날 수 있다.

⑩ 孫(손)이 非動處(비동처)인 경우에는 자식과 인연이 弱(약)하다. 사업도 잘 안된다. 吝嗇(인색)하다. 표현력이 부족하다.

⑪ 직장인은 손동극관하면 직장 변동이 많다.

　ㄱ 孫(손)이 旺(왕)하고 官(관), 鬼(귀)가 弱(약)하면 직장을 바로 그만둔다.

ⓛ 孫이 弱(약)하고 官, 鬼가 旺(왕)하면 직장을 그만두려고 마음만 먹는다.

⑫ 사업가는 돈 벌려고 投資(투자)한다. 일을 벌인다. 이미 사업하는 사람은 사업 확장 또는 새로운 일을 모색한다. 열심히 노력한다. 기운을 뺀다. 단, 孫生財(손생재)가 되어야 돈을 번다.

⑬ 손효의 홍국수가 四九金이면 殺性(살성)을 지니므로 자식과 떨어져 사는 것이 좋다.

⑭ 孫運(손운)에 여자들은 남편과의 갈등을 3~4년은 견디지만 7~8년은 극복하기 힘들다. 따라서 일을 하는 게 좋다.

3. 財爻(재효)

① 재효는 남녀 공히 돈을 의미한다. 남자에게는 여자이고, 여자는 媤家(시가: 시어머니)를 의미한다.

② 財가 非動處(비동처)이면 남자는 처와 돈과 因緣(인연)이 薄(박)하다. 여자는 돈과 媤家(시가: 시어머니)의 因緣(인연)이 薄(박)하다. 남녀 공히 돈 모으기 힘들다.

③ 財運(재운)에는 남자는 財物(재물)을 탐하고 여자를 만난다. 특히 없던 재운이 들어오면 돈과 여자를 조심해야 한다. 공직자는 더욱 조심해야 한다. 사업자는 괜찮다.

④ 학생은 제3 학마운으로 여자를 사귄다든지 가정 사정으로 돈이 없어 공부하기가 어렵고 대학도 좋은 데 못 가나 財生官(재생관)하면 대학에 갈 수 있다(과외 수입 등으로 대책을 세워야 한다).

⑤ 직장인은 재물 욕심이 생기고 돈을 써서라도 승진하려고 한다. 그러나 여자 문제가 발생한다. 재생관하여 힘을 모아 官鬼(관귀)가 나를 치면 돈

문제, 여자 문제로 난리가 난다. 특히 공직자는 財運(재운)에 돈, 여자를 조심해라.

⑥ 사업가는 재물 욕심이 생기고 돈을 번다. 그러나 여자 문제는 발생할 수 있다. 재운에 官, 鬼가 없으면 부효를 친다. 그러면 부효에 대한 것이 안 좋아진다.

4. 官, 鬼爻(관, 귀효)

① 官은 학교, 직장, 명예, 승진을 의미한다. 여자에게는 남편을 의미한다.

② 鬼는 학교, 疾厄(질액), 귀신, 정부기관, 국공립, 공권력, 관재구설이다.

③ 官, 鬼(관귀)가 非動處(비동처)인 경우

ㄱ 직장 변동이 있다.

ㄴ 官鬼(관귀)가 비동처이면 전문직이나 기술 계통으로 가라.

※ 官(관)이 있으면 일자리가 있다는 것이다.

ㄷ 名譽(명예), 昇進(승진)이 안 된다.

ㄹ 여자는 남편과 인연이 薄(박)하다. 官鬼가 없으면 자유로운 靈魂(영혼)이다.

④ 學生(학생)은

ㄱ 正官運(정관운)에는 공부를 잘하고, 좋은 대학에 갈 수 있다. 自刑[자형]: 五五(辰辰), 七七(午午), 四四(酉酉), 六六(亥亥)]과 空亡(공망)이 있으면 좋은 대학 가는 게 쉽지 않다.

ㄴ 편관귀 운은 아파서, 공부 스트레스를 받아서, 학교 가기 싫어하고 공부를 안 하니 좋은 대학에 못 간다. 그렇지만 육사, 해사, 철도대학 등 특수대학이나 전문대, 야간대 등에는 갈 수 있다.

⑤ 職場人(직장인)은

㉠ 正官運(정관운)에 就職(취직), 昇進(승진), 名譽(명예)를 얻는 시기이고

㉡ 편관 귀운에는

- 就職(취직), 昇進(승진), 名譽(명예)를 얻는 시기이기는 하나 어렵게 얻는다.

- 父爻(부효)가 있는 경우는 殺印相生(살인상생)으로 財運(재운)이 오면 昇進(승진)한다.

- 父爻(부효)가 없으면 鬼(귀)가 나를 치니 職場(직장)에서 쫓겨난다. 직장에서 스트레스를 받고, 잘못하면 관재구설도 생긴다.

※ 單式 判斷(단식판단)으로 日支(일지) 上數(상수)에 偏官 鬼(편관 귀)가 있으면 자존심, 명예심이 강하고, 스트레스, 건강 문제가 생긴다.

⑥ 事業家(사업가)는

㉠ 正官運(정관운)에는 사장 소리를 듣는 시기이고, 名譽(명예)를 얻는 시기이다.

㉡ 偏官鬼 運(편관귀 운)에는 명예욕이 높아 주위 사람들의 돈을 끌어들여 확장하나 사업에 실패한다.

㉢ 鬼運(귀운)에는 절대 事業(사업)을 시작하지 마라. 잘못하면 官災口舌(관재구설)에 시달린다.

㉣ 나이 들면 鬼運(귀운)에는 健康(건강)을 조심해야 한다. 특히 坤命(곤명)은 편관 귀운에 職場(직장) 또는 男便(남편)이나 남자 문제가 발생하고 관재구설, 질액 등 건강 문제가 있을 수 있다.

⑦ 10세 이전인 어린 시절과 나이 60세 이후는 官(관)도 鬼(귀)와 같이 疾厄(질액)으로 본다.

5. 父爻(부효: 印綬)

① 부모, 상사, 공부, 윗사람, 문서, 계약, 인덕, 자격증, 이권 등을 의미한다.

② 학생은 공부 열심히 하는 운이고, 좋은 대학에도 갈 수 있다. 단, 自刑(자형)이나 空亡(공망)이면 좋은 대학에 못 간다.

③ 직장인은 상사의 도움으로 승진, 각종 자격증을 취득하고 공부도 할 수 있다. 편안한 시기다.

④ 事業家(사업가)는

　㉠ 투자한 것을 수확하는 시기다. 즉, 편안한 시기이다. 그러나 투자나 확장을 해서는 안 된다.

　㉡ 부효는 수확하는 시기이고 필요한 만큼의 돈이 되는 운이다. 투자하는 경우에 잘못하면 망할 수 있다(장기 투자는 가능).

　㉢ 부효는 손효를 치기 때문에 부도날 우려가 있다.

　㉣ 부효는 마지막 재물(돈)이다(재산 관리 잘해야 한다).

⑤ 부효가 非動處(비동처)이면

　㉠ 부모와 인연이 薄(박)하다. 상사 덕이 없고 학문과 인연도 薄(박)하다. 그리고 人德(인덕)도 없다.

　㉡ 인수가 없거나 弱(약)하면 공부해서 실력을 키워라. 즉, 지식(知識)을 쌓아라.

⑥ 10세 이전에는 부모의 동태를 보고, 10~20세에는 공부·학교·졸업장 자격증으로 보고, 30~40대는 이권·백그라운드로 본다.

※ 父爻運(부효운)은 일단 좋은 운이다. 부효운에 공망을 만나면 안 좋다. 부효운이 없으면 상사가 도와주지 않는다. 학생은 공부가 부실하다.

오행의 특성(特性)

❀ 日支(일지) 洪局數(홍국수)에 따른 오행 특성

洪局數(홍국수)의 特性(특성)은 日支宮(일지궁)의 地盤洪局數(지반홍국수)로 선천적인 성격을 판단한다.

1. 日支가 三八木인 者의 共通的(공통적) 사항

① 性情(성정): 성품이 곧고 인자하며 어질고 착하다. 잘 베푼다. 정직하나 變德(변덕)과 바람기가 있다. 고집과 질투심이 있다. 학자풍이다.

② 日支 上數에 火가 있는 者는 木生火가 되니 木火 통명으로 머리가 좋고 性情(성정)이 어질고 밝다.

③ 雙三, 雙八인 者는 容貌(용모)가 秀麗(수려)하고, 淸雅(청아)하다.

④ 身旺(신왕)한 자는 굴곡이 많고, 嫉妬心(질투심)이 강하고, 吝嗇(인색)하며 자신이 최고라는 생각으로 獨善的(독선적)이고, 남의 意思(의사)를 무시하는 경향이 있다.

⑤ 日支 상수에 金이 臨(임)하면 折傷(절상)을 당할 수 있다.

⑥ 病方(병방): 간, 담, 허리, 척추, 뇌신경(三木), 정신, 대퇴부, 손가락, 발가락(八木), 머리

⑦ 學科(학과): 문과, 교육, 행정, 건축, 생물학 관련 학과

⑧ 職業(직업): 교육, 건축, 목재가구업, 종이 문구서적, 의류업, 포목전, 화원, 증권

1) 日支가 三木인 者

① 남성적이며 활동적인 기질이 있다.

② 고집과 嫉妬心(질투심)이 강하다.

③ 정직하고 직선적이다.

④ 고지식하고 원리 원칙을 좋아한다. 적응력이 부족하다.

⑤ 용모는 준수하고 청순하다.

⑥ 어질고 仁慈(인자)하며 寬容(관용)이 있다.

⑦ 배우고자 하는 욕구가 강하다.

⑧ 德望(덕망)을 중요시 여긴다.

2) 日支가 八木인 者

① 異性(이성)에 대한 感情(감정)에 약하다.

② 桃花(도화) 끼가 있어 酒色(주색)을 즐기며, 異姓(이성)에 誘惑(유혹)당해
   낭패를 당할 수가 있다.

③ 마음이 여리다. 主體性(주체성)이 약하다.

④ 소극적이며 내성적이다.

⑤ 固執(고집)과 嫉妬心(질투심)이 强(강)하다.

⑥ 여하한 어려움을 당해도 능히 견딘다. 즉, 재난 극복력이 강하다.

⑦ 이성에 대한 感性(감성)이 깊어 정력과 세월을 浪費(낭비)하기 쉽다.

⑧ 돈에 대한 욕심이 많다.

2. 日支가 二七火인 者의 共通的(공통적) 사항

① 성정: 예의 바르고 총명하나, 성질은 급하다.

② 二七火는 一六水와 함께 명철한 머리를 가지고 있고, 말 잘한다.

③ 구설화란이 따르고, 투기심이 강하다.

④ 雙二, 雙七로 太旺(태왕)한 者는

　　㉠ 변화가 극심하고, 口舌禍亂(구설화란)이 따른다.

　　㉡ 兄弟 不睦(형제 불목)하고, 윗사람에게 무례하기 쉽다.

　　㉢ 口舌數(구설수)를 조심해야 한다. 뽐내기를 좋아한다.

　　㉣ 주위 사람을 피곤하게 한다.

⑤ 太旺者(태왕자)는

　　㉠ 명랑하고 꾸미기 좋아하고 잔정이 많다. 명분과 체면을 앞세운다.

　　㉡ 口舌(구설)이나 禍亂(화란)을 自招(자초)하며, 싸움이나 官災(관재)가
　　　많이 발생한다.

⑥ 火가 空亡(공망)이면 發(발)한다.

　　㉠ 火가 旺한 者가 空亡(공망)이면 大發展(대발전)이 있고,

　　㉡ 弱한 者가 空亡(공망)이면 꺼져 가는 불꽃이다.

⑦ 日支가 二七火인 사람은 明德(명덕: 밝고 인도에 맞는 행동)을 좋아하고 총
　　명하며, 예의를 좋아하나, 성급하고 變幻多謀(변환다모: 종잡을 수 없는
　　빠른 변화와 꾀)하다.

⑧ 火가 과다하면 禍敗(화패: 재화로 인한 실패)를 초래하고, 형제가 不睦(불
　　목)하고 口舌(구설)이 따른다.

⑨ 内火(七)가 乾宮(선궁)에 入墓(입묘)되면 十二運星상 墓絶(묘절)로 시력
　　이 나빠질 수 있고 수명이 불리하다.

⑩ 日支 상수에 四九金이 있으면 마음이 편협하고, 성정이 표독하다. 남자
　　는 毒心(독심) 小人(소인)이고, 여자는 毒心(독심) 小婦(소부)다.

⑪ 病方(병방): 심장, 소장, 혈압, 시력, 精神世界(정신세계), 눈병, 木生火
　　시 精力旺盛(정력왕성)하다.

⑫ 學科(학과): 화학, 전기, 전자, 컴퓨터, 演藝(연예), 방송

⑬ 職業(직업): 미용실, 화장품, 주유소, 컴퓨터 관련, 전기, 전자 관련, 철학(二火), 유류업, 화공약품, 소금, 담배, 연구직

1) 日支가 二火인 者

① 총명하나 성격이 급하다.

② 人德(인덕)이 없다. 부모덕이 없는 경우가 많다. 왕하면 그렇지 않다.

③ 言辯(언변)에 능하다. 친구를 좋아한다.

④ 外觀(외관)은 穩和(온화)해 보이나 內心(내심)은 거칠고 급하고 熱情的(열정적)이며 獨善的(독선적)이다.

⑤ 자기 마음을 타인에게 이야기하는 것을 꺼린다.

⑥ 二火는 三木을 먹지 못하므로 生食(생식)을 싫어한다.

⑦ 二火는 巳火로서 거짓 火이니 변환에 능하고 깜박깜박한다.

⑧ 妥協心(타협심)이 부족해 타인과 和合(화합)이 힘들며, 건들면 폭발하는 이기적인 성격이 있다. 하지만 겸왕이면 그러하지 않다.

2) 日支가 七火인 者

① 밝고 명랑하고 총명하며 지혜롭다. 머리 회전이 빠르고 맹렬하다. 강하다. 아는 것이 많다.

② 말이 많고 남을 무시하며 성질이 급하다. 윗사람에게 무례하기 쉽다.

③ 外向的(외향적)이고 能動的(능동적)이며 적극적이다.

④ 七火가 天盤(천반)에 있으면 나서서 말하기를 좋아하고, 변화가 많고, 말을 함부로 하니 口舌是非(구설시비)가 따른다.

⑤ 太旺(태왕)한 者는 허영심이 많고 체면과 명예를 중시한다.

⑥ 太弱(태약)한 자는 小心(소심)하고 內性的(내성적)이며 옹졸하다.

⑦ 매사 능수능란하여 大事(대사)를 圖謀(도모)하나 인내심이 부족하다.

⑧ 다른 사람 눈치 보지 않고 극한 상황에서도 살아남을 수 있다.

⑨ 뒤끝이 없고 시원한 성격이다.

⑩ 輕率(경솔)한 言動(언동)으로 口舌是非(구설시비), 鬪爭(투쟁), 官災數(관재수)를 당하기 쉽다.

3. 日支가 五十土인 者의 共通的(공통적) 사항

① 性情(성정): 信義(신의)가 있고 순박하며 검소하다. 고집이 있고 마음속을 알 수 없다. 꼼꼼하다. 저축심이 강하다.

② 土가 많으면 愚鈍(우둔)하다. 土가 薄(엷을 박)하면 薄土假信(박토가신)이라 한다.

③ 太旺(태왕)한 者는 遲鈍(지둔: 영민하지 못하고 굼뜸)하고 愚鈍(우둔)하며, 느리고 게으르다.

④ 太弱(태약)한 者는 薄土假信(박토가신)이라 믿을 수 없고, 상대하기 어렵다.

⑤ 土는 偏狹(편협)함이 적으나 包容力(포용력)은 있으며 옛것을 좋아한다.

⑥ 雙五, 雙十은 생각이 깊어 좋은 기회를 놓치는 경우가 많다.

⑦ 日支 五十土가 空亡(공망)인 자는 허황된 짓을 잘한다.

⑧ 말이나 행동이 신중하고 다른 사람에게 믿음을 주며, 풍족하게 산다.

⑨ 病方(병방): 비장, 위장, 피부, 유방

⑩ 學科(학과): 토목, 건축, 부동산관련학과, 종교, 철학(四九金을 생할 때), 한의학(七五九, 三殺), 역사학

⑪ 職業(직업): 부동산 관련, 토건업, 토복, 건축, 한의사, 약사, 식품 관련

업, 약초 재배, 농사, 운동

1) 日支가 五土인 者

① 淳朴(순박)하고, 믿음과 義理(의리)가 있으며 儉素(검소)하다.

② 每事(매사)에 雅量(아량)을 베풀기 때문에 同化力(동화력)이 있고 침착하며 윗사람에게서 信賴(신뢰)를 받고 아랫사람에게서 尊敬(존경)을 받는 德(덕)이 있는 사람이다.

③ 內心(내심)이 剛正(강정: 군세고 바름)하나 고집이 있고 자존심이 강하다.

④ 사람을 쉽게 사귀고, 쉽게 배신한다. 그러나 이해심은 많다.

⑤ 信用(신용)과 義理(의리)가 있고 財物 執着(재물 집착)과 名譽慾(명예욕)이 강하며, 경제적으로 富貴者(부귀자)가 많다. 凶格(흉격)이면 게으르고 信用(신용) 또한 薄(박)하다.

⑥ 겉으로는 내색을 잘 못하고 시야가 좁은 것이 흠이다.

⑦ 異姓(이성)을 快樂的(쾌락적)으로 대한다.

2) 日支가 十土인 者

① 겉으로는 온화하나, 內面(내면)은 강하고 保守的(보수적)이다.

② 속을 알 수 없으며 嫉妬心(질투심)이 강하다.

③ 남을 믿지 못하는 疑心症(의심병)이 있어 매사에 직접 實踐(실천)하는 實踐主義者(실천주의자)다.

④ 貯藏(저장)하는 能力(능력)이 강하다.

⑤ 陰土(음토)로 節約 情神(절약 정신)과 對人(대인) 관계에서 중립적인 입장을 固守(고수)한다.

⑥ 吉格(길격)이면 실천력이 뛰어나고 부자가 많다.

⑦ 凶格(흉격)이면 게으르고 優柔不斷(우유부단)하다.

⑧ 개척되지 않는 땅과 같아서 愚昧(우매)한 점도 있고, 변화적 성격으로 언행이 일치하지 않을 수 있다.

4. 日支가 四九金인 者의 共通的(공통적) 사항

① 性情(성정) : 義理(의리)를 重視(중시)하고 冷靜(냉정)하나, 속情은 있다. 公明心(공명심), 名譽心(명예심)이 강하다.

② 냉철하다. 과감하다. 결단력 있다. 말을 잘한다.

③ 金이 겸왕되면 이복형제가 있거나, 몸에 흉터가 있을 수 있다.

④ 四九金은 그 자체로 疾厄(질액)이다. 그리고 성격이 强(강)하고 柔(유)한 맛이 적다.

⑤ 굳세고 청렴하고 好人(호인)이나 金이 많으면 刑殺(형살)이 따를 수 있다.

⑥ 太旺한 者는 용감하고 욕심 많고 殘忍(잔인)하다.

⑦ 雙九, 雙金인 者는 勇氣(용기)와 固執(고집)이 세다. 험한 꼴을 봐도 눈 하나 꿈적 안 한다.

⑧ 雙九는 조폭 기질이 있고, 험한 꼴 많이 본다. 雙金도 마찬가지다.

⑨ 金木이 相爭(상쟁)하는 경우에는 치명적 不幸(불행)을 겪을 수 있다.

⑩ 火가 天盤(천반)에 臨(임)하면 偏狹(편협)과 好殺(호살)하며 살벌하다.

⑪ 病方(병방) : 폐, 대장, 호흡기 계통의 실병, 천식

⑫ 學科(학과) : 금속, 기계, 재료공학, 의과, 검, 경찰 관련, 경제, 무역, 겸염, 회계하과(金生水일 경우)

⑬ 職業(직업) : 금속, 철강, 기계 관련, 외과 이사(九金), 치과의사(四金), 광업, 간호사, 검찰, 경찰, 금은보석, 증권, 금융계통, 특수직, 해결사

1) 日支가 四金인 者

① 겉으로는 쌀쌀하고 냉정해 보이나 속은 따뜻하다.

② 進取的(진취적)이며 勇氣(용기)와 意志力(의지력)이 있어 생각을 貫徹(관철)시키는 힘이 있다.

③ 냉정하면서도 도화 끼가 있다.

④ 陰金이니 행동파지만 忍耐力(인내력)이 부족하다.

⑤ 勇氣(용기)는 있으나 妥協(타협)이 서투르며 대인관계에 있어서는 부딪히는 면이 있다. 즉, 사교성이 부족하다.

⑥ 약간의 융통성은 있다.

⑦ 奢侈(사치)와 虛榮(허영)을 싫어한다.

⑧ 四金은 세균성이다.

2) 日支가 九金인 者

① 군센 성격의 소유자로 의리는 있으나 融通性(융통성)이 부족하다. 마음 수양이 필요하다.

② 냉정하고 고집이 세고 강직하며 까다롭다. 卑屈(비굴)한 꼴을 싫어한다.

③ 犧牲(희생)과 奉仕精神(봉사정신)이 강하고 決斷力(결단력)도 있다.

④ 事物(사물) 처리에 速戰速決(속전속결)로 迅速(신속)하다.

⑤ 딱딱 끊어 버리는 성질이 있어 刑殺(형살), 惡殺(악살)을 당할 수 있다.

⑥ 九金인 者가 空亡(공망)이면

　　㉠ 吉格者(길격자)는 名譽(명예)와 公明(공명)을 높이고,

　　㉡ 凶格者(흉격자)는 망신을 당한다.

⑦ 兼旺(겸왕)이 되면 異腹兄弟(이복형제)나 몸에 흉터가 있겠다. 흉터가 없을 경우 형제간에 義가 좋지 않다.

⑧ 淸白(청백)하고 功名(공명)에 過敏(과민)하여 名譽(명예)를 尊重(존중)하나 成敗(성패)가 심하다.

5. 日支가 一六水인 者의 共通的(공통적) 사항

① 性情(성정): 총명하고 지혜롭다. 차분하게 말을 잘한다. 욕심이 많다. 음흉한 면도 있다. 好酒(호주), 好色(호색), 배움을 좋아하고, 탐구심과 모험심이 강하다.

② 太旺한 者는

ㄱ 一六 水가 兼旺(겸왕)이고 居生(거생) 또는 受生(수생), 月令(월령)의 生을 받는 자이고,

ㄴ 水가 過多하면 酒色雜技(주색잡기) 등 陰事(음사)에 빠지기 쉽고, 때로는 情神(정신)이 昏迷(혼미)하여 事理判斷(사리판단)을 그르칠 수 있다.

③ 旺한 者는 마음이 넓고 포용력이 있다. 추진력이 강하다.

④ 弱한 者는 포용력과 추진력이 부족하고, 성격과 행동이 급하다.

⑤ 空亡인 者는 家事(가사)가 불순하다. 流亡(유망: 정처 없이 떠돌아다니는 일 또는 사람)한다.

⑥ 水火沖인 者는

ㄱ 행동이 빠르고 頭腦(두뇌)가 機敏(기민)하다. 神經過敏(신경과민)이 흠이다.

ㄴ 성적인 자극에 쉽게 반응하며 일종의 끼를 갖고 있다고 본다.

ㄷ 일지 상수에 火를 이고 있으면 돈에 관한 촉이 굉장히 좋다.

⑦ 兼旺인 者: 雙一, 雙六 者

ㄱ 智略(지략)이 출중하나 龍頭蛇尾格(용두사미격)이다.

ⓛ 水가 兼旺이 되면 정신 집중이 잘 안 되고 목소리가 크다.

ⓒ 명국 전체에 金水가 通氣(통기)되어 있으면 노래에 소질이 있다.

ⓔ 물은 차면 맑고, 뜨거우면 濁(탁)하다. 지나치게 맑은 물에는 물고기
가 살지 않는 것처럼 水氣가 旺한 사람은 사교성이 부족하기 쉽다.

⑧ 病方(병방): 신장, 방광, 전립선, 자궁, 당뇨, 精力(정력), 술 등을 조심
해야 한다.

⑨ 學科(학과): 해양, 수산, 관광, 어학 관련 학과, 유통 관련 학과, 유아교
육학과, 경제 회계학과(九金이 生을 받을 때)

⑩ 職業(직업): 유흥업, 음식점, 유통, 물류, 소리 나는 직업(노래방 등), 보
험, 관광, 사우나, 수산물업, 회계, 경영, 무역업, 중매업, 건강보조 식
품업, 여관(五土를 끼고 있는 경우), 레저산업

1) 日支가 一水인 者

① 영리하고 지혜롭다. 잘난 체한다.

② 문장에 능하고, 활동력이 왕성하고 冒險心(모험심)이 강하다.

③ 事理(사리)가 분명하고 義俠心(의협심)이 강하다.

④ 정력을 헛되이 소비하는 경향도 있다.

⑤ 3개의 宮에 一, 六水가 있으면 머리는 좋은데 주색으로 受侮(수모)를 당
할 수 있다.

⑥ 도화 끼가 있다.

⑦ 心性(심성)이 淡白(담백)하여 남을 해치지 못한다.

2) 日支가 六水인 者

① 融通性(융통성)이 있고 남과 화합을 잘한다.

② 욕심이 많다.

③ 두뇌가 명석하고 판단력이 좋다. 침착하다. 참모직이 좋다.

④ 상대방의 마음을 꿰뚫어 보는 능력이 있다.

⑤ 외향성과 내향성을 가진 이중성이 있고 속마음을 알 수 없다.

⑥ 우울한 성격이 있고 즉흥적인 판단을 한다.

⑦ 旺(왕)하면 활발하고 성급한 반면, 사리 판단이 분명한 자가 많다.

⑧ 큰물로서 활동력도 왕성하고 힘찬 정력과 미덕을 겸비했으나, 올바른 일
   에 쏟지 못하면 酒色雜技(주색잡기)로 흘러간다.

※ 五十土가 뭉쳐 있으면 攝生管理(섭생관리)를 잘해라.

※ 一六 水가 旺(왕)하면 목소리가 크다.

일간론(日干論)

日干(일간)은 布局(포국)에 사용되는 사주 日柱(일주)의 天干(천간)이다. 이 것은 行年(행년)과 더불어 奇門局(기문국)을 解斷(해단)할 때 특징적인 일, 사건을 찾는 데 중요한 役割(역할)을 한다. 命盤(명반)에서 일간의 위치나 강약에 따라 어떻게 解斷(해단)을 하며 어떤 性向(성향)을 가지고 있는지 확인한다.

1. 日干(일간)과 日支(일지)의 作用(작용)

① 일지와 일간은 자기의 몸이다(日支는 몸체, 日干은 머리). 일지는 己身(기신: 내 몸)이라 한다.

② 일지궁은 내궁이며 가택궁, 처첩궁으로 집안에서 일어나는 일 모두를 의미한다. 일지궁 상하가 比和(비화)이면 家宅(가택)이 和平(화평)하고 妻室(처실: 아내)이 賢淑(현숙)하다.

③ 일간궁은 외궁이며 대외적 사회적 능력이나, 성향, 명성을 의미한다.
　㉠ 밖에서 관심을 갖고 하는 일이다.
　㉡ 日干이 官에 있으면 자존심과 명예욕이 있다. 鬼(귀)에 있으면 명예욕이 대단하고, 자존심 또한 대단하다. 자존심을 건드리면 큰일 난다.

④ 일간궁의 홍국수가 일지를 沖(충)하거나 극하면 凶命(흉명)이다.

⑤ 일지궁이 旺吉(왕길)하고 일간궁이 비동처이면 일지궁이 家宅(가택)이니 가정에 충실하고, 일간궁은 사회 활동을 의미하니 대외적으로 부진하고, 사업적으로도 활동 범위가 협소하다. 이런 사람은 집안일을 하거나 가내공업을 하는 게 좋다.

⑥ 일지궁이 弱(약)하고, 일간궁이 動處(동처)이고 旺吉(왕길)하면 가정에서는 充實(충실)하지 못하고 사회 활동은 왕성하며 능력을 發揮(발휘)한다.

⑦ 日支宮이 旺吉(왕길)하고 일간궁이 動處(동처)이나 弱(약)하면 家庭(가정)에서는 충실하나 對外的(대외적) 社會活動(사회활동)은 不振(부진)하다.

⑧ 日支宮(일지궁)이 太弱(태약)할 때 日干宮(일간궁)과 日支宮(일지궁)은 비록 내외로 구분되기는 하지만 모두 己身(기신: 내 몸)이므로 일간궁이 旺(왕)하면 일지궁의 太弱(태약)을 補完(보완)해 준다.

⑨ 일지궁이 쇠약하고, 일간궁이 왕길하면 內困外發(내곤외발)이요,

⑩ 일지궁이 왕길하고, 일간궁이 쇠약하면 內發外困(내발외곤)이라 한다.

⑪ 內外宮(내외궁)이 모두 길하고 왕하다면 家和萬事成(가화만사성)으로 立身揚名(입신양명)을 할 수 있다.

⑫ 일간궁이 비동처일 경우 일간궁은 干獨不立(간독불입)으로 일지궁 하고만 通交(통교)되니 순농처라 할 수 있다. 일지와 20~30% 암농한다.

⑬ 日支宮(일지궁) 상하가 相剋(상극)하거나 刑沖波害(형충파해)하면 家宅(가택)이 騷亂(소란)하고, 妻宮(처궁)이 散亂(산란)하다. 門卦(문괘)의 참조 없이 극단적인 홍국수만으로 解斷(해단)하는 것은 무리가 있다.

　㉠ 上剋下(상극하) 한다면 迫(박)이니 苦厄(고액)이 많을 수 있다.

　㉡ 下剋上(하극상) 한다면 制(제)이니 財(재)가 臨(임)하여 길할 수 있다.

　㉢ 上生下(상생하) 한다면 和(화)이니 많은 助益(조익)이 있다.

　㉣ 下生上(하생상) 한다면 義(의)라 하니 損耗(손모)가 많다.

2. 日干宮(일간궁)의 喜忌神(희기신)

① 일간궁의 홍국수로 판단한다.

② 日干宮(일간궁)은 干獨不立(간독불입)으로 일지하고만 通交(통교)되니 日

支宮(일지궁)과의 이해관계를 日干宮(일간궁)에 있는 홍국수로 판단한다. 만약 일간궁에 있는 홍국수가 喜神(희신)이라면 해당 宮의 六神(육신)도 좋고 일간궁도 좋아서 내가 喜神(희신)을 取(취)한 것이 되고, 일간궁이 忌神(기신)이라면 내가 忌神(기신)을 取(취)한 것이 된다(겸왕된 것이 비동처이면 20~30% 암동한다).

③ 일간궁이 일지궁을 생하면 喜神(희신)이고, 일간궁이 일지궁을 극하면 忌神(기신)이다. 예를 들어, 관인상생이 안 될 경우에 일간궁의 홍국수가 偏官(편관)이면 일지를 剋(극)하게 되니 忌神(기신) 역할을 한 것이 된다.

④ 일지가 일간을 생하는 것보다, 일간이 일지를 생하는 것이 吉(길)하고, 일간궁의 홍국수가 偏官(편관)으로 일지를 剋(극)하면 흉명으로 본다. 무조건 일간이 일지를 剋(극)하면 안 좋다. 일종의 自家免疫(자가면역)으로 자기가 자신을 공격하는 것과 같다. 내가 내 발등을 찍는 것이다.

⑤ 喜神(희신)은 旺(왕)해야 좋고 忌神(기신)은 弱(약)해야 좋다. 이 말뜻은 일간이 무조건 旺(왕)하다고 해서 좋은 건 아니라는 의미이다.

⑥ 일간이 왕한데 홍국수가 絶地(절지)에 있으면 일간도 왕하다고 볼 수 없다(홍국수가 우선한다).

3. 日干宮(일간궁)의 强弱(강약)

① 日干宮(일간궁)의 强弱(강약)은 六儀三奇(육의삼기)로 본다.

② 得令失地(득령실지)는 天時(천시: 월지의 사령을 얻은 경우)를 얻고, 地利(지리: 앉은자리의 도움)를 얻지 못한 경우로 외적으로는 화려하나 내적으로는 內實(내실)이 없다.

③ 失令得地(실령득지)는 天時(천시)는 타지 못했지만 地利(지리)를 얻은 것

으로, 외적으로는 초라해 보이지만 내적으로는 내실이 있는 경우이다. 힌마디로 알부지다.

④ 得地(득지)의 경우, 궁의 홍국수가 旺相地(왕상지)면 亨通(형통)한다.

4. 例示(예시)

① 일지궁에 일간이 있으면 자기 일은 자기가 처리한다.

② 일지궁에 월간이 있으면 형제가 저지른 일을 자기가 처리한다.

③ 일지궁에 년간이 있으면 아버지가 저지른 일을 자기가 처리한다.

④ 일간에 붙은 육신에 따라 밖에서 하는 일이 다음과 같다.

　㉠ 부효이면 공부에 힘을 쓰고 나이가 많은 사람과 잘 어울린다.

　㉡ 재효이면 남자는 돈에, 여자는 돈과 媤家(시가)에 신경을 쓴다. 손생재가 되면 괜찮다.

　㉢ 형효이면 친구와 잘 어울리고, 사람을 좋아한다.

　㉣ 관귀효이면 職場(직장) 일이 우선이고 명예를 중시한다. 그러나 편관귀는 명예욕이 과도하니 官災口舌(관재구설)이 따를 수 있다.

　㉤ 손효이면 일을 벌이려고 한다.

⑤ 日干宮(일간궁)은 印綬(인수)를 타고 일지에 들어와야 좋은 역할을 한다. 兄爻(형효)한테 가면 다른 사람 좋은 일 시키는 것이다.

⑥ 日支宮(일지궁)이 太身弱(태신약)하고 印綬(인수)가 없으면 短命 四柱(단명 사주)이나, 日干이 旺(왕)하면 日支宮(일지궁)의 太身弱(태신약)을 補完(보완)해 준다.

주객론(主客論)

❀ 地盤(지반)은 主(주)요 天盤(천반)은 客(객)이다. 이것이 宮(궁)의 原則(원칙)이다.

❀ 상대가 主가 되고 내가 客이 될 수 있으며 先動者(선동자: 움직이는 자)가 客(객)이 된다. 干支(간지) 相剋(상극)인 경우,
  ① 天盤(천반)이 地盤(지반)을 剋(극)하면 客剋主(객극주)로 客이 이롭다.
  ② 地盤(지반)이 天盤(천반)을 剋하면 主剋客(주극객)으로 主가 이롭다.

❀ 己身(기신:日支)과 六神(육신)은 主客(주객) 관계다.
① 己身(기신)은 主요, 모든 六神(육신)은 客이다.
※ 己身: 日支(일지) 地盤洪局數(지반홍국수)를 말한다.
② 主客의 대항에는 각기 實勢(실세) 把握(파악)이 核心(핵심)이다.

❀ 遊年大運(유년대운)에는 世爻(세효)가 객이 되고, 遊年宮(유년궁)에 있는 홍국수가 主(주)가 된다.

❀ 動(동)과 靜(정)
① 靜(정)은 숨는 것으로 萬事(만사) 停止(정지)를 意味(의미)하며. 靜(정)할 때에 利害得失(이해득실)은 主(주)의 立場(입장)에서 생각한다.
② 動(동)은 움직이는 것으로 出入(출입) 등에 해당되고, 動(동)할 때의 利害得失(이해득실)은 客(객)의 立場(입장)에서 생각한다.

72

행년궁(行年宮)

1. 행년궁의 의미

年局(년국)에서 行年宮(행년궁)을 일명 命宮(명궁)이라고도 한다. 九宮(구궁)에서 나이에 따라 위치하는 궁이 다른데, 자기 나이에 해당되는 宮(궁)의 환경에 따라 그해에 일어날 일을 상징적으로 나타낸다.

① 身數局(신수국), 즉 年局(년국)에서 그해에 해당되는 나이가 위치한 궁을 行年宮(행년궁)이라고 한다. 행년궁은 년국에서만 활용한다.

② 행년궁은 그해에 일어날 특징적인 사건을 나타내며 육친과 관계된 일이 발생한다. 즉, 당년도 외부적 환경의 유리함이나 불리함, 그리고 사회 활동의 발전 여부를 판단하는 것이다.

2. 行年宮(행년궁)을 정하는 방법

布局(포국)은 남자와 여자가 다르다. 남자는 시계 방향, 여자는 시계 반대 방향이고 출발지는 남자는 離宮(이궁)이고, 여자는 坎宮(감궁)에서 출발한다.

1) 남자의 行年宮(행년궁) 정하는 법

남자는 離宮(이궁)에서 1세로 시작하여 中宮(중궁)을 제외한 八宮(팔궁)을 시계 방향으로 한 칸씩 돌아가는데 坤宮(곤궁)에서 처음 한 번만 건너뛰고 兌宮(태궁)이 2세, 乾宮(건궁)이 3세 등으로 차례대로 1살씩 나이를 더해 가다가 당년 자기 나이에 오는 宮(궁)을 行年宮(행년궁)이라 한다. 2칸씩 가면 10살씩 더해진다.

2) 여자의 行年宮(행년궁) 붙이는 법

여자는 坎宮(감궁)에서 1세로 시작하여 中宮(중궁)을 제외한 八宮(팔궁)을 시계 반대 방향으로 한 칸씩 돌아가는데 艮宮(간궁)에서 처음 한 번만 건너뛰고 乾宮(건궁)이 2세, 兌宮(태궁)이 3세 등으로 순서대로 1살씩 더해 가다가 당년 자기 나이에 오는 宮을 行年宮(행년궁)이라 한다.

❀ 남자

巽	7	離	1	坤	9
	15	24	8		17
	23	40	16		25
震	6			兌	2
	14				10
30	22			26	18
艮	5	坎	4	乾	3
	13		12		11
	21		20		19

❀ 여자

巽	6	離	5	坤	4
	13		12		11
	21		20		19
震	7			兌	3
	14				10
	22				18
艮	15	坎	1	乾	2
	23		8		9
		24	16	25	17

3. 단식 판단으로 行年宮(행년궁)에 다음 六神(육신)이 들어오면

① 鬼爻(귀효), 즉 편관이 있으면 질병, 사고, 官災(관재) 등의 문제가 있다.

② 官爻(관효)가 있으면 직업, 명예 등 官(관)에 관한 문제가 있다.

③ 父爻(부효)가 있으면 부모, 문서, 서류, 인덕, 인기, 자격증 등의 문제가 일어날 수 있다.

④ 孫爻(손효)가 있으면 자식, 직업, 求財(구재), 종업원, 부하 직원 등과 관련된 일이 발생할 수 있다.

⑤ 財爻(재효)가 있으면 남자는 돈, 여자, 처첩(妻妾), 재물, 損財(손재) 등의 일이 일어날 수 있고, 여자는 돈, 시가(媤家) 일이 발생한다.

⑥ 兄爻(형효)가 있으면 損財(손재), 처, 친구, 동업 등의 문제가 일어날 수 있다.

⑦ 행년궁이 년간과 同宮(동궁)하면 부친이나 장인 또는 친인척 어른에 대한 일이 발생할 수 있다.

⑧ 행년궁이 월간과 같이 있으면 형제자매에 관한 일이 발생할 수 있다.

⑨ 행년궁이 시간과 같이 있으면 자식, 부하 직원, 아랫사람에 관한 일이 발생할 수 있다.

⑩ 행년궁에 七九 相戰(상전)이나 火金相戰(화금상전)이면 본인이나 가족 혹은 친인척에게 사고가 발생할 가능성이 있다. 그리고 그 궁이 凶(흉)하면 다툼과 訟事(송사)가 발생할 수 있다.

⑪ 행년궁에 歸魂(귀혼)이 있으면 사업이나 직장을 그만두는 경우도 있다. 혹은 祖上墓(조상묘)를 移葬(이장)하거나 슬픈 일이 일어날 수 있다.

⑫ 행년궁이 雙庚(쌍경)이면 事故(사고) 혹은 手術(수술) 등의 일이 일어날 수 있다.

⑬ 행년궁이 雙丙(쌍병)이면 구설이 발생하거나 소란스러운 일에 휘말릴 수 있다.

⑭ 행년궁이 雙戊(쌍무)이면 疾病(질병)에 시달릴 수 있다. 단, 年局(년국)이 좋으면 오히려 金錢運(금전운)이 좋다.

⑮ 행년궁에 庚(경)과 丙(병)이 있으면 이러저러 困難(곤란)한 상황에 처할 수 있다.

⑯ 행년궁이 壬加癸(임가계)이면 가족 중에 淫亂(음란)한 일에 연루되어 推問(추문)이 생기거나 망신을 당할 수 있다.

⑰ 행년궁에 玄武(현무)나 天逢(천봉)이 있으면 詐欺(사기) 수가 있다. 혹은 도난 수가 있다.

⑱ 행년궁에 天火殺(천화살)이나 獨火殺(독화살)이 있으면 화재 조심해야 한다. 그리고 他人(타인)에게 말로 상처 주지 않도록 조심해야 한다.

⑲ 행년궁에 軒轅(헌원)이나 驛馬殺(역마살), 天馬殺(천마살) 등이 있으면 이사, 이동, 변동, 교통사고를 조심해야 한다.

중궁론(中宮論)

중궁(中宮)은 그해에 일어나는 일에 상징적인 意味(의미)를 갖고 있다. 중궁에 전체 궁의 흥망성쇠의 관건이 달려 있다. 모든 일의 성패가 중궁에 의해 좌우되므로 모든 궁의 오행과 生剋制化(생극제화)함으로써 조화가 이루어진다.

1. 역할

중궁은 九宮의 중심으로 각궁과 전부 연결되어 있다. 九宮 전체의 중앙에 위치하여 황제처럼 각궁에 영향력을 끼칠 수 있기 때문에 性向的(성향적)으로 日支宮(일지궁)과 같이 家宅宮(가택궁)으로 본다.

2. 특징

① 中宮(중궁)에는 兄爻(형효)가 들어가지 않는다.

② 중궁은 8개의 宮(궁)을 다스리는 총사령관이다.

③ 중궁에 든 六神(육신)은 어느 육신인지, 남녀별로 어떤 영향을 주는지 파악하여야 한다.

3. 中宮이 生助(생조)하는 궁의 위치에 따른 풀이

① 일지궁이면 자신의 일이 발전하고 吉(길)하다.

② 인수궁이면 부모나 문서, 학업, 두장에 관한 기쁜 일이 있다.

③ 형제궁이면 형제나 친구의 일에 吉(길)하다.

④ 손궁이면 자손의 경사가 있다.

⑤ 재궁이면 처와 금전의 문제에 吉(길)하다.

⑥ 관, 귀궁이면 관운에 대길하고 영업 발전이 있으나, 흉격이거나 흉문괘가 많으면 관재구설, 시비, 질액이 따른다.

4. 中宮(중궁)의 六神別(육신별) 作用力(작용력)

1) 중궁에 孫爻(손효)가 있으면

- 孫(손)이 중궁이면 자손에 관계되는 일이 생기고, 자손 외에 조카 손주 종업원 제자 등에 관계되는 일이 생기기도 한다.

- 일반인은 길한 일이 많지만 공직자나 국가기관에 근무하는 사람은 나쁘다. 왜냐하면 孫動剋官(손동극관)하기 때문이다. 그러나 재물에는 유리하다.

(1) 男子(남자)의 경우

① 孫生財(손생재)하여 돈을 벌려고 일을 벌인다.

② 孫(손)은 官(관)을 치기 때문에 직장 변동이 많다. 通氣(통기)되면 무난하다. 따라서 전문 직종이 좋다.

③ 학생은 손동극관하니 제1 학마운이다. 왜냐하면 학교를 밀어내고 돈을 벌려고 하기 때문이다.

④ 孫(손)이 중궁에 있으면 治鬼者(치귀자: 검찰, 경찰, 의사, 선생님) 사주이니 전문직이나 기능직으로 가는 게 좋다.

⑤ 중궁에 孫(손)이 있으면 큰(성공한) 자식을 둘 수 있다.

⑥ 손동극관의 경우 자식, 수하 사람으로 인해 문제가 발생할 수 있다.

(2) **女子**(여자)의 경우

① 孫(손)이 官(관)을 치기 때문에 男便(남편)과 因緣(인연)이 薄(박)하다.

② 孫이 官을 치기 때문에 남편이 미워질 수 있으니 늦게 결혼하는 것이 좋다. 이런 여자는 사회생활을 하는 것이 좋다. 즉, 직업을 가져라.

③ 미혼 여성은 사회생활을 하다가 늦게 결혼하는 것이 좋다.

④ 孫爻(손효)의 대운에서 孫動剋官(손동극관)하면 1~3년은 잘 견디지만 4~9년은 못 견디고 離婚(이혼)하는 경우가 많다.

⑤ 孫動剋官(손동극관)하면 반드시 隘路(애로)가 있다.

⑥ 자식 낳고 남편이 미워져 이혼하는 경우가 많다.

2) **財爻**(재효)

– 財(재)가 중궁이면 처나 재물에 관계되는 일이 발생한다.

– 中宮(중궁)의 財(재)는 큰돈이다.

– 남자의 경우 나이가 들고 돈을 벌면 財生官(재생관)하니 政治(정치) 등 관직이나 명예를 살 수 있고, 여자는 늦바람이 날 수 있다.

(1) **男子**(남자)의 경우

① 중궁에 財(재)가 있으면 집안일을 처에게 맡기고 자기는 돌아다닌다. 즉, 처가 家權(가권)을 쥐고 統率(통솔)한다. 賢妻坐鎭(현처좌신)이라고 하는데 홍국수에 따라 다르다.

   ㉠ 一六水이면 머리가 영리하고 말 잘하고 욕심 많은 여자다.

   ㉡ 二八木이면 어질고 착하고 고집이 있는 여자이고,

   ㉢ 五十土는 淳朴(순박)하고 검소하며 신의가 있는 여자이고,

   ㉣ 四九金은 의리 중시하고 냉정하나 속성은 있다. 이혼 소시가 있고,

살성이기 때문에 처가 강하니 남편이 꼼짝 못 한다.

　㉤ 二七火는 처로 인하여 口舌禍亂(구설화란)이 있을 수 있다.

※ 四九金과 二七火는 賢妻坐鎭(현처좌진)이라 하지 않는다.

② 중궁의 財는 隱伏(은복)되어 있는 財가 있기 때문에 正, 偏財混雜(정편
재혼잡)으로 財가 2개 들어 있다. 즉, 여자가 하나 더 있어 결혼을 늦게
하는 게 좋다.

(2) 女子(여자)의 경우

① 중궁의 財(재)는 시부모가 집안일을 좌지우지한다.

② 四九金은 殺星(살성)이고 庚(경)은 바뀌는 것이니 媤家(시가)가 바뀔 수
있고, 시부모가 바뀔 수 있다. 그리고 살찬 시어머니를 만날 수 있다. 여
자는 媤家(시가)에게 꼼짝 못 한다.

③ 二七火는 시부모가 口舌禍亂(구설화란)을 일으킨다.

3) 官爻(관효)

－ 官(관)이 중궁이면 관직에 발전이 있고 부모나 시험, 명예에 발전이
있다.

－ 남녀 공통으로 편관 귀가 隱伏(은복)되어 있다. 관살혼잡이다.

－ 偏官 鬼(편관 귀)가 隱覆(은복)되어 있으니 평소에 큰 질병은 없다. 편
관 귀는 질액이고 스트레스다.

(1) 男子(남자)의 경우

① 중궁에 官(관)이 있으면 명예심, 자존심이 强(강)하고 順理的(순리적)이다.

② 우두머리 氣質(기질)을 가지고 있다.

(2) 女子(여자)의 경우

① 남편이 집안을 통솔하니 막강하고 좋은 남편을 만난다.

② 偏官 鬼(편관 귀)가 隱伏(은복)되어 있으니 숨어 있는 남자가 있다. 그리고 직장을 갖는 것이 좋다.

③ 官殺混雜(관살혼잡)으로 隱伏(은복)된 偏官 鬼(편관 귀)를 안고 있으니 늦게 결혼하는 것이 좋다.

4) 鬼爻(귀효)

- 鬼(귀)가 中宮이면 官職(관직)에 파란이 있거나 발전이 없고, 질병 또는 관재구설, 스트레스가 발생한다.

- 雙鬼(쌍귀)가 動(동)한 사람은 남녀 불문하고 夫婦不和(부부불화) 등 家宅(가택)이 안 좋다.

- 명예심, 자존심이 엄청 강하다.

- 중궁에 偏官 鬼(편관귀) 하나만 있어도 예리한 氣運(기운)이 있다. 특히 四九金이면 예리한 기운이 더 强力(강력)하다.

(1) 男子(남자)의 경우

① 자존심, 명예심이 대단히 강하다. 비순리적이다.

② 중궁에 偏官 鬼(편관 귀)가 있으면 불뚝 성질(욱하는 성질)이 있는데 印綬(인수) 타고 日支(일지)까지 들어오면 괜찮다.

③ 중궁에 편관 귀이니 특수 직종이 적합하고 鬼가 중궁에 있으니 막강한 직장이다.

④ 印綬(인수)가 없으면 苦厄(고액)이 많다. 왜냐하면 나를 치기 때문이다. 따라서 건강을 조심하여야 한다.

⑤ 印綬(인수)를 타고 들어와야 좋다. 인수가 없으면 고달프다.

(2) 女子(여자)의 경우

① 偏官鬼(편관귀)이니 남편한테 시달리고 남편 때문에 스트레스가 많다. 고달프고 애로사항이 있다. 印綬(인수) 타고 일지한테 오면 괜찮다.

② 중궁이 생식기이므로 생리통이 심한 사람도 있다. 건강 조심해야 한다.

③ 남편이 특수 직종에 직업을 가진 사람이 많다.

④ 正, 偏官(정 편관) 混雜(혼잡)이니 늦게 결혼하는 것이 좋다.

5) 父爻(부효)

– 父(부)가 중궁이면 부모나 문서에 관한 일 또는 윗분과 관계되거나 시험에 관계되는 일이 발생한다. 평생 공부한다.

– 부자로 산다. 雙印(쌍인)이면 큰 부자로 산다.

– 책을 좋아한다.

– 논리적이고 생각이 깊다. 겸왕된 것이 부효라도 약간 논리성이 있다 (비동처라도 좋고, 동처면 더 좋다).

– 나이 많은 사람과 친구처럼 지낸다.

※ 책을 좋아하는 경우는

① 일지 상수가 父爻(부효)인 경우,

② 중궁에 부효가 있는 경우,

③ 일간이 부효인 경우이다.

奇門命理學

칠화(七火)로 보는 심성론(心性論)

奇門(기문)에서는 七火(칠화)로 사람의 마음과 선천적인 심성을 판단할 수 있다. 命局內(명국내)에서는 七火(칠화)를 心(심: 마음)이라 한다. 七火가 氣運(기운)이 旺盛(왕성)하면 마음이 넓고 의지가 강하고 그 뜻이 高遠張大(고원장대)하고 포부가 크며, 七火가 弱(약)한 者는 소심하고 의지가 약하고 驚怯(경겁: 깜짝 놀람)이 많은 者(자)라 하겠다.

⊛ 七火의 상수에 臨(임)한 天盤數(천반수)로 心想(심상)을 다음과 같이 감평한다.

① 一六水: 一六水가 加臨(가임)한 자는 好色(호색) 雜技(잡기)에 능하며, 智謀(지모)가 出衆(출중)하고 投機心(투기심)이 强(강)하다.

② 二七火: 二七火가 加臨(가임)한 者(자)는 好禮(호예: 예의 바르고) 明學(명학: 학문이 밝고)하며, 과시욕과 위세를 좋아한다. 성질이 급하고, 입으로 인한 구설을 조심해야 한다.

③ 三八木: 三八木이 加臨(가임)한 자는 仁慈(인자)하며 寬愛(관애)하다.

④ 五十土: 五十土가 加臨(가임)한 자는 孫爻(손효)로 남에게 퍼 주기를 좋아해서 실속이 없다. 따라서 본인은 언제나 困苦(곤고)하고 損耗(손모)가 많다. 그러나 信實(신실)하다.

⑤ 四九金: 四九金이 加臨(가임)한 자는 운수가 막힘, 융통성이 부족하고 偏狹(편협)하며, 살생을 좋아한다. 吉門(길문) 吉卦(길괘)를 만나면 善人(선인)이라 하고, 凶門(흉문) 凶卦(흉괘)를 만나 흉한 자는 胡考終(호고종: 좋은 죽음)을 하지 못한다.

❈ 七火(칠화)를 만난 門(문), 掛(괘)에 따라 다음과 같이 감평한다.

① 生門(생문)과 開門(개문), 福德(복덕) 그리고 生氣(생기)를 만난 者(자)는 발전할 수 있고,

② 驚門(경문), 絶體(절체)와 絶命(절명)을 만난 자는 驚怯(경겁: 깜짝 놀람)이 허다하다.

③ 杜門(두문), 鬼魂(귀혼)을 만난 자는 隱遁(은둔)을 좋아하고,

④ 天宜(천의)와 景門(경문)을 만난 자는 好樂之人(호락지인)이다.

❈ 七火 상수에 四九金이 있고,

① 傷門(상문), 絶命(절명), 禍害(화해)를 만나면 每事(매사)가 흉하고, 좋은 결실을 얻기 힘들다(동업 불가).

② 생문, 개문, 복덕, 생기가 있는 사람은 다소라도 좋아질 수 있다.

❈ 雙金(쌍금)이 일지상에 있는 사람은 左眼(좌안)이, 月支上에 있는 사람은 右眼(우안)에 凶痕(흉흔), 薄痕(박흔: 엷은 흉터, 흔적) 또는 廢目(폐목: 시력이 몹시 나쁜 눈)이 될 수 있다.

※ 日支를 左目(좌목), 月支를 右目(우목)이라 한다.

구궁 심성론(九宮 心性論)

1. 坎宮(감궁)

日支(일지)가 坎宮(감궁)에 있으면,

① 酒色雜技(주색잡기)에 능하고, 陰沈(음침)한 성격이다.

② 머리가 영리하고 異性(이성)이 잘 따른다.

③ 水는 아래쪽 한곳에 다 모이니 욕심이 많다.

④ 수산물업, 화류계, 주류 등의 일에 종사하는 자가 많다.

⑤ 日辰 數(일진 수)가 一 六 水일 때 이러한 작용이 크다.

2. 坤宮(곤궁)

日支(일지)가 坤宮(곤궁)에 있으면,

① 어머니 屬性(속성)으로 조숙하고, 여성적인 면이 있고, 대개 온화하고 인자하며 유순한 편이다. 그러나 인색한 면도 있다.

② 責任感(책임감)이 강해 어느 분야나 꼭 필요한 사람이 많다.

③ 겉보기는 얌전하나 내심은 강하고 끈기 있고 저력이 있다.

④ 농업, 토지, 택지 등과 관련된 일에 종사하는 자가 많다.

⑤ 日辰(일진) 수가 十土나 九金이면 强(강)하게 작용한다.

3. 震宮(진궁)

日支가 震宮(진궁)에 있으면,

① 진궁은 우레 번개다. 벼락 천둥이니 난리 난다. 잘 흔들린다.

② 感情的(감정적)이고 突發的(돌발적)이고 偶發的(우발적)인 性格(성격)을

갖는다.

③ 恒常(항상) 奔走(분주)하고 活動的(활동적)이나 固執(고집)이 세고 獨自的(독자적)으로 행동하므로 批判(비판)의 대상이 되기도 한다.

④ 勝負慾(승부욕)이 强(강)하고 부지런하다.

⑤ 전기, 엔진, 기사, 전자 계통 등에 종사하는 자가 많다.

4. 巽宮(손궁)

日支(일지)가 巽宮(손궁)에 있으면,

① 대인관계가 원만하고 直線的(직선적)이면서도 부드러운 性格(성격)이다. 바쁘고 東奔西走(동분서주)한다.

② 巽宮(손궁) 자체가 바람이니 움직이는 걸 좋아한다. 여행, 사업하고도 관련이 있다.

③ 대개 적응력이 좋고 사교적이며 대인관계는 원만하다.

④ 목재, 목공, 목제품, 제지, 운수업 등에 종사하는 자가 많다.

⑤ 일진 수가 五土나, 二火일 때 강하게 작용한다.

5. 乾宮(건궁)

日支(일지)가 乾宮(건궁)에 있으면,

① 아버지 속성을 닮아서, 조숙하고, 남성적이고, 권위적인 면이 있다.

② 다소 偏狹(편협)되고 독선적인 면은 있으나 의리가 있고 인정이 많다.

③ 快活(쾌활)하고 活動的(활동적)이며 체격과 풍채가 좋고 남성적이다.

④ 운동을 좋아하고 리더십이 있다.

⑤ 단체의 장, 대표자, 관리자, 자동차, 오토바이 공업 등에 종사하는 자가 많다.

6. 兌宮(태궁)

日支(일지)가 兌宮(태궁)에 있으면,

① 성격이 淡白(담백)하고 솔직한데 직선적이며, 過强(과강)하므로 대인관계에 損傷(손상)당함이 많다. 그런데 태궁에 일지가 있으면 말을 잘한다.

② 겉으로는 냉정하게 보이나 실은 마음이 따뜻하고 다정하며 속정이 있는 사람이다. 그러나 말이 많다. 따라서 兌宮에 驚門(경문)이 있으면 말을 잘한다. 四金이니 통역관, 강사가 많고, 먹성이 좋다.

③ 色情(색정) 問題(문제)로 인하여 家庭(가정)이 破綻(파탄)되기 쉽다.

④ 頭腦(두뇌)가 뛰어나고 言辯(언변)이 좋아 주변 사람들에게 인기가 많다.

⑤ 연예인, 군인, 경찰, 화류계, 철물, 공업 등에 종사하는 자가 많다.

7. 艮宮(간궁)

일지가 艮宮(간궁)에 있으면,

① 산을 좋아하고 산에 들어가 살기도 하며, 종교나 철학에 관심이 많다.

② 孤獨(고독)을 즐기는 경향이 있고, 도심보다 한적한 곳을 좋아한다.

③ 주변 사람들의 의견을 잘 받아들여 많은 사람들이 좋아하고 따른다.

④ 鬼魂(귀혼), 生門(생문), 杜門(두문)과 同宮(동궁)하면 山人(산인)이나 道人(도인), 修道人(수도인)이 되기 쉽다.

⑤ 간산방은 조상들이 사는 방이니 귀액궁이다. 따라서 기도를 열심히 해라.

⑥ 十土, 三木이면 더 크게 작용한다.

8. 離宮(이궁)

日支(일지)가 離宮(이궁)에 있으면,

① 머리니까 이상이 높고, 사교적이며 총명하고 학문에 소질이 있다.

② 인기와 화려한 것을 좋아한다.

③ 교제술에 능하며, 사교적이고, 육감적이며 대중에게 인기가 많다.

④ 言辯(언변)에 능하나 주의를 하지 않아 口舌數(구설수)에 오르기 쉽고, 酒色(주색)과 연애 문제로 망신당하기 쉽다.

⑤ 자존심이 강하고, 변덕이 심하며 성격이 급해 화를 잘 낸다.

⑥ 예술가, 연예인, 화류계 등 외형을 중시하는 분야에 종사하는 자가 많다.

공망(空亡)

공망은 비어 있는 것이다. 日柱(일주) 공망을 사용한다. 天干(천간)은 10개이고, 地支(지지)는 12개로 천간과 지지가 짝을 맞추고 남는 2개가 공망이다. 즉, 地支(지지)가 天干(천간)을 만나지 못했을 경우를 공망이라 한다.

天干	甲	乙	丙	丁	戊	己	庚	辛	壬	癸		
地支	子	丑	寅	卯	辰	巳	午	未	申	酉	戌	亥

※ 위와 같이 天干(천간)과 地支(지지)가 짝을 짓고 짝이 없는 戌亥(술해) 地支
　(지지) 2개를 空亡(공망)이라 한다.

1. 空亡 찾는 법(日干 중심)

1) 甲乙

일간이 木(甲乙)이면 일지 前(전)에 있는 2개의 글자가 공망이다. 예를 들어, 日柱(일주)가 甲子(갑자)이면 日支(일지) 子(자) 前에 있는 2개 오행 戌亥(술해)가 공망이라는 것이다.

2) 丙丁

일간이 火(丙丁)이면 日支(일지) 三合(삼합)의 地支(지지) 안에 있는 2개 오행이 공망이다. 예를 들어, 丙寅(병인) 일주이면 일지 삼합이 寅午戌(인오술)이다. 따라서 일지 삼합에서 寅(인) 전에 있는 오행 戌亥(술해) 2개가 공망이다. 즉, 寅(인) 전 글자 2개 戌亥가 공망이 되는 것이다.

3) 戊己

일간이 土(戊己)이면 日支(일지)와 沖(충)하는 글자가 공망이다. 예를 들어, 일지가 戊子(무자)이면 子와 沖하는 五行이 午(오)이기 때문에 午未(오미)가 공망이라는 것이다.

4) 庚辛

일간이 金(庚辛)이면 日支(일지) 三合(삼합)의 地支(지지) 다음에 오는 오행 2개가 空亡(공망)이다. 예를 들어, 庚戌(경술) 일주이면 일지 삼합이 寅午戌(인오술)이다. 따라서 寅午戌에서 戌 다음에 오는 글자 寅卯 2개가 공망이다. 즉, 戌 다음 글자 2개 寅卯(인묘)가 공망이 되는 것이다.

5) 壬癸

일간이 水(壬癸)이면 일지 다음에 있는 2개 글자가 공망이다. 예를 들어, 일지가 癸卯(계묘)이면 일지 卯(묘) 다음에 오는 2개 오행 辰巳(진사)가 공망이라는 것이다.

2. 空亡(공망)이란?

十干(십간)과 十二支(십이지)와의 配合(배합)하는 과정에서 매 旬(순)마다 十二支에서 빠지는 地支(지지) 2개를 말하는 것으로, 기문에서는 일지 공망을 사용하여 胞胎法(포태법)과 더불어 독자적인 작용을 한다.

3. 空亡(공망)의 特性(특성)

말뜻 그대로 해당 宮(궁)에 구멍이 났다는 意味(의미)이며, 그 궁은 不實(부실)하고, 洪局數(홍국수) 및 四辰(사진)의 作用(작용)에서 吉(길) 작용은 減少

(감소)하고, 凶(흉) 작용은 더욱 增加(증가)한다는 意味(의미)가 있다. 日支(일지)나 歲支(세지: 年支) 등 중요 六神(육신)에 공망이 들면 아주 흉한 것으로 百事不成(백사불성)이라 한다.

4. 空亡(공망)의 種類(종류)

① 奇門(기문)에는 日柱(일주) 基準(기준)으로 공망에 局限(국한)한다.

② 布局(포국)의 特性上(특성상) 中宮(중궁)과 九宮圖(구궁도)에 따른 總空(총공)과 居空(거공)이 있다.

③ 日支空亡(일지공망), 印綬空亡(인수공망), 兄爻空亡(형효공망), 孫爻空亡(손효공망), 財爻空亡(재효공망), 官爻空亡(관효공망)이 있다.

1) 居空(거공)

① 空亡宮(공망궁)의 地盤(지반) 洪局數(홍국수)가 바닥 五行(오행)과 같을 때 居空(거공)이라 한다. 즉, 자기가 자기 방에서 공망을 맞았을 때를 말하는 것이다. 예를 들어, 九金이 坤宮(곤궁)에서 空亡(공망)이면 居空(거공)이라 한다.

② 단순한 空亡(공망)보다는 厄運(액운)이 크다.

③ 공망을 당하면 生死 離別(생사 이별) 그리고 身厄(신액)이 있다.

④ 六親(육친)이 居空(거공)을 낭하면 生死 離別(이별)이 있으며, 출가한 사람이나 별거 생활을 하는 사람은 몸에 厄運(액운)을 면할 수 있으나, 사회 환경상의 모든 厄運(액운)을 면하기는 어렵다.

⑤ 해당 육신과 因緣(인연)이 薄(박)하다.

坎宮(감궁)공망	一	艮宮(간궁)공망	十, 三
震宮(진궁)공망	八	巽宮(손궁)공망	五, 二
離宮(이궁)공망	七	坤宮(곤궁)공망	十, 九
兌宮(태궁)공망	四	乾宮(건궁)공망	五, 六

2) 總空(총공)

중궁 지반수	一	二	三	四	六	七	八	九
귀혼궁	子方	未申方	卯方	辰巳方	戌亥方	西方	丑寅方	午方

① 中宮 地盤(지반) 홍국수에 해당하는 궁이 공망이면 總空(총공)이라 한다. 다른 말로는 歸魂宮(귀혼궁)이 공망이면 총공이라고 한다. 중궁 지반 홍국수의 해당 궁이 되니 같은 의미이다.

② 평생 財産(재산) 損財(손재)가 많고 龍頭蛇尾格(용두사미격)으로 큰 포부로 計劃(계획)을 세우지만 中途(중도)에서 敗(패)하고 가정이 安定(안정)치 못하며 실속이 없다.

③ 주변 親舊(친구)나 아는 사람들로부터의 도움이 적어 空想(공상)만 일삼게 된다.

④ 單純(단순) 공망, 居空(거공)보다 厄運(액운)이 크다.

⑤ 年局(년국)에서 總空(총공)이 되면 그 한 해는 되는 일이 없다.

3) 각 六神(육신)의 空亡(공망)

(1) 日支(일지)가 空亡(공망)인 境遇(경우)

① 내 속이 비어 있고 부실하다는 의미로 생활에 假飾(가식), 거짓 행동을 하며 懶怠性(나태성)이 發動(발동)하여 게으르고 마음이 들떠 있는 狀態(상태)다. 내 속이 채워지지 않았으니 이를 인정하면 되는데, 인정하지 않으려고 감추려고 하니 뻥을 잘 친다. 불안하고 가식적인 것도 있다.

② 安定(안정)을 기할 수 없고, 자기의 주장이 약하여 누가 衝動質(충동질)하면 속아 넘어가기 쉬우니 조용한 안정이 필요하다.

③ 日支宮(일지궁)을 家宅宮(가택궁) 또는 夫婦宮(부부궁)으로 보아 일지가 공망이면 집이 부실하다고 보기는 하나, 자기 궁에 일지가 공망이어서 老後(노후)가 孤獨(고독)하다. 노후를 대비해야 한다.

④ 作事不成(작사불성), 뜬구름 잡는다.

⑤ 情緒不安(정서불안), 일지가 부실하니 경망스런 행동을 한다.

⑥ 信賴(신뢰)가 없고, 실속 없는 일을 많이 한다.

⑦ 팔랑귀이다(太身弱이면).

(2) 父爻(印綬: 부효)가 空亡(공망)인 境遇(경우)

① 부효는 남녀 모두 父母(부모), 文書(문서) 學問(학문), 人德(인덕)이다.

② 父가 不實(부실)하니 부모덕이 없거나 공부가 제대로 되질 않는다.

③ 文書(문서)가 不實(부실)하니 契約(계약)할 때 문서를 잘 챙겨야 한다. 이런 사람은 일을 처리할 때 건성건성 한다.

④ 부모가 별거한다든지 부모가 일찍 사망한다. 또는 본인이 집과 고향을 떠나 타향에서 생활한다. 이 말은 인수가 空亡(공망)이면 부모 역할을 못한다는 것이다.

⑤ 文書上(문서상)으로는 賣買事(매매사), 保證手票(보증수표), 證券(증권) 斡旋(알선)에 不渡(부도)가 發生(발생)하거나, 관재구설, 名譽毀損(명예

훼손), 詐欺(사기), 損財(손재) 등을 당하기 쉽다.

⑥ 부효가 부실하면 주위의 도움을 받지 못하니 인덕이 없다.

⑦ 부모와 因緣(인연)이 不實(부실)하다. 부모덕이 없고 일찍 부모 곁을 떠나 自手成家(자수성가)한다.

⑧ 父爻가 空亡이면 도장 찍을 때 다시 한번 더 생각하고 確認(확인)해라. 즉답을 피하고, 婦人(부인) 또는 男便(남편)과 相議(상의)해라.

⑨ 學問(학문)이 不實(부실)하다.

(3) 兄爻(형효)가 空亡(공망)인 境遇(경우)

① 兄爻는 兄弟(형제), 친구, 주변 사람으로 형효가 공망이면 친구, 형제, 주변이 부실하다.

② 일간이 형효에 있으면 친구를 좋아하는 사람인데, 형효가 공망이니 좋아하는 친구마저 무위도식하고, 똑똑한 친구도 없고, 뭔가 조금 부족한 사람들이다. 예를 들면, 술친구나 건달들과 無爲徒食(무위도식)하거나 방랑 생활을 즐기니 자연히 방탕한 생활이 연속이며 刑事事件(형사사건)으로 인한 損財數(손재수)가 발생하며 매사 되는 일이 없다.

③ 兄弟(형제)나 親舊(친구) 德(덕)이 없고 損財(손재)로 돈 모으기 어렵다.

(4) 孫爻(손효)가 空亡(공망)인 境遇(경우)

① 孫爻(손효)는 子息(자식), 手下(수하) 사람, 弟子(제자), 손님 등이다.

② 子息(자식)이 不實(부실)하여 父母(부모) 供養(공양)이 어렵다.

③ 사업이나 장사하는 사람은 孫(손)이 財(재)의 원신으로 孫生財(손생재)해야 하는데 공망으로 아이템이 부족하니 사업이 안된다.

④ 자식이나 수하 사람 德(덕)이 없다.

⑤ 자식덕이 없거나, 자식을 두지 못할 수도 있고, 두어도 不實(부실)한 자식을 둔다.

⑥ 자녀가 落傷(낙상), 추락사 또는 질병에 걸리는 등 자녀에게 나쁜 일이 발생한다.

⑦ 자녀가 유괴범에게 유괴당하거나 가출하는 수가 있으니 조심해야 한다.

(5) 財爻(재효)가 空亡(공망)인 境遇(경우)

① 재효는 남자에게는 돈과 여자, 여자에게는 돈과 媤家(시가)이다.

② 남녀 모두 밑 빠진 독에 물 붓기로 돈이 모이지 않는다.

③ 命局(명국)에서 財爻(재효)가 공망이면 돈을 벌어도 돈이 빠져나간다. 財物(재물)이 소리 소문 없이 빠져나간다.

④ 남자는 부인 처덕이 없고, 여자는 媤家(시가)와의 인연이 薄(박)하다.

⑤ 夫婦(부부)간에 서로 떨어져 生活(생활)하거나 함께 있어도 외로움을 못 면한다. 이 경우는 별거 생활을 하거나, 헤어질 수가 있다.

⑥ 부부간에 공망이니 주말부부나 별거 생활을 하면 괜찮다.

⑦ 재물을 구하는 것은 이롭지 못하여 사업에 投資(투자)한다면 밑 빠진 독에 물 붓기이고, 사용 용도가 분명치 않게 재산이 줄어든다. 이런 사람은 항상 마음이 허전한 사람이다. 허전한 마음이 채워지지 않으니 채워주는 공부를 하면 된다. 즉, 마음공부다.

⑧ 부부간 空虛(공허)함과 외로움을 면하기 어렵고, 妻德(처덕) 또한 없다.

(6) 官爻(관효)가 空亡(공망)인 境遇(경우)

① 관효는 男女 공히 職場(직장), 名譽(명예), 昇進(승진)이고, 여자에게는 男便(남편)이다.

② 남자의 경우, 직장이 부실하다.

③ 여자의 경우, 남자가 不實(부실)하니 男便(남편) 德(덕)이 없다.

④ 남녀 공히 官爻(관효)가 空亡이면 名譽(명예), 昇進(승진)이 어렵다.

⑤ 관효가 공망이면 직업 변동을 의미한다. 직장운이 나빠 직장 이동이 잦다. 대부분 失職(실직)하거나 하나 吉門(길문)과 吉卦(길괘)를 만나면 擴張(확장)·變動(변동)하거나 昇進(승진)·榮轉(영전)되는 경우가 있으나, 榮轉(영전)은 아주 드문 경우다.

⑥ 官災(관재)나 裁判事件(재판사건: 訴訟)에서는 勝利(승리)할 수 있다. 특히 刑事事件(형사사건)의 境遇(경우)는 有利(유리)하다.

(7) 鬼爻(귀효)가 空亡(공망)인 境遇(경우)

① 귀효는 疾厄(질액), 口舌禍亂(구설화란), 官災(관재), 귀신 등이다.

② 빈옥(空獄: 궁 자체가 공망이므로 빈옥으로 이야기함), 즉 鬼가 공망이면 잡혀 간 사람은 집행유예로 풀려날 수 있다. 또는 죄가 輕勘(경감)된다.

③ 病者(병자)에 있어서는 急病(급병: 新病)은 快差(쾌차)하고, 長病(장병: 久病, 오래된 병)은 죽는다.

④ 그리고 예를 들어 寅卯가 공망이면 남자는 왼쪽, 여자는 오른쪽이 不實(부실)하다. 남자는 등이 보이는 상태로 보고, 여자는 배가 보이는 상태로 보면 된다. 이것은 음양사상에 기초한 것으로 남좌 여우로 보면 된다.

(8) 孤虛法(고허법)

① 공망의 方位(방위: 공망이 든 方)를 孤方(고방)이라 하고, 고방의 對沖方(대충방)을 虛方(허방)이라 한다. 그러나 두 方 모두 좋은 방은 아니니 避

(피)하는 게 좋다.

② 孤虛法(고허법)은 護身用(호신용)으로 쓴다.

③ 孤方(고방)을 등지고 虛方(허방)을 향해 일격을 가하면 여인의 힘으로도 열 명의 敵(적)을 능히 상대할 수 있다.

④ 일상생활에서도 많이 응용된다. 담판을 지을 때나 고스톱을 칠 때 유용하다.

고방		
	↘	
		허방

5. 空亡(공망)의 作用(작용)

공망은 宮의 공망이므로 공망 宮의 홍국수, 格局(격국), 八門(팔문), 八卦(팔괘) 六神(육신) 등 그 宮의 모든 작용이 공망이 된다. 예를 들어, 申酉(신유) 궁이 공망이면 未宮(미궁)과 申宮(신궁)이 同宮(동궁)이므로 未宮(미궁)도 더불어 공망이 된다. 즉, 공망은 十二支가 공망이 아니라 그 宮이 공망이 되는 것이다.

① 공망이 되면 길 작용은 감소하고, 흉 작용은 더욱 커짐을 의미한다.

② 日支 宮(일지궁), 日干 宮(일간궁), 歲支 宮(세지궁: 년지궁)이 공망이면 一生(일생) 동안 크게 成功(성공)하기 어렵다.

③ 중궁 홍국수에 해당하는 宮이 공망이면 總空(총공)인데 總空(총공)이 된 命宮(명궁)은 평생 재물의 소모가 심하고 매사가 龍頭蛇尾格(용두사미격)이다. 作事不成(작사불성)이다. 中道 挫折(중도 좌절), 家庭 運(가정운) 부실, 人德(인덕)이 없고, 失敗數(실패수)가 따른다.

④ 旺宮地(왕궁지)와 生地(생지)는 공망이라도 공망으로 보아서는 안 된다.

⑤ 居空(거공)이 되면 일반적인 공망보다 영향이 크므로 總空(총공)과 같이 해석한다.

⑥ 일지 또는 用神(용신)이 공망이 되면 百事不成(백사불성)이라 한다.

⑦ 日支宮(일지궁)이 공망인 者는 게으르고 우유부단하고, 마음이 불안정하고, 失敗(실패)를 거듭한다.

⑧ 그러나 공망도 日支宮(일지궁)이 왕하면 공망의 작용이 감소하여 成功(성공)하는 경우가 많으니 공망을 판단하는 데는 주의가 필요하다.

⑨ 歲宮(세궁: 년지궁)이 居空亡(거공망)되면 入山修道(입산수도)할 만큼 매사가 허무하고 고독하다.

⑩ 天馬(천마)에 空亡(공망)이 들면 日馬(일마)나 歲馬(세마)보다 폭이 넓어 해외여행, 이민, 해외 출장 등이 成事(성사)되기 어렵다. 출장을 가더라도 일이 잘 풀리지 않는다. 성공적으로 일을 마칠 수 없다.

⑪ 각각의 六神 爻(효)에 공망이 있으면 그 육신이 길신이면 발전이 없고, 흉신이면 더욱 흉하다. 만약 驛馬(역마)에 공망이 들면 移徙(이사)를 하였더라도 안정을 찾지 못하고 다시 되돌아오므로 움직이지 마라(움직이지 않는 것이 좋다고 해석한다).

⑫ 공망된 궁이 겸왕, 거왕, 승생, 수생하여 왕성하면 공망의 영향은 감소하고, 거쇠, 승쇠, 수극하면 공망의 영향은 더욱 증가한다.

⑬ 길문, 길괘가 공망을 만나면 좋은 것은 감소되고, 흉문, 흉괘가 공망을 만나면 나쁜운은 반감된다.

※ 用事占(용사점)에서 用神(용신)이 空亡(공망)이면 成事(성사)가 어렵다. 예를 들면, 病占(병점)에서 用神(용신)은 孫爻(손효)가 되는데 孫爻(손효)가 공망이면 疾厄(질액)은 治癒(치유)가 어렵고, 官鬼爻(관귀효)가 공망이면 病(병)이 깊지 않다는 것이다.

상문(喪門), 조객(弔客)

❀ 년지에 따른 상문, 조객표

년지	子	丑	寅	卯	辰	巳	午	未	申	酉	戌	亥
상문	寅	卯	辰	巳	午	未	申	酉	戌	亥	子	丑
조객	戌	亥	子	丑	寅	卯	辰	巳	午	未	申	酉

[예시] 1년 년국에서 年柱

丁

(상문) 亥 戌 酉 申 未 (조객)

① 年支(년지)를 기준으로 年支(년지) 다음에 오는 두 번째 오행이 喪門(상
문)이고, 年支 前(전) 2번째 오행이 弔客(조객)이다.

② 喪門(상문), 弔客(조객)은 나와 가까운 육친이나, 친척, 또는 배우자와
死別(사별)을 해서 喪服(상복)을 입는 것이다. 혹은 그런 喪家(상가)집에
가서 哭聲(곡성)을 주도하는 客(객)이 된다는 의미이다.

③ 財物(재물)을 연관 지으면, 喪門(상문)은 내가 상복을 입으니 조의금을
받는다는 것이고, 弔客(조객)은 내가 상갓집에 가서 弔意(조의)를 표하는
것이니 돈이 나간다는 의미로 볼 수 있다.

④ 만약 日支(일지)에 喪門(상문) 弔客殺(조객살)을 가지고 있다면 配偶者(배
우자)와 해로하지 못하고 死別(사별)할 수도 있다.

⑤ 喪門(상문)과 弔客(조객) 殺(살)은 거의 같으며 가정이 불안하고 질병이
올 수 있다.

● 喪門(상문)이나 弔客(조객)이 사주의 어디에 있나를 보고

　– 年支(년지)에 있으면 조상에 관한 일

　– 月支(월지)에 있으면 부모에 관한 일

　– 日支(일지)에 있으면 나와 배우자에 관한 일

　– 時支(시지)에 있으면 자식에 관한 일이다.

● 그리고 그 육신이 財(재)라면 남자는 부인 문제, 여자 문제, 돈 문제이고, 여자는 돈, 시가 문제이고, 관이면 직장 문제, 남편 문제에 관한 일이고, 印綬(인수)는 부모, 식상(孫: 손)은 자식에 관한 일이다.

● 年, 月은 외궁이고, 日, 時는 내궁이다.

　– 외궁에 弔客殺(조객살)이 들면 친지 · 친척 등에 초상이 나겠고, 弔客(조객)이니 돈 나갈 일이 있겠다.

　– 弔客殺(조객살)이 내궁에 있으면 '돈 들어오겠네.' 하고 해단한다.

　– 喪門(상문)이 외궁에 있으면 친척 · 친지 집에 초상이 나고, 아니면 답답한 일이 생기고, 내궁에 있으면 가족에 대한 애환이 생긴다.

※ 喪門(상문), 弔客(조객)이 복음국과 일치하면 80~90%다.

복음국(伏吟局)

1. 伏吟(복음)이란

1) 伏吟(복음)의 의미

① 六儀三奇(육의삼기) 天地盤(천지반)이 同一(동일)한 것으로 구성된 것을 伏吟(복음)이라 한다. 한 宮(궁)의 천지반이 戊戊(무무), 庚庚(경경), 丙丙(병병) 등과 같이 동일한 경우다.

② 伏吟局(복음국)을 命理(명리)에서는 喪門(상문) 弔客(조객)으로 본다.

③ 伏吟(복음)이란 울 일 또는 답답한 일이 생긴다는 것이다.

④ 오행의 六神(육신)에 의해서 울 일과 답답함이 생긴다.

2) 伏吟(복음)이 발생하는 條件(조건)

① 時干(시간)과 時柱(시주) 旬首(순수)가 같을 때

② 時干이 中宮(중궁)에 있고 時柱 旬首(순수)가 坤宮(곤궁)에 있을 때

③ 時干이 坤宮(곤궁)에 있고 時柱 旬首(순수)가 中宮(중궁)에 있을 때

3) 伏吟格(복음격)의 種類(종류)

① 伏吟(복음: 正伏吟)

② 半伏吟(반복음)

③ 別格 伏吟(별격복음)

4) 伏吟局(복음국)이 되면

① 엎드려 울 일(숨죽일 일)이 있겠다.

② 행동반경을 줄여라.

③ 한 가지 일에 전념해라. 하던 일은 계속하되 벌이지는 마라.

④ 윗사람의 문제가 생길 수 있다(윗사람이 상복을 입을 수. 가까운 사람이 다친다).

5) 六神(육신)에 따른 伏吟(복음)의 作用(작용)

① 父爻(부효)가 伏陰(복음)이면 父母(부모)에 관한 일이, 만일 부모가 없으면 文書(문서)에 관한 일이 생긴다.

② 孫爻(손효)가 伏陰(복음)이면 子息(자식)이나 수하 사람 때문에 답답한 일이 생긴다.

③ 官爻(관효)가 伏陰(복음)이면 官廳(관청) 일이나 직업에 관한 일이, 여자는 男便(남편)에 관한 일이 생긴다.

④ 兄爻(형효)가 伏陰(복음)이면 형제·친구·동료에 관한 일로 울 일이나, 답답한 일이 생긴다.

2. 伏吟(복음)의 形態(형태)

1) 伏陰(복음: 正伏陰)

主(주)가 凶(흉)하다.

(1) 時柱(시주)와 時柱 旬首(순수)가 동일한 경우

① 甲子順(갑자순)에 甲子時

② 甲戌順(갑술순)에 甲戌時

③ 甲申順(갑신순)에 甲申時

④ 甲午順(갑오순)에 甲午時

⑤ 甲辰順(갑진순)에 甲辰時

⑥ 甲寅順(갑인순)에 甲寅時

(2) 時柱(시주)가 甲(갑)으로 끝나는 것은

무조건 伏吟(복음)이다(甲子時, 甲戌時, 甲申時, 甲午時, 甲辰時, 甲寅時).

(3) 元命局(명국)에서 伏吟(복음)이 되면

凶格(흉격)으로 보아 一生(일생)에 難關(난관)이 많고 고단한 命(명)으로
본다.

(4) 身數局(신수국: 년국)에서 伏吟(복음)이 되면

初喪(초상)집에 갈 일이 생긴다 하여 가족이나 주변인의 死亡(사망) 소식을
듣게 된다.

2) 半伏吟(반복음)

主(주)가 凶(흉)하고 客(객)이 吉(길)하다.

(1) 時柱(시주)와 時柱(시주) 旬首(순수)가 같은 경우

① 甲子旬에 戊辰時(무진시): 순수가 戊

② 甲戌旬에 己卯時(기묘시): 순수가 己

③ 甲申旬에 庚寅時(경인시); 순수가 庚

④ 甲午旬에 辛丑時(신축시): 순수기 中

⑤ 甲辰旬에 壬子時(임자시): 순수가 壬

⑥ 甲寅旬에 癸亥時(계해시): 순수가 癸

3) 別格伏吟(별격복음)

① 時干(시간)이 中宮(중궁)에 있고 時旬首(시순수)가 坤宮(곤궁)에 있거나, 반대로 時旬首(시순수)가 中宮에 있고 時干(시간)이 坤宮에 있는 경우

② 旬首(순수)나 時干(시간)이 中宮에 있을 때 곤궁으로 나와 포국한다.

③ 이 별격복음은 중궁의 天禽星(천금성)이 튀어나온다(坤宮으로).

④ 天禽星(천금성)은 구성에서 오황살과 같이 생사 여탈권을 가진 무서운 황제로, 상을 주지 않으면 벌을 준다.

⑤ 日支(일지)에 天禽星(천금성)이 있는 여자는 자기 뜻대로 되지 않으면 행패를 부린다.

⑥ 伏吟(복음)이 아닌 四柱(사주)가 運(운)에서 복음이 오면 문제가 된다. 대개가 官, 鬼運(관귀운)에 문제가 많이 생기고 그다음 比劫運(비겁운)에, 그다음은 財運(재운)에, 그다음은 孫運(손운)에 문제가 생긴다. 印綬運(인수운)은 큰 문제가 없다.

4) 半吟局(반음국)

(1) 洪局數 半吟(홍국수 반음)

① 洪局數 半吟(홍국수반음)은 中宮(중궁) 天地盤(천지반)이 八/八일 때 半吟局(반음국)이 생긴다. 즉, 대칭궁의 홍국수 친지반이 교차되어 있는 경우를 말한다.

四 二	九 七	六 十
五 一	八 八	一 五
十 六	七 九	二 四

② 이것을 洪局數 半吟이라 한다. 이럴 때는 한군데 오래 있지 말고 움직이는 것이 좋다.

(2) 六儀三奇 半吟(육의삼기 반음)

① 서로 對稱(대칭)되는 궁의 天地盤(천지반) 六儀三奇(육의삼기)가 較差(교차)되어 重複(중복)된 경우를 말한다.

癸 丙	己 庚	辛 戊
壬 乙	丁	乙 壬
戊 辛	庚 己	丙 癸

② 元 命局(명국)에서 半吟局(반음국)이 되면 인생이 풍파가 많고 어려움을 많이 겪는다. 부부간의 이별이나 육친의 德(덕)이 없다.

③ 身數局(신수국)에서 半吟局(반음국)이 되면 되어 가던 일이 엎어지는 격이므로 하던 일의 失敗(실패)나 회사 부도 등의 사건이 일어난다.

※ 伏吟(복음)은 天時運(천시운)을 직접 받지 못하므로 안테나(정보)가 作用(작용)하지 못하는 現狀(현상)에 比喩(비유)할 수 있고 집 안에 들어앉아 하는 일이나 또는 癌的(암적)으로 들어앉아 하는 일에는 吉(길)하다. 즉, 복음 사주는 절대 모르는 일을 혼자 하지 마라. 따라서 복음 사주의 일하는 장소는 지상보다 지하가 좋고 다른 사람과 하는 일보다 가족과 일하는 것이 좋다. 그리고 아는 일만 하고, 모르는 일은 하지 마라.

5) 四墓局(사묘국)

① 중궁의 地盤(지반) 홍국수가 一水나 六水일 때 墓庫(묘고)인 진술축미방
   (손건간곤궁)에 자리한 각 오행 자리에서 入墓(입묘)된다. 즉 九金이 艮宮
   (간궁, 축방)에 入墓(입묘)되고, 三木이 坤宮(곤궁, 미방)에 入墓(입묘)되
   고, 七火(칠화)가 乾宮(건궁, 술방)에 入墓(입묘)된다.

② 命局(명국)에서 흉한 格(격)으로 해석되며 모든 오행이 入墓(입묘)되는 局
   (국)이니 되는 일이 없고 進退兩難(진퇴양난)에 빠진다.

③ 身數局(신수국)에서도 마찬가지로 凶格(흉격)으로 보며 일이 遲滯(지체)
   되거나 막히는 운세다.

3. 伏吟格(복음격)의 事例(사례)

1) 伏吟(복음: 正伏吟)

[예시 1] 乾命 음력 1900년 ○○월 ○○일 子時 양둔 春分(춘분) 상원 三局
(양력 3월 22일 자시)

年 二己 六己	七丁 一丁	四乙 四乙		1	1	6	7		
月 三戊 五戊	六 (二)庚	29-38 九壬 (九)壬		甲	甲	己	庚	…	六
八癸 十癸	時 五丙 (三)丙	十辛 八辛 世		子	子	卯	辰	…	二
				1	1	4	5		
			※ 時柱(시주)나 時 旬首(시 순수)가 같으니 복음이다.						

① 지반에 있는 戊가 천반 어디에 있나 본다. 시주가 갑자니 순수가 戊다.

즉 시간 위에 순수를 올려놓는다. 戊 위에 戊가 있으니 복음이다.

② 日支(일지:世)가 坎宮(감궁)으로 三二九 三刑이 이루어지므로 그 나이 때가 되면 건강이 나쁘거나 교통사고(29~38살 때)가 날 수 있다. 직업이 군인이나 경찰이면 괜찮다.

[예시 2] 乾命 양력 1900년 ○○월 ○○일 寅時 음둔 大雪(대설) 중원 7局
(음력 11월 17일 寅時)

三 辛 八 辛	八 丙 三 丙	五 癸 六 癸	1 5 7 3 甲 戊 庚 丙 … 七 寅 午 子 戊 … 四 3 7 1 11
四 壬 七 壬	七 四 庚	十 戊 一 戊	※ 時柱(시주)가 甲으로 끝나는 것은 무조건 吟(복음)이다. 甲子時, 甲戌時, 甲申時, 甲午時, 甲辰時, 甲寅時
九 乙 二 乙	六 丁 五 丁	一 己 十 己	

2) 半伏吟(반복음)

① 主(주)가 凶(흉)하고 客(객)이 유리하다.

② 時柱(시주)와 時柱(시주) 旬首(순수)가 같은 경우, 시간 위에 시 순수를 올려놓는다.

[예시] 坤命 음력 1900년 ○○월 ○○일 辰時 陰遁(음둔) 小暑(소서) 上元 七局

(양력 7월 20일 辰時)

一 辛 五 辛	六 丙 十 丙	三 癸 三 癸
二 壬 四 壬	五 一 庚	八 戊 八 戊
七 乙 九 乙	四 丁 二 丁	九 己 七 己

5	1	10	7		
戊	甲	癸	庚	…	五
辰	子	未	辰	…	一
5	1	8	5		

戊辰時의 旬(순)은 甲子旬이다. 순수는 戊다. 시간과 시 순수가 동일하다. 따라서 시간이 戊이니 시간 위에 時 순수 戊를 올려놓으니 반복음이다.

3) 別格伏吟(별격복음)

① 시 순수가 坤宮(곤궁)에 있고 時干(시간)이 중궁에 있을 때 시간이 곤궁으로 나온 것으로 보고 時柱(시주) 旬首(순수)를 坤宮(곤궁) 시간 위에 순수를 올려놓는다. 이를 별격복음이라 한다.

② 時 旬首(시 순수)가 中宮(중궁)에 있고, 시간이 坤宮(곤궁)에 있을 때 時(시) 旬首(순수)를 坤宮(곤궁) 時干(시간) 위에 올려놓는다. 이를 별격복음이라 한다.

[예시 1] 乾命 음력 1900년 ○○월 ○○일 午時 양둔 驚蟄(경칩) 上元 1局

(양력 3월 14일 오시)

四 辛 二 辛	九 乙 七 乙	六 己 十 己
五 庚 一 庚	八 八 壬	一 丁 五 丁
十 丙 六 丙	七 戊 九 戊	二 癸 四 癸

```
  9     7     4     6
  壬    庚    丁    己   …   八
  午    戌    卯    卯   …   八
  7    11    4     4
```

時 旬首(순수)는 甲戌 순이고 순수는 己다.
시간 壬이 중궁에 있으니 壬이 곤궁에 있는 것으로 보고
시 순수를 곤궁 시간 壬(己) 위에 올려놓는다. 따라서
별격복음이다.

[예시 2] 乾命 음력 1900년 ○○월 ○○일 卯時 양둔 穀雨(곡우) 上元 五局

(양력 4월 27일 卯時)

三 乙 六 乙	八 壬 一 壬	五 戊 四 丁
五 庚 一 庚	七 二 戊	十 庚 九 庚
九 辛 十 辛	六 癸 三 癸	一 己 八 己

```
  4     1     5     6
  丁    甲    戊    己   …   七
  卯    午    辰    卯   …   二
  4     7     5     4
```

시 旬首(순수)는 甲子(갑자) 旬이고 순수는 戊(무)다.
旬首 戊가 중궁에 있고 시간이 곤궁에 있으므로 시간
위에 시 순수 戊를 올려놓는다. 이것이 별격복음이다.

통기도(通氣圖)

1. 意義(의의)

通氣(통기)란 인간이 태어나면서 가지는 年支(년지), 月支(월지), 日支(일지), 時支(시지)의 四支와 중궁수를 가지고 종횡으로 연결 상통하여 홍국수 오행의 기운의 흐름을 파악하고자 하는 것이다. 또한 오행 기운의 흐름을 확실하게 알기 위해서 九宮圖(구궁도)에 있는 動處(동처)의 홍국수만 도표에 표시하여 오행의 움직임을 한눈에 보고자 도표에 나타낸 것이다.

2. 特性(특성)

통기도에 표시된 동처의 홍국수로 오행이라는 글자의 뜻 그대로 머물지 않고 항상 움직이려는 속성이 있기 때문에 生(생)과 剋(극) 둘 중 하나를 가야 한다. 만약 갈 곳이 없으면 자기가 消滅(소멸)되어 없어지므로 生과 剋 둘 중 하나를 가려는 일반적인 원칙을 말한다.

3. 用語(용어)의 解說(해설)

1) 順位(순위)

① 0순위: 같은 宮(궁) 안에서 天盤數(천반수)와 地盤數(지반수)의 관계를 말한다. 즉 하나의 宮(궁) 안에서 움직이는 것이다.

[예시] 아래와 같이 日支(일지) 地盤 洪局數(지반홍국수) 六과 天盤 洪局數(천반홍국수) 三과의 관계를 말하며 다른 육신 궁도 마찬가지다.

三世 六		

② 1순위: 地盤洪局數(지반홍국수)는 地盤洪局數(지반홍국수)끼리 天盤 局數(천반홍국수)는 天盤 洪局數(천반홍국수)끼리의 生(생), 剋(극)하는 관계를 말한다.

[예시] 日支(일지) 地盤洪局數(지반홍국수) 六과 다른 六親宮(육친궁) 地盤洪 局數(지반홍국수) 三과의 관계를 말한다.

三世 六		六 三

③ 2순위: 地盤洪局數(지반홍국수)와 天盤洪局數(천반홍국수)와의 관계, 천반홍국수와 지반홍국수와의 관계를 말한다. 오직 眞生(진생), 假生(가생)만 순위 변경이 가능하다.

[예시] 日支(일지) 지반홍국수 一과 다른 六親宮(육친궁) 천반홍국수 八과의

관계를 말한다.

三世 一		八 六

4. 眞生(진생), 眞剋(진극), 假生(가생), 假剋(가극)

① 眞生(진생) : 두 개의 洪局數(홍국수)가 陰陽(음양)이 다른 경우로 홍국수 의 陰(음)이 陽(양)을 生(생)하거나 양이 음을 生(생)하는 것

② 眞剋(진극) : 두 개의 洪局數(홍국수)가 陰陽(음양)이 같은 경우로 홍국수 의 陰(음)과 陰(음), 陽(양)과 陽(양)으로 剋(극)하는 것

③ 假生(가생) : 두 개의 洪局數(홍국수)가 陰陽(음양)이 같은 경우로 홍국수 의 陰(음)과 陰(음), 陽(양)과 陽(양)으로 生(생)하는 것

④ 假剋(가극) : 두 개의 洪局數(홍국수)가 陰陽(음양)이 다른 경우로 홍국수 의 陰(음)과 陽(양), 陽(양)과 陰(음)으로 剋(극)하는 것

5. 通氣原則(통기원칙)

① 眞生(진생) 〉眞剋(진극) 〉假生(가생) 〉假剋(가극) 順(순)이다.

② 眞生(진생)은 陰陽(음양), 陽陰(양음)으로 男女(남녀) 간 돕기이고,

③ 眞剋(진극)은 陰陰(음음), 陽陽(양양)으로 同姓(동성) 간 싸우기이며,

④ 假生(가생)은 陰陰(음음), 陽陽(양양)으로 同姓(동성) 간 돕기이며,

⑤ 假剋(가극)은 陰陽(음양), 陽陰(양음)으로 男女(남녀) 간 싸우기이다.

⑥ 眞生(진생)대 眞剋(진극)은 眞生(진생)으로 간다.

⑦ 眞生(진생)대 假生(가생)은 眞生(진생)으로 간다.

⑧ 眞生(진생)대 假剋(가극)은 眞生(진생)으로 간다.

⑨ 眞剋(진극)대 假生(가생)은 眞剋(진극)으로 간다.

⑩ 眞剋(진극)대 假剋(가극)은 眞剋(진극)으로 간다.

⑪ 假生(가생)대 眞剋(진극)은 眞剋(진극)으로 간다.

⑫ 假生(가생)대 假剋(가극)은 假生(가생)으로 간다.

※ 眞生(진생)과 眞剋(진극)은 眞生(진생)이 于先(우선)하고, 假生(가생)과 假剋(가극)은 假生이 于先(우선)한다.

※ 通氣(통기)의 예외 사항으로 成局(성국), 三殺(삼살), 三刑이 있다.

6. 順位 變更(순위 변경)

1) 목적

통기의 목적 달성을 위하여 變則通氣(변칙통기)가 우선한다.

2) 1순위에서 2순위로 변경 요건

① 1순위가 2순위의 眞生(진생)보다 優先(우선)한다.

② 1순위상에 假剋(가극)만 있고 2순위에 眞生(진생)이 있으면 무조건 순위 변경한다. 그러나 2순위에 假生(가생)만 있으면 순위 변경하지 못한다 眞生(진생)만이 순위 변경될 수 있다.

③ 1순위상에 生(생)도 없고, 剋(극)도 없는 경우에는 2순위상에 生이 있으면 順位(순위) 變更(변경)한다(진생·가생 불문).

④ 1순위상에 假剋(가극)만 있을 때(진생·가생·진극이 없을 때)만 變則通氣 (변칙통기)한다.

3) 優先順位 變更 要件(우선순위 변경 요건)

① 1순위상에 生(생) 자리가 없고 假剋(가극) 자리만 있을 때

② 1순위상에 生(생) 자리가 없고 剋(극) 자리도 없을 때

4) 順位 變更 發生 要件(순위 변경 발생 요건)

① 1순위 자리에 生(생)이 비어 있고, 1순위에 眞剋(진극)이 없고 假剋(가극)이 있을 때, 2순위에 眞生(진생)이 있으면 순위 變更(변경)이 되어 2순위로 갈 수 있지만, 假生(가생)이면 갈 수 없다. 즉, 가생이면 2순위로 순위 變更(변경)이 안 된다는 것이다.

② 1순위 자리에 生(생) 자리가 비어 있고, 剋(극) 자리도 비어 있고 2순위에 生 자리가 있으면 진생·가생 가리지 않고 순위 變更(변경)한다. 2순위로 갈 때는 1칸 生 자리밖에 못 간다.

7. 통기의 개념

1) 通氣(통기)

① 년지, 월지, 일지, 시지의 四支(사지)와 중궁수가 一定(일정) 불변의 규칙 없이 從橫(종횡)으로 연결 相通(상통)하는 경우를 말한다.

② 四支(사지)와 中宮(중궁)의 地盤數(지반수)끼리 通氣(통기)가 안 되면 天盤數(천반수)를 거쳐 氣(기)가 通(통)하면 通氣(통기)로 본다.

2) 成局(성국)과 通氣(통기)

① 성국을 고속도로에 比喩(비유)하면, 통기는 간선도로다.

② 運路面(운로면)에서 通氣(통기)는 成局(성국)보다 活潑(활발)하지 못하지만 氣(기)가 疏通(소통)되므로 숨을 쉴 수 있다.

3) 通氣(통기)의 類型(유형)

① 外廓通氣(외곽통기) : 1순위에서 五行(오행) 중 四行만 通(통)하고 끝과 끝이 不通(불통)한 것. 일명 작대기 통기라 한다.

② 元常通氣(원상통기) : 1순위에서 오행이 원만하게 연결되는 통기를 말한다. 즉, 動處(동처) 相互(상호) 간에 地盤數(지반수)와 地盤數(지반수)끼리 연결되는 通氣(통기)를 말한다.

③ 變則的通氣(변칙적통기) : 1순위와 2순위를 오르락내리락하면서 통기되는 것. 즉, 動處(동처)의 지반과 천반을 오르내리며 통기되는 것을 말한다.

④ 奇局的通氣(기국적통기) : 홍국수와 12지 바닥 오행과 육의삼기 및 日干宮(일간궁) 등 暗助(암조)하여 通氣(통기)를 시도한 것

⑤ 作爲的通氣(작위적통기) : 없으면 만들어서라도 통기하는 것

　㉠ 허허벌판의 황무지 상태

　㉡ 마지막 가는 길이 없으니 가는 길을 만들어 가야 한다. 즉, 이 말은 인수가 없으면 이것을 내가 만드는 것이다. 다시 말해, 지식(실력)을 쌓으라는 것이다. 정인은 나한테 오지만, 편인은 나한테 안 오니 지식을 쌓아서 내 것으로 만들라는 것이다. 실력을 키우면 그 실력이 인수가 된다. 그리고 孫(손)이 있다면 孫은 노력이니 내가 노력(일)해서 돈을 스스로 만들도록 하는 것이다.

　※ 干獨不立(간독불입) : 四干(사간)은 四支(사지)나 중궁을 타지 못하면 단독

으로 움직이지 못한다. 즉, 動處(동처)에 들어가지 못하면 혼자 어떤 역할을 하지 못한다는 것이다. 日干(일간)은 오직 日支(일지)하고만 통교한다.

4) 通氣의 例外(통기의 예외)

通氣(통기)의 原則(원칙)은 대원칙이 우선이나 예외도 있다(1순위상에서 假剋(가극)만 있으면 順位 變更을 한다).

① 和局(화국)에서는 0순위 生(생)이 우선하고, 眞剋이 있으면 0순위 생과 진극을 반반씩 한다.

② 沖局(충국)에서는 성국이 안 되었으면 0순위 沖(충)이 우선한다.

③ 怨嗔局(원진국)에서는 진생과 진극이 없으면 0순위 假剋(가극)이 우선한다. 가극을 진극처럼 친다.

④ 成局(성국)이면 成局에 의한 通氣(통기)가 우선한다.

⑤ 三刑(삼형)이면 三刑이 우선한다. 이때 成局(성국)이면 成局이 三刑을 우선한다.

⑥ 三殺(삼살)이면 三殺이 우선한다. 이때 成局(성국)이면 成局이 三殺을 우선한다.

핵우산(核雨傘)

病(병)이 중한데 구출하여 줌이 없는 상태에서 그 병을 제거해 주는 역할을 하는 것을 말한다.

1. 핵우산의 역할

① 핵우산이란 加剋者(가극자)가 被剋爻宮(피극효궁)에 갔을 때 피극효 상수에 食傷數(식상수)나 食傷方(식상방)에 앉아 있어 가극자의 힘을 洩氣(설기)시키는 경우와,

② 피극효를 충·형하려고 하니 피극효 상수에 가극효에 대한 편관이 있어 가극효를 진극하여 그 힘을 무력화시키는 경우로 가극자와 피극자 간에 충돌을 최소화시키는 역할을 말한다.

③ 핵우산이 있을 때도 일단 沖(충), 刑(형)을 집행한 후 핵우산의 強弱(강약)에 의해서 治癒(치유)되든지 죽든지 하는 것이다.

2. 핵우산 풀이

① 日支(일지) 上數(상수)에 印綬(인수)가 있는 경우는 沖(충)하러 온 경우, 일단 한 대 맞고 藥(약)을 주어 治療(치료)하는 경우이다(피해를 죄소한으로 줄여 준다).

② 日支(일지) 上數(상수)가 있는데 沖이 아닌 순수한 眞剋(진극)인 경우는 官印相生(관인상생)으로 본다. 예를 들어, 五/四가 日支인데 二火가 偏官 鬼(편관 귀)일때는 官人相生으로 보라는 것이다(피해가 없다). 偏印(편인)도 해당된다.

③ 日支 상수에 食神(식신)이 있을 때, 예를 들어 六/四가 일지인데 二火(이화)가 偏官 鬼(편관 귀)이면 二火의 편관 귀가 上數(상수)에 있으니 대치 상태로 서로 치지 못한다(以夷制夷: 이이제이).

④ 共沖(공충), 交沖(교충), 三刑(삼형)이 되면 核雨傘(핵우산)이 안 된다. 그 이유는 핵우산 역할을 하는 洪局數(홍국수)가 깨지기 때문이다.

성국(成局)

成局이란 通氣(통기)의 帝旺(제왕)으로 진생, 가생의 개념이 없어지고 무조건 가는 것이다. 즉, 오행이 순환되는 과정에서 통기 원칙을 따르지 않고 성국되는 효끼리 생을 우선하는 원칙을 만들어 강제로 통기시키는 것을 말한다.

1. 成局(성국)의 형성 조건

① 日支(일지)

② 中宮(중궁)

③ 年支(년지: 歲支)가 地盤數(지반수)끼리 이웃되어 생하는 것을 말한다. 즉, 일지와 중궁, 년지가 앞뒤 순서에 관계없이 서로 생을 하는 관계를 成局(성국)이라 한다.

2. 成局(성국)의 效果(효과)

① 모든 일의 成事(성사)를 말하며 通氣(통기)보다 우선한다.

② 만병통치약이다.

③ 성국은 삼형, 삼살이 있어도 免刑(면형)의 役割(역할)을 한다.

④ 成局(성국)은 比和(비화)가 動(동)하여도 우선 日支(일지)를 생해 준다.

⑤ 成局(성국)이 되면 어려움이나, 事故(사고) 등이 順坦(순탄)하게 풀린다.

3. 成局(성국)의 種類(종류)

① 孫生財 成局(손생재 성국)

② 官印相生 成局(관인상생 성국)

③ 印我生孫 成局(인아생손 성국)

④ 年·月·日·時 成局(년·월·일·시 성국)

⑤ 年月·日時 成局(년월·일시 성국)

1) 孫生財 成局(손생재 성국) : 世生孫生財(세생손생재)

① 日支(일지)를 시작으로 孫宮(손궁)에 있는 年支(년지)를 생하고, 年支가 財宮(재궁)에 있는 中宮(중궁) 홍국수를 生하는 경우(世生孫生財)

② 日支를 시작으로 孫宮(손궁)에 있는 中宮(중궁)을 生(생)하고, 中宮이 財宮(재궁)에 있는 年支(년지)를 生하는 경우를 말한다(世生孫生財).

※ 天盤(천반)은 성국을 따지지 않는다. 왜냐하면 지반 홍국수를 가지고 쓰기 때문이다.

※ 食神生財(식신생재)는 자수성가할 팔자다. 官(관)까지 가면 事業(사업)이나 장사하면 吉(길)하고, 孫爻(손효)가 空亡(공망)이면 기능직(전문기술직)으로 보내라. 자식이면 도와주지 말고 자립심을 키워 줘라.

2) 官印相生 成局(관인상생 성국) : 官生印生世

① 官方(관방)에 있는 年支(년지)가 印綬方(인수방)에 있는 中宮(중궁)을 生(생)하고, 中宮(중궁)이 日支宮(일지궁)을 生(생)하는 경우

② 官方(관방)에 있는 中宮(중궁)이 印綬方(인수방)에 있는 年支宮(년지궁)을 生(생)하고 年支宮(년지궁)이 日支宮(일지궁)을 生(생)하는 경우

※ 官印相生(관인상생)이 되면 父母(부모)의 遺産(유산)을 많이 받아먹고 사는 사람이다. 그렇지 않으면 學問(학문)을 硏究(연구)하는 사람이다. 學生(학생)은 獎學金(장학금)을 받는다. 남자는 職場生活(직장생활)을 해서 먹고살아야 하고, 여자는 貴夫人(귀부인) 四柱(사주)다.

3) 印我生孫 成局(인아생손 성국): 印生世生孫

① 印綬方(인수방)의 年支(년지)가 日支宮(일지궁)을 生(생)하고 日支宮이 孫方(손방)에 있는 中宮을 生(생)하는 경우

② 印綬方(인수방)에 있는 中宮(중궁)이 日支宮(일지궁)을 生하고 日支宮(일지궁)이 孫宮(손궁)에 있는 年支宮(년지궁)을 生하는 경우

※ 印我生孫(인아생손)은 平生(평생) 먹고사는 데 지장이 없다. 遺産(유산)을 많이 받을 수 있다. 研究員(연구원)이나 技術者(기술자: 전문직)가 좋다.

4) 年·月·日·時 成局(년·월·일·시 성국, 시일월년 성국): 四支 成局

① 年支(년지)가 月支(월지)를 生(생)하고 月支(월지)가 日支(일지)를 生(생)하고 日支(일지)가 時支(시지)를 生(생)하는 경우를 말한다. 沖(충)만 아니면 돌아간다(통기된다).

② 時支(시지)가 日支(일지)를 生(생)하고 日支(일지)가 月支(월지)를 生(생)하고 月支(월지)가 年支(년지)를 生(생)하는 경우를 말한다.

5) 年月·日時 成局(년월·일시 성국, 시일·월년 성국): 四支成局

① 같은 宮(궁)에 있는 年·月支(년·월지)가 같은 宮에 있는 日·時支(일·시지)를 生하는 경우를 말한다.

② 같은 宮(궁)에 있는 日·時支가 같은 宮에 있는 年·月支를 生하는 경우를 말한다.

※ 日支에 時支가 같이 있고, 孫(손)에 年支와 月支가 같이 있는 경우, 일지 六水가 재궁이 二火라면 二火를 치지 못한다. 왜냐하면 成局이 되었기 때문이다.

6) 효력이 없는 경우

성국이 이루어진 상태에서 年支宮(년지궁), 中宮(중궁), 日支宮(일지궁)이 다음 조건 중 한 개라도 欠缺(흠결)이 있으면 효력이 없다.

① 加沖爻(가충효)와 被沖爻(피충효)가 對沖爻(대칭효)에 앉아 있을 때

② 五局(오국) 중 沖局(충국)에 해당되지 않아야 한다.

③ 共沖(공충)이나 交沖(교충)이 되지 않아야 한다.

삼살(三殺)

1. 三殺(삼살)의 의미

三殺은 動處(동처)에서 홍국수 七五九가 회동하여 강력한 殺(살)을 만드는 것이다.

2. 眞假原則(진가원칙)의 예외 사항

① 홍국수 七은 十의 眞生處(진생처)가 있어도 五로 가고, 五는 四의 眞生 處(진생처)가 있어도 九金으로 간다.

② 三殺은 火生土(화생토), 土生金(토생금)으로 從生(종생)의 原則(원칙)을 좇는다. 즉, 貪生忘剋(탐생망극)이다.

3. 특징

① 殺(살)이란 七: 熒惑星(형혹성 火星), 五: 魁剛(괴강 北斗七星), 九: 太白 星(태백金星)으로 칼의 의미를 가지고 있다.

② 신왕·입격자에게는 싸움터에 나간 장수의 칼과 같아서 막강한 무기가 되고, 신약·실격자에게는 주체 못 하는 흉기로 변하여 재앙의 원인이 된다.

　㉠ 日支(일지)가 왕(旺)하거나,

　㉡ 孫生財(손생재)가 되거나, 官印相生(관인상생)이 되거나,

　㉢ 門卦星將(문괘성장)이 좋은 사람은 入格者(입격자: 일지가 왕한 사람) 또 는 대격자라고 하는데 사주에 三殺(삼살)이 있으면 出世(출세)한다.

　㉣ 殺(살)이다 보니 구설시비, 官災(관재), 민사건 등 凶事(흉사)가 있다.

③ 免殺(면살)이 되는 경우는 오직 成局(성국: 하늘에서 내린 명령)뿐이다.

④ 三殺(삼살)의 힘은 殺(살)의 3배 더 强(강)하다.

⑤ 三殺(삼살)이 있는 사람은 편법을 좋아한다.

⑥ 三殺(삼살)은 지독한 면이 있다.

4. 생과 극하는 경우

1) 生(생)하는 경우

六水(육수)가 있으면 六水로 간다. 문제가 없다.

① 六水는 殺(살)을 잔뜩 머금고 있는 六水다(成局이 되든 안 되든).

② 七五九 三殺인데 1순위에 生(생)도 없고 剋(극)도 없는데, 2순위에 六水
  가 있으면 九는 六水로 간다(진생이니까).

2) 剋(극)하는 경우

六水가 없으면 三木을 친다. 三木이 깨진다.

① 三木은 奇門(기문)에서 간, 담, 허리, 척추, 뇌신경을 의미하니 그중에
  어느 하나가 문제 될 가능성이 있다. 또한 六神(육신)의 문제가 될 수 있
  다. 交通事故(교통사고)를 조심해야 한다.

② 그러나 九金의 흐름이 조금이라도 바뀌면 免刑(면형)된다. 즉, 삼살은
  없는 것과 같다는 것이다(삼살 마지막 오행과 성국으로 묶이면).

● 七五九 다음에 六水가 있는 경우, 成局이 되든 안 되든 六水로 간다. 一水가 있어도 六水로 가고 三木이 있어도 六水로 간다. 진생이기 때문이다.

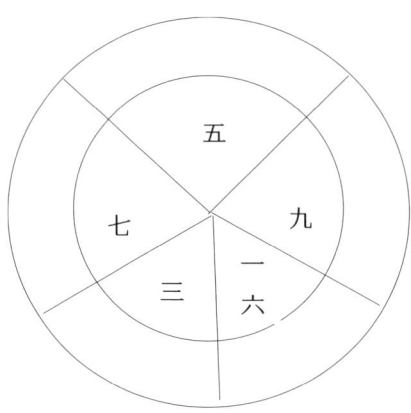

● 七五九 다음에 六水가 없는 경우, 九金이 가야 할 곳이 비어 있으면 順位變更(순위변경)한다. 즉, 2순위에 一六水가 있다. 그러면 眞生(진생)이 六水니까 순위 변경이 가능하고 六水(육수)로 간다. 六水가 없고 三木이 있으면 九金은 眞剋(진극)이니 三木으로 간다.

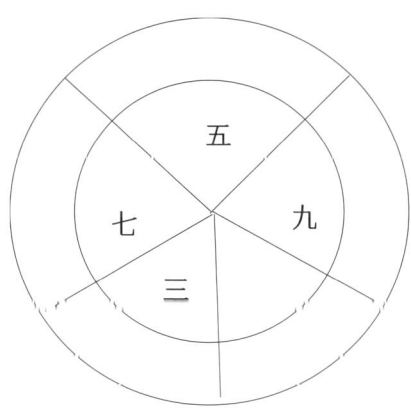

● 七五九 다음에 眞生(진생), 眞剋(진극)이 없고 一水가 있는 경우, 眞生(진생), 眞剋(진극)이 없으니 假生(가생)으로 간다. 즉, 가생인 一水로 간다는 것이다.

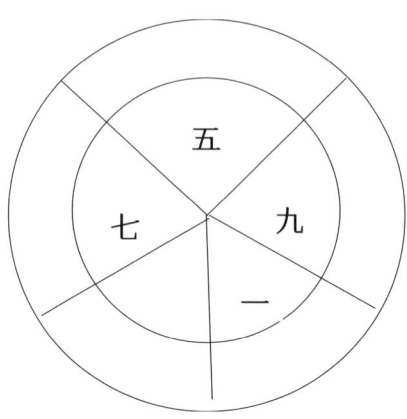

● 成局(성국)이 되는 경우에는 三木 眞剋(진극)이 있어도 五世, 孫宮九中宮數, 財宮 一年支로 成局(성국)이 되면 三木을 치지 못한다. 六水가 있어도 마찬가지다. 一水로 간다.

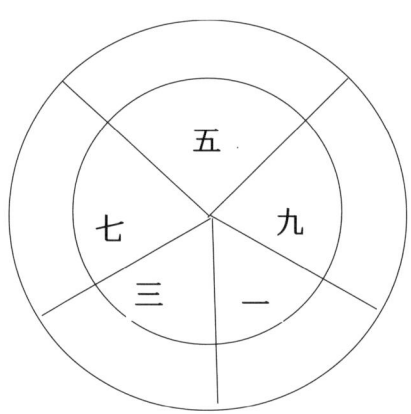

奇門命理學

5. 三殺의 種類(삼살의 종류)

1) 直三殺(직삼살)

天地盤(천지반) 洪局數(홍국수) 七五九가 艮宮(간궁), 中宮(중궁), 坤宮(곤궁)에 있을 때를 말한다.

		九
	五	
七		

2) 曲三殺(곡삼살)

天地盤 洪局數 七五九가 지그재그 순으로 1순위에 三殺이 회동하는 것이다.

	五	
七		九

※ 直三殺(직삼살)이 曲三殺(곡삼살)보다 더 세다. 직삼살이든 곡삼살이든 사주에 있으면 반드시 당뇨가 있다.

3) 完全三殺(완전삼살)

洪局數(홍국수) 七五九가 전부 動處(동처)에 있는 경우다.

八 一　時支	三 六	十 ⑨　世
九 十	二(七) ⑦(二)	五 四
四 ⑤　月支	一 八	六 三　年支

4) 不完全 三殺(불완전 삼살)

홍국수 七五九 중에 2개는 동처에 있고, 하나가 비동처에 있는 경우다.

八 四　時支	三 ⑨	十 二
九 三	二(七) ⑤(十)	五 ⑦　世
四 八　月支	一 一	六 六　年支

※ 大運(대운)이나 小運(소운)이 올 때 三殺(삼살)이 이루어진다.

奇門命理學

5) 不規則 完全 三殺(불규칙 완전 삼살)

홍국수 七五九중에 2개가 같은 宮에 上下 動處(동처)에 있고, 하나는 다른 宮의 動處(동처)에 있는 경우를 말하는 것이다.

十二 時支	㊤㊦ 月支	二十 年支	五　三 七　九 이 경우는 실질적으로는 三殺이 안 된다. 왜냐하면 日支 九金 上數의 三木이 五土를 眞剋(진극)으로 치기 때문이다.
一一	四(九) 八(三)	七五	
六六	三㊨ 世	八四	

6) 伏三殺(복삼살)

① 홍국수 七五九 중에 2개는 動處(농저)에 있고, 다른 하나는 中宮 隱伏數(은복수)에 있는 경우

八八	三 月支 三	十 年支 六	
九㊦ 世	二(七) 四(九)	五一	中宮 四金이 眞生(진생)이나 眞剋(진극)이 없을 때 은복된 九金이 나온다.
四二	一 時支㊄	六十	

② 어느 궁의 홍국수 상하와 坐方(좌방: 바닥)의 五行이 삼살을 이룰 때, 이
　경우는 돌발 三殺(삼살)이라 한다.

	五 九 (七)	五 七 (九)
	九 七 (五)	

※ 홍국수가 하는 일은 2가지가 있다. 生(생)하는 것과 剋(극)하는 것. 中宮
　(중궁)에 四金이 眞生이나 眞剋이 없으면 그때 九가 나올 수 있다. 즉,
　眞生(진생)이나 眞剋(진극)이 있으면 못 나온다.

※ 한 宮에 三殺이 모여 있는 경우, 이때는 돌발 三殺이 생기는 경우다. 日
　支가 이 運(소운)에 들어갈 때 갑자기 터지는 것이다. 바로 터지느냐, 아
　니면 나중에 터지느냐는 힘에 따라 빨리 올 수도 있고 늦게 올 수도 있다
　(1년 동안에). 만약 財運(재운)이 들어왔는데 財運이 바뀌자마자 돈을 버
　는 것은 아니다. 財가 힘이 있어야 돈을 번다. 財가 剋身弱(극신약)이면
　돈을 벌지 못한다. 돈을 언제 버느냐는 환경을 가지고 본다.

奇門命理學

7) 雙三殺(쌍삼살), 袂三殺(겹삼살)

홍국수 七五九가 動處(동처)인 궁에 천반 지반에 동시에 있는 경우다.

一 一 年	六 六	三 ⑨ 世
二 十	⑤(十) ⑦(二)	八 四
⑦ ⑤ 時	四 八	⑨ 三 月

8) 가삼살(假三殺)

洪局數(홍국수) 七五九 중에 2개는 天盤(천반) 動處(동처)에 있고, 다른 하나는 非動處(비동처) 천반에 있는네 비동처에 있는 효수(爻數)의 0순위에서 七五九 爻數(효수)를 지반이 천반을 眞生(진생)하는 경우, 生(생)해 주는 효수의 운일 때 三殺(삼살)이 작동한다.

一 四 時	六 九	三 二	
二 三 世	⑤(十) ⑤(十)	八 七	비동처인 七火 운이 왔을 때 七五九 三殺이 일어난다. 지반 八運이 왔을 때도 삼살이 일어난다. 왜냐하면 八木이 七火를 진생으로 生해 주기 때문이다.
⑦ 八	四 一	⑨ 年 八 月	

삼형(三刑)

1. 三刑(삼형)의 意味(의미)

三刑은 동처의 홍국수 三二九가 모여서 강력한 刑(형)을 만드는 것이다.

2. 眞假原則(진가원칙)의 예외 사항

① 일반적인 통기 원칙으로 홍국수 三木은 二火를 생하지만 二火는 九金을 假剋(가극)하면서 九金을 자극하니 九金은 三木을 치게 된다.

② 木生火(목생화) 火剋金(화극금)으로 從剋(종극)의 원칙을 좇는다. 貪剋忘生(탐극망생)한다.

3. 특징

① 免刑(면형)이 되는 경우는 오로지 成局(성국)뿐이다.

② 三刑은 정신적 · 육체적 · 물질적으로 고통을 준다. 이 고통을 避(피)할 수 있는 방법은 殺(살)을 쓰는 직업을 가지는 것이다(의사, 간호사, 군인, 경찰, 검찰, 농사, 정육점, 철학 등).

③ 三刑에서 九金은 무조건 三木을 치므로

　㉠ 三木이 의미하는 간, 담, 허리, 척추, 뇌신경 등을 조심해야 한다.

　㉡ 교통사고를 조심해야 한다(金이 생명체인 木을 치니까).

　㉢ 육신도 깨진다(財면 돈, 부인이, 官이면 직장, 남편이).

　㉣ 형사사건을 조심해라.

④ 교통사고를 조심해야 한다. 그러나 三二九의 흐름이 조금이라도 바뀌면(成局이 되면) 免刑(면형)된다. 즉, 三刑이 없는 것과 같다는 것이다.

三二九 三刑은 무조건 三木은 二火로, 二火는 九金으로, 九金은 三木으로 간다. 그러나 중간에 成局이 되면 三刑이 안 된다는 것이다.

[예시] 五土가 들어와서 成局이 되면 三刑이 안 된다. 즉, 中宮 三木 印綬와 日支 二火가 있고 九金 財가 있어 三刑을 이루고 있는데 년지를 단 五土 孫爻가 들어오면 成局이된다는 것이다.

※ 완전 삼형 형성(三二九 三刑이 되어 있으면)

① 통기도에 六水가 있는 경우라도 九金은 三木을 치러 가고,
   통기도에 六水가 없는 경우라도 九金은 三木을 치러 간다.

② 三刑이 되어 있어도 중간에 年支二와 世五와 孫九가 성국이 되면, 九金은 三木을 치지 않고 六水로 빠지니 三刑이 안 된다는 것이다.

● 六水가 있는 경우라도 三木을 치러 간다.

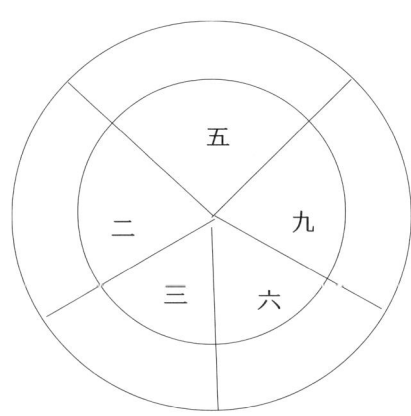

● 六水가 없어도 三木을 치러 간다.

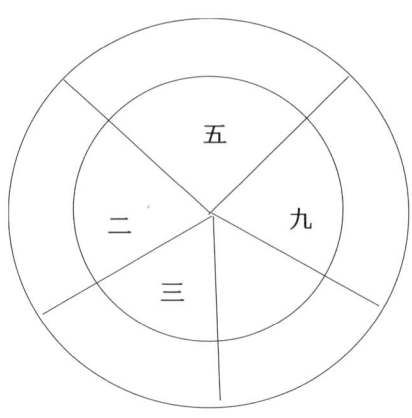

● 成局이 되는 경우

年支 二와 日支 五와 孫爻 九가 成局이되니 偏官 三木을 치지 않고 六水
로 간다.

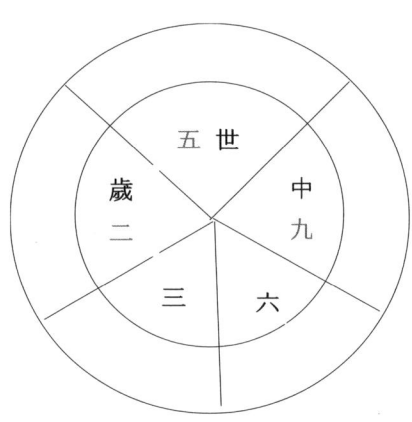

2. 三刑(삼형)의 種類(종류)

1) 完全 三刑(완전 삼형)

홍국수 三二九가 전부 動處(동처)에 있는 경우를 말한다.

一 時 七 世	六 (二) 年	三 五
二 六	五 (三)	八 十
七 一	四 四	九 (九) 月

2) 不完全 三刑(불완전 삼형)

홍국수 三二九 중에 2개는 動處(동처)에 있고 하나는 非動處(비동처)에 있는데 運(운)에서 올 때 動處(동처)가 되니 이때 三刑이 이루어진다.

八 四	三 (九)	十 (二) 月
九 (三) 時	二 五	五 七 世
四 八	一 一	六 六 年

※ 불완전 三刑은 大運(대운)이나 小運(소운)이 올 때 三刑이 이루어진다.

3) 不規則 完全 三刑(불규칙 완전 삼형)

홍국수 三二九 중에 2개가 動處(동처)인 한 宮에 上下에 있고, 하나는 다른 宮의 動處(동처)에 있는 경우를 말한다.

一 四 時	六 九	三 二
㉓ ㉓ 世	五 五	八 七
七 八	四 一	㊴ 年 六 月

위 표에서 좌측 중앙 칸은 二(圈)/三(圈), 우측 하단 칸은 九(圈)/六

4) 伏三刑(복삼형)

① 홍국수 三二九 중에 2개는 動處(동처)에 있고 다른 하나는 中宮(중궁) 隱伏數(은복수)에 있는 경우다.

八 八	三 ㉓ 年	十 六
九 七 世	二 (七) 四 (㈨)	五 一 月
四 ㋧ 時	一 五	六 十

② 어느 궁의 홍국수 上下와 坐方(좌방: 바닥)의 五行이 三刑을 이룰 때를

말한다.

九 三 (二)		三 二 (九)
二 九 (三)		

5) 雙三刑(쌍삼형) 또는 袂三刑(겹삼형)

홍국수 三二九 중에 天盤(천반) 地盤(지반)에 동시에 三刑이 있는 경우다.

一 四	六 (九) 時	(三) (二) 月
(二) (三) 世	五 五	八 七
七 八	四 一	(九) 六 年

6) 假三刑(가삼형)

홍국수 三二九 중에 2개는 動處(동처)에 있고 하나는 非動處(비동처) 천반에 있는데 動處가 아닌 爻數(효수)를 眞生(진생)하는 경우, 生(생)해 주는 爻數(효수)에서 三刑(삼형)이 작동하는 것을 말한다.

五十	十五	七八 年
六九	㊈六	㊁三
一四 月	八七 世	㊂二 時

즉, 홍국수 三二九 중 2개는 動處(동처)에 있고 다른 하나는 非動處(비동처) 천반에 있는데, 非動處에 있는 三木이 運이 들어오면 0순위에서 二火를 眞生(진생)해 주니 이때는 三刑(삼형)이 작동된다는 것이다.

신살(神殺): 형, 충, 파, 해, 원진, 육의격형

1. 神殺(신살)의 개념

神殺이란 각각의 宮(궁)의 0순위 안에서 상하 數(수)의 관계를 이용하여 길 흉을 보는 것이다.

2. 神殺(신살)의 종류

刑(형), 沖(충), 破(파), 害(해), 怨嗔(원진), 六儀擊刑(육의격형)을 사용한다.

① 刑(형): 신체상 상해, 형벌, 형사 문제, 관재구설, 교통사고 등의 문제가 일어난다.

② 沖(충): 衝突(충돌)하여 순식간에 깨지는 것, 즉 다툼, 파괴를 나타낸다.

③ 破(파): 분리, 이별, 수술(手術), 損失(손실), 변화 등을 나타낸다. 학생 에게는 휴학과 정학을, 사업가에게는 휴업 등을 의미한다.

④ 害(해): 방해(妨害), 중상모략(中傷謀略), 六親(육친)의 崖路(애로)

⑤ 怨嗔(원진): 怨望(원망), 猜忌(시기), 嫉妬(질투), 執着(집착)이다.

⑥ 六儀擊刑(육의격형)

　ㄱ 戊(무)가 震宮(진궁)에 있을 때,

　ㄴ 己(기)가 坤宮(곤궁)에 있을 때,

　ㄷ 庚(경)이 艮宮(간궁)에 있을 때,

　ㄹ 辛(신)이 離宮(이궁)에 있을 때,

　ㅁ 壬(임)이 巽宮(손궁)에 있을 때,

　ㅂ 癸(계)가 巽宮(손궁)에 있으면 六儀擊刑(육의격형)이라 한다.

※ 命局(명국)에 加臨(가임)하면 본인 또는 家宅(가택)이 멸절(滅絶)되기도

한다.

1) 刑殺(형살)

① 寅巳申刑(인사신형: 三二九): 신살중 寅巳申 三刑이 가장 凶(흉)하며 命局(명국)에서 三刑을 만나면 지체 부자유, 교통사고, 官災口舌(관재구설)이 일어난다.

② 丑戌未刑(축술미형)은 奇門(기문)에서는 쓰지 않는다.

③ 子卯刑(자묘형): 一/八, 八/一 子卯刑은 여자는 子宮(자궁) 조심, 남자는 性病(성병) 조심해야 한다.

④ 自刑(자형): 자기 스스로 禍(화)를 불러들이는 刑殺(형살)이다. 自刑에는 辰辰(진진), 午午(오오), 酉酉(유유), 亥亥(해해)가 있다.

　㉠ 辰辰自刑(진진자형: 五五自刑): 土(토), 胃(위) 음식 관련된 것 전체를 조심해야 한다. 식중독 조심, 섭생(攝生) 관리가 필요하다.

※ 攝生管理(섭생관리): 병에 걸리지 않도록 건강을 잘 관리하는 것

　㉡ 午午自刑(오오자형: 七七自刑): 火(화), 심장. 口舌禍亂(구설화란), 血壓(혈압), 남자는 精力(정력) 조심.

　㉢ 酉酉自刑(유유자형: 四四自刑): 四金(사금)은 細菌性(세균성)이다. 세균성 질환(잘 낫지 않는다), 유방, 자궁 조심. 四/一 세균성 자궁 질환.

　㉣ 亥亥自刑(해해자형: 六六自刑): 水(수), 방광, 신장, 땀, 오줌, 당뇨, 혈액 관련 병을 조심해야 한다. 그러나 孫(손)이 旺(왕)하면 괜찮다.

2) 沖殺(충살)

(1) 沖殺(충살)의 意味(의미)

충돌, 다툼, 파괴, 깨짐, 변한다는 의미

(2) 沖(충)의 種類(종류)

水火沖(수화충), 金木沖(금목충)이 있다.

① 水火沖: 一七沖, 七一沖, 六二沖, 二六沖

  ㉠ 水火沖(수화충)은 물과 불의 싸움이다.

  ㉡ 火는 心臟(심장)을 意味(의미)하니 심장이 물에 빠진 格(격)이다. 따라서 심장 관련 질환과 血壓(혈압)을 조심해야 한다.

  ㉢ 水火沖(수화충) 자는 머리 회전이 엄청 빠르다. 영리하다. 投機心(투기심)이 강하고 기회를 잘 捕捉(포착)한다. 빠질 때는 빠진다.

② 金木沖: 九三沖, 三九沖, 四八沖, 八四沖

  ㉠ 金木沖(금목충)은 쇠와 나무의 싸움이다.

  ㉡ 쇠붙이가 나무를 치는 격이니 木(목)이 박살 난다.

  ㉢ 자동차 관련 사고, 허리, 척추, 뇌신경 쪽을 조심해야 한다.

  ㉣ 金木沖은 愚直(우직)하고 끝장을 보려고 한다. 投機心(투기심)이 强(강)하고 끝까지 가려고 한다(손해 볼 가능성이 높다).

※ 沖(충)은 投機心(투기심)이 强(강)하다.

(3) 沖殺(충살)의 작용

① 奇門(기문) 沖에는 居沖(거충), 白沖(자충), 橫間沖(횡간충), 共沖(공충), 交沖(교충)이 있다.

② 天地盤(천지반)이 沖(충)되면 시끄럽고 되는 일이 없나. 年局(년국)에서도

힘들다.

③ 中宮(중궁) 年支宮(년지궁)이 서로 沖(충)하여도 吉(길)하지 못하다.

④ 命局(명국)에서 世宮(세궁)이나 財宮(재궁), 女子는 官宮(관궁)이 沖(충)
되면 부부풍파(夫婦風波)로 인해 분쟁이 끊이지 않고 결국은 헤어지기
쉽다.

※ 보통 충이 들면 흉으로 보지만 길하게 변할 수도 있다. 命局(명국)에서
4~5개의 宮沖(궁충)이면 一生(일생)이 힘들 수 있다.

3) 破殺(파살)

(1) 破殺(파살)의 意味(의미)

① 다듬고 감싸 준다. 수술, 손실, 변화인데 깨지고 무너지는 기운이다.

② 沖(충), 刑(형)은 깨지고 바꾸는 데 비해 破(파)는 나를 깨고 배우자를 剋
(극)하고 離別(이별)하는 殺(살)이다.

③ 命局(명국)에 破(파)가 있으면 一生(일생)이 고단하여 早失父母(조실부모)
할 수 있고 妻宮(처궁)이 불리하다.

(2) 破(파)의 종류

子酉破(자유파: 一四破), 丑辰破(축진파: 十五破), 寅亥破(인해파: 三六破),
卯午破(묘오파: 八七破), 巳申破(사신파: 二九破), 戌未破(술미파: 五十破)가
있다.

① 子酉破(자유파: 一四, 四一): 生殖器(생식기)에 칼을 대는 형국으로 여자
는 자궁, 남자는 전립선을 조심해야 한다.

② 卯午破(묘오파: 八七, 七八): 官(관)에 들면 휴학, 휴직 등의 가능성 있다.

③ 巳申破(사신파: 二九, 九二): 巳申破(사신파)는 巳申刑(사신형)으로 불규

칙 三二九 三刑이 된다.

④ 丑辰破(축진파: 十五)는 奇門(기문)에서는 잘 안 쓴다.

⑤ 寅亥破(인해파: 三六, 六三)는 寅亥合(인해합) 寅亥破(인해파)로 先合後破(섭합후파)로 처음에는 괜찮다가 나중에 문제가 온다.

⑥ 五十, 十五는 戌未破(술미파)나 戌未刑(술미형)으로 쓴다.

4) 害殺(해살)

(1) 害殺(해살)의 意味(의미)

① 손해, 방해, 중상모략, 육친의 崖路(애로)가 있다.

② 격렬한 충돌보다는 이간질 등 은밀하게 해를 끼치는 것이다.

(2) 害(해)의 種類(종류)

子未(자미), 丑午(축오), 寅巳(인사). 卯辰(묘진), 酉戌(유술), 申亥(신해)

① 子未(자미: 一十), 丑午(축오)는 害에서보다 怨嗔(원진)에서 많이 쓴다.

② 寅巳(인사: 三二)害도 寅巳刑(인사형)으로 많이 쓴다.

寅巳害 불규칙 三刑(삼형)으로 九金(구금)이 들어오면 바로 三刑이 된다. 그러면 교통사고를 조심해라.

③ 卯辰害(묘진해: 八五, 五八) : 奇門(기문)에서는 잘 안 쓴다.

④ 酉戌害(유술해: 四五, 五四) : 酉戌害는 辰酉合(진유합)으로도 본다. 辰酉合(진유합)도 金(금)을 만들므로 疾厄(질병)으로 본다.

⑤ 申亥(九六, 六九)害는 申亥殺, 申亥絞衣殺(신해교의살)이라고도 한다. 絞衣殺(교의살)은 치기운 六水(육수)를 九金(구금)이 生(생)하여 더욱 차갑게 만든다. 六神(육신)을 생각하면 목을 조르는 듯이 답답하다.

5) 怨嗔(원진)

(1) 怨嗔(원진)의 意味(의미)

① 원망, 猜忌(시기), 질투, 집착

② 怨嗔(원진)은 안 보면 보고 싶고 또 보면 미워지고, 執念(집념)이 강하며 심하면 의처증, 의부증이 올 수 있다.

③ 愛(애)와 憎(증)이 교차한다.

(2) 怨嗔(원진)의 種類(종류)

① 子未(자미), 丑午(축오), 寅酉(인유), 卯申(묘신), 辰亥(진해), 巳戌(사술)

② 子未, 丑午, 辰亥 怨嗔은 奇門(기문)에서는 사용하지 않는다.

③ 剋怨嗔(극원진: 寅酉, 卯申): 두 洪局數(홍국수)가 金(금)과 木(목)이 剋(극)하면서 怨嗔(원진)이 되어 문제가 크다.

④ 生怨嗔(생원진: 巳戌): 화생토로 생을 하면서 원진이 된다. 기이한 행동을 한다.

※ 剋怨嗔(극원진)이 일지궁이나 家宅宮(가택궁)에 있으면 家庭(가정)에 애로가 있다. 신경통이 올 수도 있다.

6) 六儀擊刑(육의격형)

命宮(명궁)에 가임(加臨)하면 己身 또는 家宅(가택)이 滅絶(멸절)될 만큼 凶(흉)하다. 소운에 격형이 있으면 일이 잘 안된다. 즉, 애로가 있다.

① 甲子旬(갑자순)에 旬首(순수) 戊(무)가 震宮(진궁) 天盤(천반)에 있으면 바닥 卯(묘)와 子卯刑(자묘형)이 된다.

② 甲戌旬(갑술순)에 旬首(순수) 己(기)가 坤宮(곤궁) 天盤(천반)에 있으면 바닥 未(미)와 戌未刑(술미형)이 된다.

奇門命理學

③ 甲申旬(갑신순)에 旬首(순수) 庚(경)이 艮宮(간궁) 天盤(천반)에 있으면 바닥 寅(인)과 寅申刑, 沖이 된다.

④ 甲午旬(갑오순)에 旬首(순수) 辛(신)이 離宮(이궁) 天盤(천반)에 있으면 바닥 午(오)와 午午自刑(오오자형)이 된다.

⑤ 甲辰旬(갑진순)에 旬首(순수) 壬(임)이 巽宮(손궁) 天盤(천반)에 있으면 바닥 辰(진)과 辰辰自刑(진진자형)이 된다.

⑥ 甲寅旬(갑인순)에 旬首(순수) 癸(계)가 巽宮(손궁) 天盤(천반)에 있으면 바닥 巳(사)와 寅巳刑(인사형)이 된다.

甲寅 癸 甲辰 壬	甲午 辛	甲戌 己
甲子 戊		
甲申 庚		

※ 庚加己(경가기): 官災口舌(관재구설), 신체 훼손 등 凶厄(흉액)이다.

바탕오국(五局)

바탕五局이란, 九宮(구궁) 洪局數(홍국수)의 0순위 상하수가 生剋制化(생극제화)의 형태로 구성되어 있는가로 분류한 것으로, 대략적인 性格(성격)이 나온다. 오국의 표기는 중궁에 표기한다.

1. 바탕五局의 種類(종류)

和局(화국), 戰局(전국), 沖局(충국), 刑破亥局(형파해국), 怨嗔局(원진국)이 있다.

1) 和局(화국)

① 천지반이 相生(상생) 比和(비화)로 構成(구성)되고 24類型(유형)이 있다.

② 0순위에서 홍국수 天地盤(천지반) 合(합)이 4, 9, 10이다.

三一	八一	九一	二二	七二	八二	一三	六三	七三	五四	六四	四五	九五	三六	四六	八六	二七	三七	七七	一八	二八	六八	一九

2) 戰局(전국)

① 天地盤(천지반)이 相剋(상극) 比和(비화)로 구성되고 24유형이 있다.

② 0순위에서 홍국수 天地盤(천지반) 合(합)이 1, 3, 6이다.

二一	五一	一二	四二	九二	三三	八三	二四	七四	九四	一五	三五	六五	五六	七六	四七	六七	九七	三八	五八	八八	二九	四九

3) 沖局(충국)

① 천지반이 水火沖(수화충) 또는 金木沖(금목충) 3~4개와 相生(상생), 相剋(상극), 比和(비화)로 되어 있고 16개 유형이 있다.

② 0순위에서 홍국수 天地盤(천지반) 合(합)이 2, 8이다.

七	一	六	五	九	四	八	二	八	二	六	一	五	四	三	九
一	二	二	三	三	四	四	五	五	六	六	七	七	八	九	九

4) 刑破亥局(형파해국)

① 天地盤(천지반)이 刑破害(형파해)로 되어 있고 9개 유형이 있다.

② 0순위에서 홍국수 天地盤(천지반) 合(합)이 5다.

四	三	二	一	五	九	八	七	六
一	二	三	四	五	六	七	八	九

5) 怨嗔局(원진국)

① 천지반이 怨嗔(원진) 또는 比和(비화), 상생으로 되어 있고 8개 유형이 있다.

② 0순위에서 홍국수 天地盤(천지반) 合(합)이 7이다.

六	五	四	三	七	一	九	八
一	二	三	四	五	六	八	九

2. 五局(오국)의 활용 및 비중

홍국수의 比重(비중)은 팔문 팔괘의 작용보다 우월한 위치에 있으므로, 전체 局(국)을 把握(파악)하는 데 五局(오국)이 중요한 關鍵(관건)이 된다. 초심자나 전문가라도 감평할 때 제일 먼저 짚고 넘어가야 할 부분이다. 오국의 형태 파악이 解斷(해단)의 우선순위가 되는 것이다.

3. 五局(오국) 說明(설명)

1) 和局(화국)

(1) 意味(의미)

① 九宮(구궁) 0순위 洪局數(홍국수) 天地盤(천지반) 상하가 서로 相生(상생), 比和(비화)될 때 和局(화국)이라 한다.

② 0순위 홍국수 天地盤(천지반) 합이 4, 9, 10이 된다.

(2) 특성

① 온화하고 평화스러우며 대체로 삶이 平坦(평탄)하다. 그러나 三刑이나 三殺이 되면 起伏(기복)이 많다.

② 무사안일하고 안정주의를 선호하니 발전성이 缺如(결여)된다. 자립정신이 弱(약)하다. 험한 고생 안 하고 산다.

③ 박력이 없거나 진취적으로 나가지 못하는 답답함도 있다.

④ 운이 안 좋으면 난관 극복의 의지력이 약하여 중도 좌절의 위험도 있다.

⑤ 애늙은이 행세를 한다.

⑥ 권태감을 빨리 느끼므로 약간의 沖(충)이 필요하다.

⑦ 先天的 優越(우월)로 成功(성공)한 사람 四柱에 和局者(화국자)가 많다.

(3) 기타

① 沖이 아닌 이상 연결 상생으로 봐라.

② 완벽한 핵우산이 이루어진다.

③ 0순위 生이 우선한다.

※ 성공한 사람의 사주 중 和局者(화국자)가 많은 것을 보면 장단점을 勘案(감안)해도 선천적 우월성이 후천 세계에 미치는 영향이 크다는 것을 알 수 있다(부모가 부자인 경우다).

2) 戰局(전국)

(1) 의미

① 九宮(구궁) 0순위 홍국수, 천지반이 서로 剋(극)하는 경우다. 奇門(기문)에서 극이란 水火와 金木을 제외한 나머지를 말한다. 예를 들면 木剋土(목극토)를 말한다.

② 0순위 홍국수 天地盤(천지반) 합이 1, 3, 6이 된다.

(2) 特性(특성)

① 和局者(화국자)는 온실 속의 꽃이라면, 戰局者(전국자)는 폭풍이 휘몰아치는 들녘의 野生花(야생화)에 比喩(비유)된다.

② 전국자는 의지가 상하고 석극석이며, 열정적이고 강인한 行動主義者(행동주의자)다.

③ 항상 진취적이고 가마히 있지 못하고 바쁘게 움직인다.

④ 어떠한 일을 해도 평생 노력해야 한다.

⑤ 장애물 경주하듯이 강인한 意志(의지)로 불태우지만, 그 成果(성과)는 未洽(미흡)하다.

⑥ 事物(사물)을 成就(성취)시킴에 意慾的(의욕적)이고 熱誠的(열성적)이기 때문에 어떤 면에서는 和局(화국)보다 더 성취율이 높다.

⑦ 자기 개발을 많이 한다.

⑧ 분수를 모르면 실패를 거듭한다.

⑨ 자기의 운로를 잘 판단하여 행동하는 게 좋다.

※ 戰局(전국)이라고 항상 싸우는 것이 아니고 戰爭(전쟁) 뒤의 建設(건설)이 뒤따르고 每事(매사)를 進取的(진취적)으로 바라보면서 解決(해결)하려는 積極性(적극성)이 있다.

3) 沖局(충국)

(1) 意味(의미)

① 九宮(구궁) 0순위 홍국수, 천지반이 서로 충하는 관계로 이루어진 경우를 말한다.

② 金木沖(금목충)과 水火沖(수화충) 2종류로 나뉜다.

③ 충국은 무서운 破壞作用(파괴작용)을 하는 沖殺(충살) 작용을 한다.

④ 서로 부딪혀 어느 한쪽이 부서진 연후에야 破壞(파괴) 작용이 끝이 나는 아주 凶(흉)한 殺이다.

⑤ 0순위 홍국수 천지반 합이 2, 8이 된다.

(2) 特性(특성)

① 태풍이나 폭풍 속의 一葉片舟(일엽편주)로 험난하다. 즉, 살아가는 데 기복이 심하다. 그러나 沖局(충국) 중에서 非沖地(비충지)에 일지가 들면 그래도 낫다.

② 숙명에 順服(순복)하지 않고 거부, 반항, 抗拒(항거), 도전 등 일생이 順

坦(순탄)치 못하다.

③ 성국이 되지 않으면 다사다난하고 주관과 고집이 세다. 부모님 말씀을 잘 안 듣는다.

④ 자존심, 투기심, 모험심이 강하다.

⑤ 매사 速戰速決(속전속결) 처리해라.

⑥ 日支宮이 沖地(충지)이고, 財宮(재궁) 또는 官鬼宮(관귀궁)이 충지이면 傾家破産(경가파산: 집안 몰락), 유랑지 전전, 戰戰乞食(전전걸식), 夫婦偕老(부부해로)가 불가하여 家事難成(가사난성)이다.

⑦ 財爻(재효) 作沖(작충)하면, 즉 財爻가 沖地(충지)에 들면 難成資財(난성자재: 財運이라도 돈이 안 된다), 理財不可(이재불가)하고, 남자는 妻(처)와 因緣(인연)이 薄(박)하고 상처 이별한다. 욕심부리지 마라. 재물 보존이 어렵다.

⑧ 官爻(관효) 作沖(작충)하면, 官(관)이 직장·명예·남편이니,

  ㉠ 남자: 職業(직업)이 不安全(불안전)하며 職業(직업) 變動(변동)이 많다. 잘못하면 무소지인(직업 없이 논다), 名聲 不可(명성 불가).

  ㉡ 여자: 직업 불안전하며 男便福(남편복)이 薄(박)하다.

⑨ 父爻(부효) 作沖(작충)하면 早失父母(조실부모)하거나, 인연이 薄(박)하다.

⑩ 水火沖(수화충) 者(자)

  ㉠ 머리가 비상하고 투자 시 잘 치고 빠진다.

  ㉡ 선천성으로 心臟(심장)이 弱(약)하고 혈압을 조심해야 하며, 정신병자가 많다.

⑪ 金木沖(금목충) 者(자)는

  ㉠ 불구자가 많다(후천성으로). 교통사고를 조심해야 한다. 교통사고 30%가 金木沖에서 온다.

ⓛ 外的(외적)인 모험과 실패 후 다시 하는 버릇, 執着症(집착증), 投機性(투기성)이 있다.

ⓒ 외과적으로는 四肢(사지)나 척추 장애가 있고, 내과적으로는 肝(간)이나 膽(담)에 이상이 있다. 정신적으로는 뇌신경 장애가 있다.

⑫ 沖(충)은 電光石火(전광석화)처럼 쏜살같이 오고 깨진다. 충국자는 머리는 영리하다. 그러나 成局(성국)만이 살길이다.

⑬ 財(재)와 印綬(인수)가 直沖(직충) 또는 橫間沖(횡간충: 1순위끼리 충)이 오면 남자는 대내 문제로 처와 부모 사이가 험악해지고, 대외 문제로는 利權(이권)을 위해 투자했다가 실패한다. 문서에 관한 일도 一體(일체) 이루어지지 않는다.

⑭ 入格者(입격자)는 大權(대권)을 쥔다.

⑮ 失格者(실격자)는 일의 성사가 어렵다고 본다. 十戰九敗(십전구패)한다.

⑯ 대체로 投機性(투기성)이 강하고 의욕적으로 무모한 시도로 失敗(실패)할 수 있다.

⑰ 太弱(태약)하면 奸巧(간교)하고 사기꾼이 될 수 있다.

⑱ 中宮(중궁)이 水火沖(수하충), 金木沖(금목충) 者(자)는 일이 잘되다가도 일순간 무너지는 인생이 되기 쉽다.

※ 충국자는 고집이 세고 자기 뜻대로 행동하려는 성질이 있으니 윽박지르거나 강압적으로 대하기보다 논리적이고 순리적으로 이끌어 주는 것이 좋다.

※ 상기 내용은 일반적인 論理(논리)이고 실은 홍국수의 방향과 홍국수의 實勢(실세)를 자세히 관찰하여 解斷(해단)해야 한다.

4) 刑破害局(형파해국)

(1) 意味(의미)

① 九宮(구궁) 0순위 홍국수 大地盤(전지반)이 서로 生(생)하면서도 刑破害 (형파해)로 이루어진 경우다.

② 0순위 洪局數(홍국수) 天地盤(천지반) 합이 5다. 9개로 구성되어 있다.

(2) 특성

① 殺氣沖天(살기충천)하고 인생살이에 迂餘曲折(우여곡절)이 많다.

② 傲慢(오만), 氣高萬丈(기고만장), 지배욕이 강하다. 경쟁심도 강하다.

③ 權力指向形(권력지향형)이고, 복종하는 경향이 많다. 쉽게 좌절하고, 極端的(극단적)인 行動(행동)을 한다.

④ 非貴則賤(비귀즉천)으로 貴(귀)에 이르지 못하면 아예 賤職(천직)에 종사해야 小富(소부)라도 누릴 수 있다. 즉, 귀하지 않으면 천하게 살아라. 생업에 종사해야지, 권력을 찾지 마라. 중간은 없다.

⑤ 신체상의 장애 또는 난치 불구자가 많고, 부부간에 생사이별을 암시하고 육친무덕, 고독하다. 夫婦早別(부부조별), 離祖他鄕(이조타향)하는 사람이 많다.

⑥ 刑破局(형파국) 자체가 刑(형)이고 破(파)니까 때려 부수는 것이다. 건설 등 기능직 종사자가 많다.

⑦ 두들겨 부수어 자기 적성에 맞도록 고쳐 쓰는 성향이 강하다.

⑧ 日支(일지)가 刑(형)이면 부부 수술을 여러 번 한다.

⑨ 日支(일지)가 刑이니 破(파)인 자는 부지런하고 경쟁심이 强(강)하다.

⑩ 破壞力(파괴력)이 높고 일의 성사는 難成(난성)이다.

⑪ 殺(살)을 쓰는 직업에는 오히려 適性(적성)에 맞고 貴(귀)하게 된다.

⑫ 職業(직업)으로는 의사, 검사, 수사관, 교도관 등과 같이 자신의 殺氣(살기)를 써서 사회의 유형·무형의 세력이나 질병을 퇴치하는 직업이 좋다.

※ 형파해국자는 경쟁심과 지배욕이 엄청 강하고 힘 있는 사람에게 붙으려는 습성이 있다.

5) 怨嗔局(원진국)

(1) 意味(의미)

① 九宮(구궁) 0순위 洪局數(홍국수) 天地盤(천지반)이 怨嗔(원진)으로 이루어진 경우를 말한다.

② 洪局數(홍국수)와 天地盤(천지반: 0순위)의 合(합)이 7이다.

(2) 특성

① 안 보면 보고 싶고, 보면 미워지는 愛(애)와 憎(증)이 교차한다. 또 남에게 좋은 일을 해 주고도 칭찬은 고사하고 원망을 듣는 경우가 많다.

② 물고 늘어지는 성격이다. 즉, 執念(집념)이 강하다.

③ 원망, 불평, 불만, 증오, 執着(집착), 한이 많다.

④ 孫爻(손효)가 발달하면 禍根(화근)이다. 官(관)을 치기 때문이다.

⑤ 어차피 怨望(원망)받을 사람이므로 원망 들을 직업을 택하면 좋다. 즉, 경찰관, 세무공무원, 교도관, 수사관, 정보원, 흥신소, 무당, 철학 등의 직업을 갖는 것이 좋다.

⑥ 일지가 弱(약)하면 건강 문제(골다공증, 관절염, 신경통) 조심해라.

⑦ 일지, 즉 家宅宮(가택궁)이 剋怨嗔(극원진)이 되면 一夫從事(일부종사)하기 어렵고(60~70%), 풍기를 조심해야 한다.

奇門命理學

⑧ 人德(인덕)이 없다.

⑨ 二七火가 四九金을 만나면 火剋金(화극금)해서 財(재)가 된다. 따라서 도박, 증권, 경마에 吉(길)하다.

⑩ 假剋(가극)을 眞剋(진극)처럼 친다. 眞生(진생)이나 眞剋(진극)이 있으면 놓아준다. 치지 않는다.

⑪ 匠人情神(장인정신)으로 한곳에 매진하거나 끈기를 가지고 노력하여 성공하는 경우가 많다.

⑫ 부부 사이는 평생을 같이 살아도 외로움을 느끼며 원망하며 산다.

⑬ 일생 동안 계속 한 타이밍이 늦어 일이 잘 안된다.

⑭ 중요 六神(육신) 부분이 生怨嗔(생원진)이나 非怨嗔(비원진)에 떨어진 사람이라면 천만다행으로 적당한 직업에 종사하면 의외의 성공을 한다. 그러나 그것도 한때뿐이다.

십이운성(十二運星)

1. 十二運星(십이운성)의 意味(의미)

사람이 어머니의 육신에서 受胎(수태)되어 태어나 죽을 때까지의 인생 循環 過程(순환과정)을 비유한 자연계의 생장과 必滅(필멸)의 순환법칙을 말하고, 운의 盛衰(성쇠)를 표시하며, 불교에서 말하는 輪回說(윤회설)과 같이 죽은 자의 魂(혼)이 다시 태아에 머물러 생성 과정을 반복하는 것과 같다. 生老病死 (생로병사)의 순환과 비슷하다.

12운성	絶	胎	養	生	浴	帶	祿	旺	衰	病	死	墓

2. 十二運星法[12胞胎法(십이포태법)] 포국

① 전통적인 명리학의 십이운성법은 天干(천간)을 중심으로 陽干(양간)은 順 行(순행)하고, 陰干(음간)은 逆行(역행)으로 진행 방향이 달라서 陽이 生 (생)하면 陰(음)이 死(사)하고, 陰(음)이 生(생)하면 陽(양)이 死(사)하지만, 奇門(기문) 十二運星을 布局(포국)할 때는 天干(천간)을 중심으로 하지 않고, 地支(지지)를 중심으로 한다.

② 奇門 12운성은 日支 地盤 洪局數(지반홍국수)를 기준으로 한다.

③ 日支(일지) 地盤洪局數(지반홍국수)가 陽數(양수)이면 시계 방향으로 順 行 (순행)하고 陰數(음수)이면 시계 반대 방향으로 逆行(역행)한다.

④ 구궁의 각 자리에서 日支(世)宮 地盤數(지반수)가 어떤 상황에 있는지 알 기 위함이다.

3. 십이운성 絶地(절지) 찾는 법

五行	甲	乙	丙	丁	戊	己	庚	辛	壬	癸
日支地盤數	三	八	七	二	五	十	九	四	一	六
絶(胞)地	申	酉	亥	子	亥	子	寅	卯	巳	午

※ 12운성의 해석은 世爻(일지)를 중심으로 보는 것이지 그 宮(궁)에 위치한
六親(육친)의 生旺(생왕)을 보는 것이 아니다.

- 陽數(양수)이면 木은 지지 申에서 絶地(절지)가 되고, 火, 土는 亥에서 절
  지가 되고, 金은 寅에서 절지가 되고, 水는 巳에서 절지가 되며,

- 陰數(음수)이면 木은 지지 酉에서 絶地(절지)가 되고, 火, 土는 子에서 절
  지가 되고, 金은 卯에서 절지가 되며, 水는 午에서 절지가 된다.

4. 十二運星의 種類(종류)

絶(절), 胎(태), 養(양), 長生(장생), 沐浴(목욕), 冠帶(관대), 建祿(건록), 帝
旺(제왕), 衰(쇠), 病(병), 死(사), 墓(묘)가 있다.

1) 絶(절) = 胞(포)

① 뼈와 살도 다 酸化(산화)되어 아무것도 없다는 것으로, 세상과 斷切(단
절)되어 잊힌다는 의미이다.

② 絶地(절지)라고도 하며 만물이 死藏(사장)되었다가 다시 정기를 모으는
시기다.

③ 운세는 기운이 끊어져 空虛(공허)한 상태이니 시기가 아직 이르다.

④ 일지에 있으면 고독하며 좌절이 많다.

2) 胎(태)

① 인간이 母體(모체)에서 태아가 형성되는 시기다.

② 運勢(운세)는 弱(약)한 상태로 미래 指向的(지향적)이고 희망적인 好運(호운)의 시작이다.

③ 坤命(곤명)에 年局(년국)에서 胎(태)에 鬼(귀)가 들면 자연 遺産(유산)을 주의해라.

④ 世宮(세궁)에 있으면 평소 생활에 실속이 없고 夫婦(부부)가 화목하지 못하거나 형제가 反目(반목)하는 수가 있다.

⑤ 半吉半凶(반길반흉)으로 吉門(길문), 吉卦(길괘)와 함께하면 吉(길)하고, 凶殺(흉살)이 있으면 凶(흉)한 것으로 해석한다.

3) 養(양)

① 入胎(입태)된 아이가 母體(모체) 내에서 成長(성장)·發育(발육)하는 時期(시기)로, 출생 이전을 말한다. 半吉半凶(반길반흉)이다.

② 평온하고 무사한 시기이나 연약하여 소극적인 기운이다.

③ 命局(명국)에서 일지에 養(양)이 있으면 養子(양자)로 갈 확률이 높다.

④ 世宮(세궁)에 있으면 覇氣(패기)가 부족하고 남에게 依支(의지)하려는 性向(성향)이 높다.

4) 長生(장생) = 生(생)

① 좋은 운으로 본다.

② 母體(모체)에서 태아가 출생하는 시기로 만물이 소생하는 시기다. 창조, 점진적 발전을 의미한다.

③ 運勢(운세)는 好運(호운)으로 과감히 물리치고 나가면 희망하는 일의 성

취는 무난하다.

④ 日支(일지)나 時支(시지)에 長生(장생)이 있으면 총명하고 발전, 부귀의
의미가 있다.

⑤ 元命局(원명국)에서 吉卦(길괘), 吉門(길문)을 만나면 六親(육친) 모두 이
롭다. 사회적으로도 順坦(순탄)하게 성공한다.

5) 沐浴(목욕) = 浴(욕)

① 씻겨 주고 꾸미고 돌보아 주는 시기로, 불안하고 위태로운 시기다.

② 변덕이 심하고 세상 물정이 어두워 남에게 잘 속고 실패가 많다.

③ 運勢(운세)는 敗殺(패살)로서 損財(손재), 色情(색정)에 주의해야 한다.

④ 日支(일지)에 浴(욕)이 있으면 끼가 많고 戀愛結婚(연애결혼)을 많이 한
다. 浴(욕)은 바람기와 손해 2가지로 본다.

⑤ 배우자 宮(궁)인 官爻(관효)나 財爻(재효)에 浴(욕)이 들면, 본인이 바람기
가 있거나 남편이나 부인이 바람기가 있는 것으로 본다.

⑥ 日支宮(일지궁)에 浴殺(욕살)이 있으면 住居不定(주거부정), 酒色(주색),
夫婦不和(부부불화), 性格淫亂(성격음란), 敗家亡身(패가망신)을 意味(의
미)한다.

⑦ 月, 日, 時宮(시궁)에 浴殺(욕살)이 있으면 凶(흉)으로 본다.

6) 冠帶(관대) = 帶(대)

① 인간이 장성하여 세상에 나가 직업을 얻고 결혼하는 시기다.

② 運勢(운세)는 入社(입사), 應試(응시), 婚事(혼사), 慶事(경사) 등 출세외
좋은 기회다.

③ 일지에 冠帶(관대)가 있으면 '내가 나다!'라는 강한 성향이 있을 수 있다.

④ 자존심을 내세우고 남의 간섭이나 지배를 받지 않으려고 하기 때문에 대인관계에서 敵(적)을 만들기 쉽다.

⑤ 開拓精神(개척정신)과 鬪爭情神(투쟁정신)이 强(강)하여 일을 추진하는 능력은 뛰어나지만 아직은 未熟(미숙)하고 경험이 부족한 면이 있다. 敎養(교양)과 德(덕)을 쌓으면 성공한다.

⑥ 世宮(일지궁)에 冠帶(관대)가 있으면 초년에는 어려우나 중년부터 發福(발복)하고 吉門(길문), 吉卦(길괘)를 만나면 인재로 성장한다. 그리고 破格(파격)을 제외하고는 知德(지덕)과 존경의 의미다.

7) 建祿(건록) = 祿(록)

① 성숙한 시기이며 사회의 中樞的(중추적)이고 핵심 인물로 아랫사람을 다스려야 할 위치에 있으며, 官旺(관왕)이라고도 하며 관직에 나가 출세하는 시기다. 身旺(신왕)해야 한다.

② 運勢(운세)는 매사 전진적이고 官運(관운) 및 名譽(명예)에 吉(길)하다.

③ 世宮(세궁)에 있으면 지덕을 겸비하고 만인의 존경을 받는 사람이다.

8) 帝旺(제왕)

① 인생의 최고 全盛期(전성기)를 의미한다. 活動力(활동력)이 왕성하고 최고로 成長(성장)한 상태로 출세하여 名聲(명성)을 떨치는 시기다.

② 運勢(운세)는 최고조에 달했으나 極盛之敗(극성지패: 활발함이 극에 달하면 필패한다)로 앞으로 닥칠 쇠잔한 運勢(운세)의 前奏曲(전주곡)이니 輕擧妄動(경거망동)을 삼가야 한다(언행을 조심해야 한다).

③ 堂堂(당당)하고 기운이 가장 强(강)하다. 女命은 社會的(사회적)으로는 吉(길)하나 가정적으로는 화합지 못한다.

9) 衰(쇠)

① 전성기가 지나고 시들고 저물어 가는 인생의 황혼기에 해당되며, 활동하다가 나이가 들어 老衰(노쇠)해지는 시기다.

② 運勢(운세)는 생산적 의미는 없다. 퇴직 후 생활이다. 그러나 아직 힘은 있다.

③ 나쁘지만은 않다. 결실을 맺는 攀鞍(반안: 말안장에 올라앉은 운세, 출세나 승진, 합격 따위를 뜻함)의 의미가 있다.

④ 일지궁에 있으면 차분하고, 조용하며, 꼼꼼하고 소극적이고 온순하며 내성적이다. 전문 기술직이나 연구직이나 교사직이 좋다.

10) 病(병)

① 老衰(노쇠)하여 活動力(활동력)이 떨어지고 시들고 病(병)들어 자리에 눕는 시기이다.

② 運勢(운세)는 病弱(병약)해지고 성사되기 어렵고 잔병이 생겨 신액을 조심하여야 한다.

③ 病(병)과 관련된 단식판단은

　　㉠ 大運(대운)이나 小運(소운)이 病宮(병궁)에 들면 건강 조심해야 한다.

　　㉡ 病(병)과 鬼運(귀운)이 같이 있으면 무조건 健康(건강)을 조심해야 하며 꼭 병원에 가서 검진을 받아 봐야 한다.

　　㉢ 일지에 病(병)이 있고 鬼(귀)를 깔고 있으면 타고난 질액이 있다. 건강에 신경 써야 한다

　　㉣ 일지에 天芮星(천예성) 鬼(귀), 病(병) 중 두 개 이상이면 타고난 疾厄(질액)이 있을 수 있다(산만함 포함 집중력이 없는 애들도 있다).

④ 사회 발전이 없고 육친이 덕이 없어 부부가 화합하지 못하기노 한다. 특

히 건강이 문제 되는데, 병이 나는 부위와 輕重(경중)은 常住(상주)하고 있는 宮(궁)의 특성에 해당하는 인체 부위에 탈이 날 수 있으며, 天地盤數(천지반수)가 상극이 되면 病(병)의 상태가 심각한 것이다.

⑤ 신체가 病弱(병약)하고 성격이 심약한 면이 있다.

11) 死(사)

① 사람이 病(병)이 들어 사망하는 시기다. 이 궁에 들어오면 잘 죽는다. 특히 死門에 病宮(병궁)이면 죽을 수 있다(태신약으로 약하면).

② 일지궁에 있으면 육친과 인연이 없으며 몸이 弱(약)하고 잔병치레가 많다. 그리고 타향으로 移住(이주)하고 고독하다.

③ 성품은 욕심이 없고 솔직한 好人(호인)이지만 매사에 기회를 만나지 못하고 늙어서 의지할 곳도 없다.

12) 墓(묘)

① 사람이 죽으면 무덤 속으로 들어가는 시기다. 모든 氣運(기운)이 땅에 묻히는 것과 같다. 墓(묘)는 庫(고) 또는 葬身(장신)이라고 한다.

② 運勢(운세)는 財運(재운)만은 葬地(장지)에 들어야 富者(부자)로 發福(발복)한다(왜냐하면 葬(장)은 庫(고)와 같은 의미이기 때문이다).

③ 단식판단으로

㉠ 財爻(재효)가 墓宮(묘궁)에 들면 부인과 이혼하거나 死別(사별)하는 경우가 있다. 왕하면 그렇지 않다.

㉡ 배우자 궁에 死, 墓, 絶이 앉은 방이 弱(약)할 때 배우자가 안 좋다.

㉢ 三二九나 七五九가 있을 때 三木(삼목)을 쳐서 財官(재관)을 칠 때는 조심해야 한다. 財(재)를 치면 돈이 나가든가 부인이 죽든가 하고, 官

奇門命理學

(관)을 치면 직장을 잃거나 남편이 죽을 수 있다.

④ 財物(재물)을 쌓기만 하여 守錢奴(수전노)란 말을 듣게 된다.

⑤ 年局에서 絶體(절체)와 同宮(동궁)하면 해당 육친에게 질병 발생으로 본다.

⑥ 일지궁에 墓(묘)가 있으면 여자는 夫婦(부부)가 이별한다. 그리고 性品(성품)이 疏脫(소탈)하고 노력가이나, 운이 늦게 열리고 노고가 자주 발생한다.

⑦ 墓(묘)는 대개 凶(흉)으로 보나 奇門局(기문국) 전체 구성이 좋을 때는 絶處逢生(절처봉생)의 이론으로 半吉半凶(반길반흉)이라 보기도 한다.

5. 12운성의 해석

12운성법은 일지 지반수가 각 宮(궁)에서 어떠한 힘을 가지고 있는지를 나타낸 것이다. 해석할 때는 너무 확대 해석해서는 안 되고 일지의 상황(길흉의 기운)을 판단하는 데 참고한다.

십이운성 중 張生(장생) · 冠帶(관대) · 建綠(건록) · 帝旺(제왕)이 있는 경우 길한 것으로 해석하고, 衰(쇠) · 病(병) · 死(사) · 絶(절)은 흉한 것으로 보는데 凶門(흉문)이나 凶卦(흉괘), 丙庚殺(병경살) 등 흉살과 同宮(동궁)하면 더욱 凶한 것으로 해석한다. 나머지는 半吉半凶(반길반흉)으로 본다.

6. 胞胎旺衰法(포태왕쇠법)

胞胎旺衰法(포태왕쇠법)은 洪局 地盤數(홍국 지반수)를 地支(지지) 五行(오행)으로 還元(환원)하여 그 오행이 제자리에서 힘이 强(강)한지 弱(약)한지를 살펴서 居旺(거왕)과 居衰(거쇠)를 판단할 때 이용되고, 그 오행이 月令(월령)의 힘을 얻었는지 잃었는지 여부로 乘旺(승왕) 乘衰(승쇠)를 區分(구분)하는 데 이용된다.

　기문둔갑의 해석은 홍국수와 門卦星將(문괘성장)이 六儀三奇(육의삼기)의 보조를 받아 어느 정도의 힘을 發揮(발휘)하느냐에 따라 인간사의 모든 원리를 판단하는 것이다. 그러나 門卦星將(문괘성장)이 아무리 有力해도 홍국수의 구성이 무력하고, 위치한 환경이 좋지 않으면 아무런 소용이 없게 된다. 홍국수의 有無力(유무력)에 따라 六親(육친)의 吉凶(길흉)과 門卦星將(문괘성장)의 영향이 달라질 수 있기 때문이다.

奇門命理學

12신살(神殺)

奇門(기문)에서 神殺(신살)은 12신살을 말한다. 神殺(신살)은 三合(삼합)으로 찾는다.

1. 種類(종류)

劫殺(겁살), 災殺(재살), 天殺(천살), 地殺(지살), 年殺(년살), 月殺(월살), 亡身殺(망신살), 將星殺(장성살), 攀鞍殺(반안살), 驛馬殺(역마살), 六害殺(육해살), 華蓋殺(화개살)이 있다.

2. 布局方法(포국방법)

① 年支(년지)와 日支(일지)를 基準(기준)으로 하여 布局(포국)한다.
② 홍국수와 12지지 오행으로 구분하여 포국한다. 즉, 劫殺(겁살)과 亡身殺(망신살), 驛馬殺(역마살)은 홍국수로 포국하고, 年殺(년살)과 華蓋殺(화개살)은 座方(좌방)의 12地支 方으로 포국한다.

年, 日支	劫殺	重劫	亡身殺	驛馬殺	年殺	華蓋殺
寅午戌	亥(六)	乾方	巳(二)	申(九)	卯方(震宮)	戌方(乾宮)
申子辰	巳(二)	巽方	亥(六)	寅(三)	酉方(兌宮)	辰方(巽宮)
巳酉丑	寅(三)	艮方	申(九)	亥(六)	午方(離宮)	丑方(艮宮)
亥卯未	申(九)	坤方	寅(二)	巳(二)	子方(坎宮)	未方(坤宮)

※ 기문에서는 12신살 중에서 劫殺(겁살), 亡身殺(망신살), 驛馬殺(역마살), 年殺(년살), 華蓋殺(화개살) 5개만 사용한다.

	劫殺 겁살	三合(삼합)의 마지막 다음 글자	歲劫(세겁), 日劫(일겁)
洪局數(홍국수)	亡身殺 망신살	劫殺(겁살)과 沖(충)하는 글자	歲亡(세망), 日亡(일망)
	驛馬殺 역마살	三合(삼합) 첫 글자와 沖(충)하는 글자	歲馬(세마), 日馬(일마
座方(좌방) (12지지방)	年殺 년살	三合(삼합)의 첫 글자 다음 글자 方(방)	歲年(세년), 日年(일년)
	華蓋殺 화개살	三合(삼합)의 마지막 글자 方(방)	歲華(세화), 日華(일화)

3. 神殺(신살) 빨리 알아보기

三合(삼합)을 가지고 알아낸다.

① 三合과 같은 오행: (同) 地 將 華(지장화)

② 三合과 충하는 오행: (沖) 驛 財 月(역재월)

③ 三合의 앞 글자: (前) 天 亡 六(천망육)

④ 三合의 뒤 글자: (後) 年 攀 劫(년반겁)

※ 각 神殺(신살)을 찾을 때는 年支(년지)와 日支(일지)를 이용한다.

[예시] 陰曆(음력) 1900년 ○○월 ○○일 丑時(축시) 生(생)

丁　庚　乙　戊

丑　辰　丑　午　사주일 경우

劫殺 (겁살)	年支(년지)는 午(오)이니 三合(삼합)은 寅午戌(인오술)이 된다. 華蓋殺(화개살) 戌(술) 다음 글자가 劫殺(겁살)이니 亥(해)가 劫殺(겁살)이다. → 즉, 亥(해)가 歲劫(세겁)이다. 日支(일지)는 辰(진)이니 三合(삼합)은 申子辰(신자진)이 된다. 華蓋殺(화개살) 辰(진) 다음 글자가 劫殺(겁살)이니 巳(사)가 劫殺(겁살)이다. → 즉, 巳(사)가 日劫(일겁)이다.
亡身殺 망신살	年支(년지) 歲劫(세겁)이 亥(해)이니 劫殺(겁살) 亥(해)와 沖(충)하는 巳(사)가 亡身殺(망신살)이다. → 즉, 巳(사)가 歲亡(세망)이다. 日支(일지) 日劫(일겁)이 巳(사)이니 巳(사)와 沖(충)하는 亥(해)가 亡身殺(망신살)이다. → 즉, 亥(해)가 日亡(일망)이다.
驛馬殺 역마살	年支(년지) 三合(삼합) 寅午戌(인오술) 첫 글자 地殺(지살) 寅(인)을 沖(충)하는 申(신)이 驛馬殺(역마살)이다. → 申(신)은 年支(년지) 기준이니 歲馬(세마)다. 日支(일지) 三合(삼합) 申子辰(신자진) 첫 글자 地殺(지살) 申(신)을 沖(충)하는 寅(인)이 驛馬殺(역마살)이다. → 寅(인)은 日支(일지) 기준이니 日馬(일마)다.
年殺 년살	年支(년지) 三合(삼합)의 첫 글자 寅(인) 다음 글자는 卯(묘)이니 卯(묘)가 年殺(년살)이다. → 卯는 震方(진방)이고 歲年(세년)이다. 日支(일지) 三合(삼합)의 첫 글자 申(신) 다음 글자는 酉(유)이니 酉(유)가 年殺(년살)이다. → 酉는 兌方(태방)이고 日年(일년)이다.
華蓋殺 화개살	年支(년지) 三合(삼합) 寅午戌(인오술)의 마지막 글자 戌(술)이 華蓋殺(화개살)이다. → 戌方(술방: 乾宮)이 歲華(세화)이다. 日支(일지) 三合(삼합) 申子辰(신자진)의 마지막 글자 辰(진)이 華蓋殺(화개살)이다. → 辰方(진방: 巽宮)이 日華(일화)이다.

4. 각 神殺(신살)의 意味(의미)

1) 劫殺(겁살)

① 三合(삼합) 마지막 글자 다음 글자가 劫殺(겁살)이다.

② 年支(년지) 또는 日支(일지) 기준으로 地盤數(지반수)에 붙인다.

③ 奪劫(탈겁)의 神殺(신살)로 强(강)한 外部(외부)의 힘으로부터 나의 것을
빼앗긴다는 의미다.

④ 財物(재물), 利權(이권) 名譽心(명예심), 나아가서는 목숨까지도 앗아 가
디는 神殺(신살)로 急煞(급살)과 통한다.

⑤ 運勢(운세)가 遲滯(지체)되고 魔害(마해)가 낀다.

⑥ 歲劫(세겁)은 應期(응기) 時期(시기)가 좀 멀고(느슨하고), 日劫(일겁)은 應

期(응기)가 빨라서 조만간 들이닥친다는 의미가 있다.

⑦ 運勢(운세)가 보이지 않는 致命打(치명타)로 大事(대사)를 圖謀(도모)함에 있어 障碍(장애)가 발생하고 毁謗者(훼방자)가 생긴다.

⑧ 命宮(명궁) 當年(당년) 또는 遊年(유년)에 만나면 家庭(가정)이 파괴되거나 身命(신명)을 앗아 가기도 한다.

⑨ 重劫(중겁)은 劫殺(겁살)보다 매우 强烈(강렬)하고 猛毒(맹독)하다.

⑩ 日支爻(일지효)가 被剋(피극)되고 重劫(중겁)에 떨어지면 기둥뿌리 뽑히고 대들보가 무너진다.

2) 亡身殺(망신살)

① 三合(삼합) 가운데 글자 앞 글자가 亡身殺(망신살)이다. 또는 劫殺(겁살)과 沖(충)하는 글자가 망신살이다.

② 年支(년지) 또는 日支(일지) 地盤數(지반수)에 붙인다.

③ 酒色雜技(주색잡기)로 이성 관계 등에서 생기는 凶殺(흉살)이며, 비밀이 폭로되어 남에게 망신당하기도 하고, 사업을 하는 사람은 도적, 사기, 문서 보증 등으로 金錢(금전)의 損失(손실)이 일어나는 살로 官災(관재), 損財(손재), 身厄(신액) 중 한 가지는 당하고 마는 神殺(신살)이다.

④ 亡身殺(망신살)을 官劫殺(관겁살)이라고도 하는데, 도가 지나친 행동으로 인한 厄運(액운)이 발생하는 凶殺(흉살)이다. 이름 그대로 망신살이 뻗칠 수 있다. 官災口舌(관재구설)이나 身厄(신액)을 조심해야 하는 흉살이다.

⑤ 官劫(관겁)의 神殺(신살)로 劫殺(겁살)보다 더 강하다.

⑥ 刑厄(형액)과 口舌(구설)이 重重(중중)하고 모든 計劃(계획)이 水泡(수포)로 돌아가서 敗家亡身(패가망신)당한다.

奇門命理學

⑦ 歲亡(세망)보다 日亡(일망)이 短期的(단기적)이지만 빠르고 신속하다.

3) 驛馬殺(역마살)

① 三合(삼합)의 첫 글자와 沖(충)하는 글자가 驛馬殺(역마살)이다.

② 年支(년지), 또는 日支(일지)를 基準(기준)으로 地盤數(지반수)에 붙인다.

③ 驛馬(역마)는 이사나 이동 해외여행 등 변화를 주관한다.

④ 歲馬(세마), 日馬(일마)는 이동이나 변동의 기미를 말하며, 일마보다 세마가 변동의 폭이 넓다.

⑤ 歲馬(세마)는 이사나 이직, 해외 이동 등 멀리 움직이는 경우가 많고, 日馬(일마)는 가까운 거리나 소규모의 이동 적은 변화를 나타낸다.

⑥ 驛馬(역마)가 沖(충)이거나 空亡(공망)이면 옮기지도 못하고 옮겨도 뜻을 이루지 못한다.

⑦ 中宮(중궁), 行年宮(행년궁) 등 四辰宮(사진궁)에 驛馬(역마)가 붙으면 이동수가 있다.

⑧ 元命局(원명국)에서 世宮(세궁)이나 中宮(중궁), 年支宮(년지궁) 등에 驛馬殺(역마살)이 들면 고향을 떠나 객지에서 생활하며 국내는 물론 외국 등 분주하게 돌아다니며 생활한다.

⑨ 身數局(신수국)에서 中宮(중궁)이나 年支(년지) 또는 日支宮(일지궁)에 驛馬殺(역마살)이 들면 집이나 사무실을 移轉(이전)하거나 해외 출입을 하게 되거나, 흉한 교통사고 등이 나기 쉽다.

4) 年殺(년살)

① 桃花殺(도화살)을 의미하며 女色(여색)과 酒色(주색)으로 風波(풍파)가 많다. 바람기다. 주로 色情(색정)에 의한 敗殺(패살)이다.

② 12운성의 沐浴(목욕)과 같은 敗殺(패살)이다.

③ 남녀 공히 放蕩(방탕)한 性品(성품)이 있어 異性(이성)의 誘惑(유혹)에 걸려들거나 誘惑(유혹)을 自招(자초)하기도 하며 作夫(작부) 作妾(작첩)으로 家內(가내) 불안하고 財魔(재마)가 많다.

④ 元命局(원명국)에 桃花殺(도화살)이 들면 일생 동안 여러 차례 色情(색정) 문제가 있다. 그러나 吉神(길신)으로 작용하면 연예, 인기업에 종사하여 대성하기도 한다.

⑤ 身數局(신수국)에서 孫(손)에 桃花殺(도화살)이 붙으면 자녀가 사춘기를 겪거나 연애 사건으로 속을 썩이기도 한다.

5) 華蓋殺(화개살)

① 三合(삼합)의 마지막 글자가 華蓋殺(화개살)이다.

② 年支(년지) 또는 日支(일지)를 기준으로 해당 宮(궁)에 붙인다.

③ 12運星(운성)의 墓(묘)에 해당하는 것으로 숨겨지고 감춰져서 寂寞(적막)함을 뜻한다.

④ 命(명)의 貴賤(귀천)에 따라 해석을 달리하지만, 문학·예술 방면에 재능이 있다.

⑤ 華蓋殺(화개살)은 학문, 예술, 종교, 문화 그리고 고독을 象徵(상징)하며 吉星(길성)으로 작용하면 야망이 크고 이상주의자이며 팔방미인으로 재주가 많다. 그러나 凶星(흉성)으로 작용하면 머리는 怜悧(영리)하지만 세상의 認定(인정)을 받지 못하고 惡行(악행)을 저지르기 쉬우며 생활이 窮乏(궁핍)하다.

⑥ 貴人(귀인)과 文官(문관)은 大發(대발)하지만 庶民(서민)과 武官(무관)은 凶(흉)하다.

⑦ 승려나 종교인으로 생활하면 좋으나, 好色(호색)하면 敗家亡身(패가망신)
한다.

※ 華蓋殺(화개살)이 있으면 끌어모으는 성향이 있다.

※ 일지에 화개살이 있으면 연예인 器質(기질: 끼)이 있다.

천을귀인(天乙貴人)

1. 천을귀인의 의미

① 천을귀인은 태을구성에서 天乙과는 다르다. 그러나 그 작용력은 비슷하다. 日干(일간)을 기준으로 하여 地盤數(지반수)에 붙인다.

② 천을귀인은 길신(길신)의 왕으로 모든 흉액을 막아 주고 복을 내려 주는 길신이다.

③ 元命局(원명국) 世(세: 일지)宮(궁)에 천을귀인이 있으면 사고가 나도 죽지 않고 禍災(화재)를 만나도 잘 피하게 된다.

④ 身數局(신수국: 年局)에서 천을귀인이 있는 달에 후원자가 나타나서 집이 팔리거나, 고대하던 일이 성사되거나 하는 吉兆(길조)가 있다.

2. 천을귀인이 있으면

① 凶(흉)한 殺(살)도 除禍(제화)시켜 준다.

② 每事(매사) 긍정적인 성격의 화신이다.

③ 인덕이 있다(사람들이 좋아한다). 타인의 부러움을 산다.

④ 소질과 재능이 있는 경우가 많다.

⑤ 文昌星(문창성: 일지 食神)이나 文曲星(문곡성: 일지 偏印)과 어우러지면 문장력이 출중하다.

⑥ 일지에 천을귀인이 있는 게 제일 좋다. 직접 도움이 되기 때문이다.

⑦ 만약에 천을귀인이 印綬(인수)에 있다면 나한테 들어와야 내 것이 된다.

⑧ 만약 官(관)에 천을귀인이 있다면 관이 나를 도와줘야 천을귀인의 힘을 내가 쓸 수 있는 것이다.

3. 日干(일간)에 따른 天乙貴人(천을귀인)

日干		甲	戊 庚	乙	己	丙	丁	申	壬	癸
地盤 洪局數	陽貴人	未(十)	丑(十)	申(九)	子(一)	酉(四)	亥(六)	寅(三)	卯(八)	巳(二)
	陰貴人	丑(十)	未(十)	子(一)	申(九)	亥(六)	酉(四)	午(七)	巳(二)	卯(八)

① 天乙貴人(천을귀인)은 日干(일간)을 基準(기준)으로 정하는데 陽遁節(양둔절)과 陰遁節(음둔절)을 구분한다.

② 陽遁節(양둔절)은 冬至(동지)부터 夏至(하지) 前(전)까지이고, 陰遁節(음둔절)은 夏至(하지)부터 冬至(동지) 前(전)까지다.

③ 陽遁節(양둔절)이면 陽貴人(양귀인)을 쓰고, 陰遁節(음둔절)이면 陰貴人(음귀인)을 선택하여 해당 地盤(지반) 洪局數(홍국수)에 넣으면 된다.

④ 日干(일간)이 基準(기준)이 되어 乙, 丙, 丁, 己, 辛, 壬, 癸는 地盤(지반) 洪局數(홍국수)를 찾아 천을귀인을 넣어 주면 되지만, 甲, 戊, 庚의 천을귀인 十土는 日干(일간)과 年干(년간) 두 곳이 일치해야 쓸 수 있다. 왜냐하면 十土는 어느 때는 丑(축)이 되고 어느 때는 未(미)가 되기 때문이다.

　㉠ 日干(일간) 甲(갑)의 十土는 年干(년간)이 陽干(양간)이면 丑(축)이 되고 陰干(음간)이면 未(미)가 된다. 즉,

　　– 日干(일간) 甲(갑)이 陽貴人(양귀인)이고 年干(년간)이 陰干(음간)이거나, 日干(일간) 甲이 陰貴人(음귀인)이고 年干이 陽干(양간)이면 天乙貴人(천을귀인)이 붙고,

　　– 日干(일간) 甲(갑)이 陽貴人(양귀인)이고, 年干(년간)이 陽干(양간)이거나, 日干(일간) 甲(갑)이 陰貴人(음귀인)이고 年干(년간)이 陰

干(음간)이면 天乙貴人(천을귀인)이 못 붙는다.

ⓛ 戊, 庚(무, 경)의 경우는 戊, 庚이 陽貴人(양귀인)이고 歲干(세간)이 陽干(양간)이거나, 戊, 庚이 陰貴人(음귀인)이고 歲干(세간)이 陰干(음간)이면 天乙貴人(천을귀인)이 붙는다. 예를 들면,

辛 甲 己 壬

未 午 酉 午 生이면

酉月(유월)은 八月(팔월)이니 陰遁(음둔)이므로 日干(일간) 甲木(갑목)의 천을귀인은 丑(축)이 되고, 年干(년간) 壬水(임수)는 陽干(양간)이므로 天乙貴人은 丑(축)이 된다. 따라서 두 天乙貴人 丑(축)이 일치하기 때문에 쓸 수 있다는 것이다.

[예시 1] 陰曆 1900년 ○○월 ○○일 巳時(양력 8월 1일 巳時)생이라면

```
    8   7   4   4
   辛   庚   丁   丁  … 五
   巳   申   未   丑  … 七
    6   9   8   2
```

一 一	六 六	三 九
二 十 천을	五 七	八 四
七 五	四 八	九 三

奇門命理學

※ 命局(명국)을 보면 震宮(진궁: 卯方)이 洪局數(홍국수)가 二/十이다. 十
土가 천을귀인이므로 震宮(진궁: 묘방)에 천을귀인이 붙는다. 위 四柱에
서 日干(일간)이 庚(경)이다. 그런데 未月(미월)은 陰遁(음둔)이므로 陰
貴人(음귀인)을 사용하게 된다. 따라서 十土(십토)인 未土(미토)가 天乙
貴人(천을귀인)이다.

　(陰曆 음력) 6월 25일생은 夏至(하지)가 陽曆(양력)으로 6월 21~22일이
니 지났으니까 陰遁(음둔)이다. 년간 丁火는 음간이다. 양간이면 丑, 음
간이면 未가 되므로 이 사람은 日干(일간)과 年干(년간)이 일치되어 천을
귀인을 쓸 수 있으므로 十土에 천을귀인이 붙는다.

[예시 2] 음력 200년 ○○월 ○○일 未時 生이라면

```
己   戊   丁   庚
未   辰   亥   寅
```

위 사주는 일간이 戊(무)이고 亥月은 陰遁(음둔)이므로 陰貴人(음귀인)이다.
따라서 천을귀인은 음둔이므로 未土(미토)가 된다. 그리고 년간은 庚(경)이니
陽干(양간)이다. 년간이 양간이니 天乙貴人(천을귀인)은 丑土(축토)다. 따라서
日干과 年干이 다르니 天乙貴人을 붙일 수 없다.

일록(日祿)

1. 祿(록)이란?

① 사람이 살아가는 데 절대적으로 필요로 하는 생명의 供給源(공급원)으로서 누구나 필요로 하고 소중히 한다. 그래서 無祿者(무록자) 難食(난식)이라 했는지 모른다.

② 祿(록)이 없다고 해서 못 먹고 사는 것은 아니다. 祿(록)이 어느 육신궁에 坐(좌)했는가에 따라 직업을 판단하는 데 중요한 참고가 된다.

③ 日支(일지)에 祿(록)이 있으면 自手成家(자수성가)해서 먹고산다.

④ 日祿(일록)이 있으면 재주가 있다. 돈복이 있다.

2. 포국 방법

① 日干(일간)을 기준으로 해서 祿(록)에 해당하는 地盤(지반) 홍국수가 있는 宮(궁)에 祿(록)을 붙인다.

② 일간이 甲木(갑목)이면 지반홍국수 三이 있는 宮(궁)에 祿(록)을 붙인다.

日干	甲	乙	丙	丁	戊	己	庚	辛	壬	癸
洪局數	三	八	二	七	二	七	九	四	六	一

3. 祿(록)은 生命(생명)의 供給源(공급원)

① 元命局(원명국)에서 일지궁이나 중궁, 년지궁 등에 正錄(정록: 일록)이 있으면 출세하고 총명하여 재물도 많다.

② 財宮(재궁)에 붙으면 장사나 사업하는 사람이 많고,

③ 孫宮(손궁)에 붙으면 勤勞祿(근로록)을 먹고 산다. 즉 기술을 배워서 선생님, 기사님 소리를 듣는다.

④ 官鬼宮(관귀궁)에 붙으면 官祿(관록)을 먹고 산다.

⑤ 父爻(부효) 궁에 붙으면 종신토록 年金(연금)을 타 먹고 산다.

⑥ 身數局(신수국: 年局)에서 正祿(정록)을 보면 無職者(무직자)는 직업을 얻고, 有職者(유직자)는 승진이나 영전의 기쁨이 있다. 특히 開門(개문)과 같이 있으면 더욱 작용력이 크다.

[예시] 陰曆 1900년 ○○월 ○○일 戌時(陽曆 1월 14일 戌時)생이라면

```
  1     6     2     5
 甲    己    乙    戊   …   五
 戌    未    丑    辰
 11    8     2     5   …   八
```

一 二	六 七 綠	三 十
二 一	五 八	八 五
七 六	四 九	九 四

日干(일간)이 己土(기토)이니까 日祿(일록)은 七火(칠화)다. 왜냐하면 火土 동궁이기 때문이다. 따라서 洪局數(홍국수) 七이 離宮(이궁)에 있으므로 離宮(이궁)에 日祿(일록)이 붙는다.

천마(天馬)

1. 意義(의의)

天馬(천마)는 走行(주행)의 神(신) 가운데서도 그 폭이 가장 넓고도 높다. 즉, 上空(상공)을 縱橫無盡(종횡무진) 날아다니는 비행기가 天馬(천마)에 해당된다고 할 수 있다.

구 분	日馬(일마)	歲馬(세마)	天馬(천마)
기 준	日支 삼합	年支 삼합	月支(월지)
範圍 (범위)	범위가 좁다, 가까운 이동, 직장 이동	조금 넓다, 먼 지방 이동	가장 넓다, 하늘을 날아다닌다, 해외 이동(외국, 비행기)

2. 布局(포국)

月	1	2	3	4	5	6	7	8	9	10	11	12
月支	寅	卯	辰	巳	午	未	申	酉	戌	亥	子	丑
洪局數	七	九	五	一	三	五	七	九	五	一	三	五
	午	申	戌	子	寅	辰	午	申	戌	子	寅	辰

① 天馬(천마)는 月支(월지)를 基準(기준)으로 한다.

② 寅月부터 丑月까지 순서에 따라 七九五一三五 중에서 數字(수자)를 지반 홍국수에서 찾아내어 그 자리에 천마를 붙인다.

[예시] 陰曆 1900년 ○○월 ○○일 辰時생이면(陽曆 12월 10일 辰時) 음둔

```
5      6      5      7    …      五
戊      己      戊      庚    …
辰      卯      子      寅
5      4      1      3    …      四
```

一 八	六 三 天馬	三 六
二 七	五 四	八 一
七 二	四 五	九 十

月支(월지)가 子(자)이므로 洪局數(홍국수) 三이 있는 宮(궁)에 天馬(천마)를 붙인다. 이 사람은 離宮(이궁)이 地盤(지반) 洪局數(홍국수)가 三이다. 따라서 離宮(이궁)에 天馬(천마)를 붙인다.

3. 意味(의미)

① 국외 여행이나 기타 외국 나들이를 할 때면 그 運路(운로)상에 천마가 거론된다.

② 天馬(천마)는 하늘을 의미하니 아픈 사람에게는 죽음을 의미한다.

③ 사업하는 사람한테 천마가 붙으면 해외에 나갈 일이 있겠고, 비쁘고 그게 움직이겠다.

4. 天馬(천마)가 空亡地(공망지)에 떨어지면

불리한 일이 생길 수 있다. 천마 궁에 공망이 드는 것으로 천마는 변동의 폭이 歲馬(세마)나 日馬(일마)보다 월등히 넓어 국외 이민, 외국 여행, 해외 출장 등의 뜻이 있으나, 공망이니 부실함이 있어 본래의 목적을 달성하기 어렵고, 移民(이민)의 경우 갔다가 되돌아오는 경우가 많다.

※ 參考(참고)

① 天馬(천마)는 奇門局(기문국)의 九星(구성)이나 門卦成長(문괘성장)과의 관계를 類推(유추)하여 종합적으로 판단해야 하는데 작용은 역마와 비슷하나 범위는 해외 이민, 해외여행, 해외 파견 등 그 力量(역량)이 강하고 광범위하다.

② 天馬(천마)가 年宮(년궁) · 日宮(일궁)이 乘旺(승왕) · 居旺(거왕)하고 吉門(길문) · 吉卦(길괘)를 만나면 生殺與奪權(생살여탈권)을 쥐고 있는 地位(지위)에 오르며, 년궁 · 일궁이 剋(극)되고 凶星(흉성)을 보면 凶殺之氣(흉살지기)가 더욱 왕성해져 자살하거나 질병 등으로 고생하는 경우가 많다. 특히 偏官 鬼(편관 귀)를 만나면 더 흉하다.

奇門命理學

홍국수(洪局數)

1. 홍국수의 의미

① 홍국수는 오행이 흘러가는 基本(기본) 骨格(골격)을 이루고 있는 것을 말하고, 解斷(해단)에서는 어떤 일의 성공과 실패를 볼 수 있다.

② 홍국수는 해단 시 命局(명국) 運(운)의 50% 이상의 영향력을 행사하는 가장 중요한 오행의 骨格(골격)이라고 할 수 있다. 일반적인 명리와는 달리 기문에서 나타나는 홍국수는 오행이 흘러가는 氣의 실체를 명확하게 파악할 수 있는 것이 기존 易學(역학)과 차별화된 점이다.

2. 홍국수의 자연수

天干	甲	乙	丙	丁	戊	己	庚	辛	壬	癸		
地支	子	丑	寅	卯	辰	巳	午	未	申	酉	戌	亥
數里	1	2	3	4	5	6	7	8	9	10	11	12

3. 홍국수 포국 방법

① 四柱(사주)에 있는 天干(천간)과 地支(지지)의 자연수를 합해서 9로 나눈 수를 中宮(중궁)에 配置(배치)한다.

② 地盤數(지반수)는 시계 방향으로 순행하고, 天盤數(천반수)는 역행한다. 단, 중궁 地盤洪局數(지반홍국수)가 五일때는 본래 궁의 자리이니 始作宮(시작궁)이 坎宮(감궁)이다.

4. 洪局數(홍국수) 强弱(강약) 구분

홍국수 강약은 解斷(해단)할 때 된다, 안 된다를 결정하는 근거가 된다.

① 첫째 日支(일지) 地盤(지반) 洪局數(홍국수)를 日支(일지) 上數(상수)가 生(생)해 주나 생해 주지 않나를 본다.

② 둘째 바닥에서 日支(일지) 地盤(지반) 洪局數(홍국수)를 生(생)해 주나 생해 주지 않나를 본다.

③ 셋째 四柱(사주) 月支(월지: 월령, 季節)가 日支(일지) 地盤(지반) 洪局數(홍국수)를 生(생)해 주나 생해 주지 않나를 본다.

　㉠ 일지 地盤洪局數(지반홍국수)가 3개 다 生(생)을 받으면 太旺(태왕) 四柱(사주)이고,

　㉡ 일지 지반홍국수가 2개만 生을 받으면 身旺(신왕) 四柱(사주)이며,

　㉢ 일지 지반홍국수가 1개만 生을 받으면 身弱(신약) 사주이며,

　㉣ 일지 지반홍국수가 1개도 生을 받지 못하면 太弱(태약) 사주이다.

※ 日支가 태신약한데 四九金(사구금)에 空亡이면 팔랑귀다.

④ 强弱 測定表(강약 측정표)

구분	居(앉은자리)	受(상수관계)	乘(계절)	비고
太旺(태왕)	○	○	○	太過不及(태과불급)
身旺(신왕)	○	○	×	장수할 수 있다
旺(왕)	○	×	×	
	×	○	○	
身弱(신약)	×	×	○	애로가 있다
太身弱(태신약)	×	×	×	재물, 명예, 권력을 탐하면 단명할 수 있다.

※ 앉은 자리가 제일 重要(중요)하다.

진술축미(辰戌丑未) 오행 성격

● 萬歲曆(만세력)의 月支(월지)가 3월(辰月), 6월(未月), 9월(戌月), 12월(丑月)이면 해당 월의 節入日(절입일)을 基準(기준)으로 1~12日까지는 그 계절의 오행을 적용하고, 즉 3月은 木(寅卯辰), 6月은 火(巳午未), 9月은 金(申酉戌), 12月은 水(亥子丑)로 본다는 것이다.

● 13일~말일까지는 土(토)를 適用(적용)한다.

月支(월지)	節入日(절입일) 基準(기준)	
	1일~12일	13일~말일
辰(진)	木(목)	土(立夏: 입하) 앞 18일
未(미)	火(화)	土(立秋: 입추) 앞 18일
戌(술)	金(금)	土(立冬: 입동) 앞 18일
丑(축)	水(수)	土(立春: 입춘) 앞 18일

육의삼기(六儀三奇)

1. 六儀三奇(육의삼기)의 의미

① 육의삼기란 十干(십간)의 별칭이다. 十干(십간) 중 甲(갑)이 없기 때문에 遁甲(둔갑)이라 하고, 육의와 삼기로 구분한다. 甲(갑)은 육의 중 戊(무)가 대신하는 것으로 본다.

② 六儀(육의): 戊 己 庚 辛 壬 癸(무기경신임계)

③ 三奇(삼기): 乙 丙 丁(을병정)

2. 旬(순)과 旬首(순수)

① 旬은 10일을 뜻한다. 따라서 60개 간지를 60갑자라 하는데 天干 기준으로 旬으로 구분하면 甲子旬, 甲戌旬, 甲申旬, 甲午旬, 甲辰旬, 甲寅旬 6개 旬으로 나누어진다.

② 旬首는 旬의 우두머리라는 뜻으로 旬首라 한다. 따라서 6개 旬을 대표하는 戊, 己, 庚, 辛, 壬, 癸 六儀가 旬首이다. 즉 甲子 戊, 甲戌 己, 甲申 庚, 甲午 辛, 甲辰 壬, 甲寅 癸를 旬과 旬首라고 한다.

③ 60갑자 순과 순수 도표

旬首	旬	六十甲子									空亡
戊	甲子	乙丑	丙寅	丁卯	戊辰	己巳	庚午	辛未	壬申	癸酉	戌亥
己	甲戌	乙亥	丙子	丁丑	戊寅	己卯	庚辰	辛巳	壬午	癸未	申酉
庚	甲申	乙酉	丙戌	丁亥	戊子	己丑	庚寅	辛卯	壬辰	癸巳	午未
辛	甲午	乙未	丙申	丁酉	戊戌	己亥	庚子	辛丑	壬寅	癸卯	辰巳
壬	甲辰	乙巳	丙午	丁未	戊申	己酉	庚戌	辛亥	壬子	癸丑	寅卯
癸	甲寅	乙卯	丙辰	丁巳	戊午	己未	庚申	辛酉	壬戌	癸亥	子丑

3. 六儀三奇(육의삼기) 布局(포국)

① 地盤(지반) 육의삼기는 절기를 기준으로 하여 음둔과 양둔을 구분하고, 삼원국에서 상원·중원·하원 삼원국의 수를 파악하여 몇 국인지 확인한다. 왜냐하면 局이 지반 육의삼기를 布局(포국)하는 시작 궁이기 때문이다. 一局이면 삼궁에 戊를 표기하고 구궁 순서에 따라 포국 한다.

※ 局數(국수)는 三元局數(삼원국수) 표를 참조한다.

② 지반 육의삼기는 陽遁(양둔)이면 순행하고, 陰遁(음둔)이면 역행한다.

③ 그리고 천반 육의삼기 포국은 지반에서 시간과 같은 오행을 찾아서 그 오행 위에 時 旬首(시 순수)를 붙이고 旬首(순수)가 어느 궁에서 왔는지를 보고 가까운 궁부터 붙여 나간다.

※ 상원, 중원, 하원 찾는 법

日柱(일주)를 역행하여 甲(갑)이나 己(기)가 나오면 그 地支(지지)가

子午卯酉(자오묘유)이면 上元(상원)이고,

寅申巳亥(인신사해)이면 中元(중원)이고,

辰戌丑未(진술축미)면 下元(하원)이다.

4. 육의삼기 포국 사례

[예시1] 남 음력 1900년 ○○월 ○○일 17시 50분(양력 9월 3일)이라면

陰遁 處暑 中元 四局(음둔 처서 중원 4국)

七 壬 七 戊	二 庚 二 壬	九 丁 五 庚	辛戊壬己…一 酉午申卯…三
八 戊 六 己	一 三 乙	四 丙 十 丁	
三 己 一 癸	十 癸 四 辛	五 辛 九 丙	

① 四局(4국)이니 四宮(巽宮: 손궁)에 戊(무)를 표기한다. 陰遁(음둔)이니 역
   행한다.

② 時柱(시주)가 辛酉(신유)이니 甲寅 旬(갑인순)이고 旬首(순수)는 癸(계)다.

③ 천반 육의삼기는 時干(시간) 위에 時 旬首(순수)를 올려놓고 가까운 곳부
   터 붙여 나간다.

[예시 2] 여 음력 1900년 ○○월 ○○일 丑時(양력 1월 15일)이라면

陽遁 小寒 上元 二局(양둔 소한 상원 2국)

二 庚 三 庚	七 丙 八 丙	四 辛 一 戊(辛)	辛 壬 乙 戊 … 六 丑 午 丑 午 … 九
三 己 二 己	六 九 辛	九 癸 六 癸	
八 丁 七 丁	五 乙 十 乙	十 壬 五 壬	

① 二局이니 二宮(坤宮)에 戊를 표기한다. 陽遁(양둔)이니 순행한다.

② 時柱(시주)가 辛丑(신축)이니 甲午 旬(순)이고 旬首(순수)는 辛이다.

③ 時干(시간)이 중궁에 있고, 時 旬首(순수)도 시간과 같으니 복음이 된다. 중궁은 천반 육의심기가 없으니 시간 辛(신)이 坤宮(곤궁)에 있는 것으로 보고 그 위에 時 旬首(시 순수) 辛(신)을 올려놓는다. 따라서 伏吟(복음)이 된다.

동처(動處)와 비동처(非動處)

1. 動處(동처)

① 不變的(불변적) 動處(동처): 中宮(중궁)과 4개 地支(지지: 年支, 月支, 日支, 時支)가 있는 곳이 動處(동처)다.

② 可變的(가변적) 動處(동처): 遊年 宮(유년 궁)에 머무를 때를 말한다.

大運, 小運은 그 其間(기간) 동안 動(동)한 것으로 본다.

③ 遊年 大運(유년대운)에 짚어 보는 遊年 小運(유년소운)도 당년에는 動處(동처)가 된다. 운세의 변화 작용은 四支(사지)와 중궁보다 變化(변화)의 實勢(실세)가 더 頻繁(빈번)하다.

2. 非動處(비동처): 靜處(정처)

① 動處外(동처외)의 宮(궁)이 非動處(비동처)다.

② 四支(사지)와 中宮(중궁), 遊年宮(유년궁)을 除外(제외)한 나머지 궁으로 그곳에 뜻을 두지 않는 意味(의미)를 말한다. 그 爻(효)와 因緣(인연)이 없다.

사간(四干) 사지(四支)

1. 의미

① 四干(사간)은 年干(년간), 月干(월간), 日干(일간), 時干(시간)이고

② 四支(사지)는 年支(년지), 月支(월지), 日支(일지), 時支(시지)를 말한다.

2. 四干(사간) 四支(사지) 붙이기

① 四干은 六儀三奇(육의삼기) 地盤(지반)을 布局(포국)하고 나서 四干(사간: 年干, 月干, 日干, 時干)과 같은 오행이 있는 궁에 붙인다.

② 四支(사지: 年支, 月支, 日支, 時支)는 四支와 같은 오행과 바닥 地支(지지) 오행이 같을 때 그 궁에 四支를 붙인다.

※ 四干(사간)은 인생이 미치는 影響(영향)이 적으나, 日干(일간)은 나의 사회생활을 나타낸다.

※ 中宮(중궁)과 四支(사지)는 動處(동처)라 하여 평생 나와 인연이 있다.

③ 天干(천간)은 남자를 의미하고, 地支(지지)는 여자를 의미한다.

④ 奇門(기문)은 日支(일지) 地盤(지반)이 중요하니 지반부터 붙인다.

[예시] 陰曆 1900년 ○○월 ○○일 酉時(丙申年 甲午月 己未日 癸酉時)

양력 6월 21일 양둔 망종 하원 九局

辛 壬　八 一	壬 戊　月支 三 六	戊 庚　年,日支 十　時干 九	10　6　1　3　　二 癸　己　甲　丙 酉　未　午　申 10　8　7　9　　七
乙 辛　月干 九 十	癸　二 七	庚 丙　時支 五　年干 四	
己 乙　四 五	丁 己　日干 一 八	丙 丁　六 三	

육신(六神) 붙이기

육신이란, 나와 남과의 관계에서 이해득실을 추구하는 관계를 말한다.

1. 六神(육신) 붙이기

육신은 兄(형), 孫(손), 財(재), 官(관), 鬼(귀), 父(부)로 구별하여 붙인다.

六神	世. 兄 (세,형)		孫(손)		財(재)		官, 鬼 (관, 귀)		父(부)	
	比肩 비견	劫財 겁재	食神 식신	傷官 상관	正財 정재	偏財 편재	正官 정관	偏官 편관	正印 정인	偏印 편인

① 兄: 나와 같은 五行(기운), 형제, 자매, 친구, 동료

② 孫: 내가 生(생)해 주는 五行(기운), 자식, 아랫사람

③ 財: 내가 剋(극)하는 五行(기운), 돈, 여자(처), 媤家(시가)

④ 官: 나를 剋(극)하는 五行(기운), 직장, 명예, 남편, 질액

⑤ 鬼: 나를 剋(극)하는 五行(기운), 질액, 스트레스 애인

⑥ 父: 나를 生(생)해 주는 五行(기운), 부모, 문서, 공부, 자격증, 이권, 명줄, 백그라운드(30~40대)

2. 四柱 구성(六親)

사주는 년주, 월주, 일주, 시주로 구성된다.

時柱(시주)	日柱(일주)	月柱(월주)	年柱(년주)	區分(구분)
시간 아들	일간 내가 밖에 나가 하는 일	월간 형제	년간(歲干: 세간) 아버지	天干(천간)
시지 딸	일지 나 자신, 본인	월지 자매	년지(歲支: 세지) 어머니	地支(지지)
자식	가택궁 부부궁	형제, 자매	부모	六親(육친)

3. 홍국수로 본 육친: 일지가 三木이라면

日支	兄	孫	孫	財	財	官	鬼	父	父
三	八	二	七	五	十	四	九	一	六

① 六親(육친)은 日支(일지) 地盤數(지반수)를 基準(기준)으로 붙인다.

② 예를 들어 만약 일지 지반수가 木(三, 八)이라면

　　㉠ 兄爻(형효)는 三八 木이 되고,

　　㉡ 孫爻(손효)는 내가 생해 주는 오행인 火(二, 七)가 된다.

　　㉢ 財爻(재효)는 내가 극하는 오행인 土(五, 十)가 된다.

　　㉣ 官爻(관효)는 나를 극하는 오행이면서 음양이 다른 오행인 金(四, 九)

　　　이 된다.

　　㉤ 鬼爻(귀효)는 나를 극하는 오행이면서 음양이 같은 오행인 金(四, 九)

奇門命理學

이 된다.

ⓗ 父爻(부효)는 나를 生(생)해 주는 오행인 水(一, 六)가 된다.

[예시] 1900년 ○○월 ○○일 유시생 육신을 붙이면

八 一　　孫	三 六　　孫	十 九　　日支	
九 十　　父	二 七　　鬼(官)	五 四　　兄	1　6　1　3　二 癸　己　甲　丙 酉　未　午　申 1　8　7　9　七
四 五　　父	一 八　　財	六 三　　財	

오변국(五變局)

1. 概念(개념)

五局(오국)의 布局(포국)은 한 사람의 명을 감평할 때 시간적인 기준을 어느 곳에 둘 것인가를 가지고 命局(명국), 年局(년국), 月局(월국), 日局(일국), 時局(시국: 단시) 등으로 구분한다.

2. 오변국의 종류

1) 命局(명국)

① 問占者(문점자)의 生年, 月, 日, 時를 입력한다.

② 문점자의 사주로 평생의 부귀빈천과 길흉화복을 볼 수 있다. 길흉화복은 運路(운로: 大, 小運)로 본다.

③ 나이를 따라서 遊年(유년)의 흐름으로 대운과 소운으로 어느 특정한 시기의 運勢(운세)를 볼 수 있다.

④ 음력 2025년 7월 11일 酉時(유시)에 태어난 사람이라면 해당되는 날짜에 사주를 뽑아 解斷(해단)한다.

2) 年局(년국)

① 특정 년도 + 문점자의 월, 일, 시를 입력한다.

② 특정 년도의 길흉화복과 부귀빈천을 볼 수 있다.

③ 특정 년도의 월별로 일어나는 일을 알아볼 수 있다.

④ 월의 구분은 宮(궁)의 12지지에 해당 월을 맞추면 된다.

⑤ 음력 2013년 7월 11일 酉時(유시)에 태어난 사람이 2025년 운수를 본다

면 2025년 7월 11일 酉時로 포국하면 된다.

3) 月局(월국)

① 특정 년월 + 문점자의 일, 시로 포국한다.

② 특정한 달의 命(명)을 보는 것으로 구체적인 날짜를 주로 본다. 그달에 해당하는 년월과 문점자의 일시를 포국한다.

③ 월국의 일운 宮(궁) 찾는 법은 일지 궁에 일지 날짜를 넣고 일지 전의 날짜는 역행하여 一日 날짜까지 넣고, 일지 이후 날짜는 시계 방향으로 순행하면서 그달의 날을 찾는다. 지지가 12지지이므로 12일마다 같은 궁에 위치하게 된다.

④ 1957년 10월 14일 戌時生(술시생)의 2025년 5월局(국)을 포국한다면, 2025년 5월 14일 戌時(술시)로 布局(포국)하면 된다.

⑤ 면접을 본다면 印綬 運(인수 운), 즉 父運(부운)에서 잡고, 개업·이사 등은 生門(생문)에 잡으면 좋다. 中宮(중궁)에 父爻(부효)가 자리하면 한 달이 좋고, 偏官(편관) 鬼(귀)가 있으면 한 달은 조심해야 되는 달이 된다.

⑥ 월국의 일운 宮(궁) 찾기

1945년 4월 3일 卯時生(묘시생) 月局이 陰曆(음력) 2021년 3월 3일 卯時(묘시)라면 日運(일운) 궁은 3월의 사주가 된다. 따라서 일운 궁은

癸　壬　壬　辛　九
卯　辰　辰　丑　七

3 4　　　五　鬼 15　　　一　世 16　27　28	5 17　　　十　官 29　　　六　兄	6 7　　　七　財 18　　　九　父 19　30
2 14　　　六　兄 26　　　十　官	九　父 七　財	8　　　二　財 20　　　四　父
1 12　　　一　兄 13　　　五　鬼 24　25	11　　　八　孫 23　　　八　孫	9 10　　　三　孫 21　　　三　孫 22

먼저 일지가 어디에 있는지 본다. 일지가 辰(진)이니 巽宮(손궁)이다. 날짜가 3일이니 巽宮(손궁)에 3을 놓고, 3일을 기점으로 1일까지는 逆行(역행)을 하고 3일 이후는 시계 방향으로 진행하면서 布局(포국)하면 된다.

즉, 날짜를 日支(일지)가 있는 궁에 놓고 생일 일자를 일지의 12지지에 맞춘다. 3일은 辰이 있는 巽宮(손궁)에 맞추고 손궁에 3일을 기점으로 역행하면서 3일 전의 날짜를 넣고 3일 이후는 시계 방향으로 진행하면서 布局(포국)하면 된다는 것이다.

4) 日局(일국)

① 특정 년, 월, 일 + 문점자의 生時(생시)로 布局(포국)한다.

② 특정한 날의 명을 보는 것으로 구체적인 시간을 주로 본다. 그 날짜에 해당하는 년, 월, 일과 문점자의 생시로 포국한다.

③ 일국의 時運宮(시운궁) 찾는 법은 각 宮(궁)의 12地支(지지)가 時運宮(시운궁)이 된다.

④ 예를 들어 양력 1957년 2월 12일(음력 1957년. 1월 13일) 酉時 生의 양력

2025년 6월 12일(음력 4월 21일) 일국을 포국한다면, 양력 2025년 6월 12일 酉時(유시)가 된다(왜냐하면 酉時生이기 때문).

※ 시간을 잡을 때 日局(일국)을 본다. 즉, 오늘 계약하러 가는데 몇 시가 좋을까를 볼 때 일국을 본다.

5) 時局(시국) : 단시

① 특정 년, 월, 일, 시로 布局(포국)한다.

② 특정한 시각의 명을 보는 것으로 내담자의 사주와는 전혀 관계가 없다. 그 날짜에 해당하는 년, 월, 일, 시로 布局(포국)한다.

③ 時局(시국)은 斷時(단시)라고 하고 占事(점사)가 된다. 사람이 오는 그 시간을 가지고 점을 치는 것이다.

④ 특정 時刻(시각)에 어떠한 일을 決定(결정)함에 있어 사주의 흐름으로는 도저히 판가름이 힘들 때 斷時(단시)를 이용한다.

⑤ 단시를 칠 때는 내담자의 문점 내용에 대하여 충분히 이해하고 충분히 應氣(응기)되었을 때 가능하다. 즉, 단시는 간절한 마음으로 신중하게 임해야 한다. 그렇지 않으면 안 맞을 수 있다.

⑥ 단시는 一事一占(일사일점)의 原則(원칙)을 遵守(준수)하여야 한다.

⑦ 占事局(점사국)의 포국 시점
   ㉠ 내담자가 문점 내용을 말한 時刻(시각)을 기준으로 한다.
   ㉡ 사건 당시의 시각을 기준으로 한다.
   ㉢ 보고자 하는 시각을 기준으로 한다.

⑧ 中宮(중궁)이나 행년궁, 四辰宮(사진궁) 등 주요 궁에 動(동)히어 있는 六親(육친)을 보고 점단하는데, 요약하면 다음과 같다.
   ㉠ 父(부)가 動(동)하면

- 孫(손)을 剋(극)하니 病者(병자)는 약이 없고 암담하다.
- 혼인과 자손을 얻기 어렵고, 매매에도 계약만 있을 뿐 이익은 없고, 행인은 서신이 온다.
- 소송에는 판결(구속이 염려됨)이 나며,
- 잃어버린 물건은 찾기 어렵다.

ⓛ 孫(손)이 動(동)하면

- 질병은 좋은 약, 의사를 얻어 병이 낫게 되고 외출이나 매매에 길하다.
- 남자의 혼인은 길한 인연이다. 임산부는 아들을 낳으며 송사는 이긴다.
- 관직이나 취직은 어렵다.

ⓒ 財(재)가 動(동)하면

- 시험이나 서류 문제에 불리하며 남자의 경우 혼인은 이루어진다.
- 임산부의 출산에는 길하나 질병자는 흉하다.
- 잃어버린 물건은 집 안에 있다.

ⓔ 兄이 動(동)하면

- 병자는 치유하기 어렵고, 재앙은 없어지지 않는다.
- 시험과 구직에 불리하고 재물이 소모된다.
- 買賣(매매)와 求妻(구처)는 이루어지지 않는다.
- 官鬼(관귀)가 動(동)하면 疾病(질병)이 염려되고, 외출 시 재앙이 있다.

통변(通辯)에 따른 생극(生剋) 관계

통변의 종류는 거(居), 수(受), 승(乘), 겸왕(兼旺), 관왕(官旺)으로 나누어 진다.

1. 거(居)

구궁의 地盤數(지반수)가 어떠한 環境(환경: 어느 바닥)에 처해 있는지를 나타내는 것으로, 12地支 오행의 영향력에 대해 표현한 것이다.

1) 거왕(居旺)

洪局數(홍국수)가 자기 방에 있을 때를 말한다.

① 三八 木(삼팔목)이 木方(목방)에 있고

② 二七 火(이칠화)가 火方(화방)에 있을 때

③ 五十 土(오십토)가 土方(토방)에 있고

④ 四九 金(사구금)이 金方(금방)에 있을 때

⑤ 一六 水(일육수)가 水方(수방)에 있으면 居旺(거왕)에 해당한다.

2) 거생(居生)

바닥에서 生(생)을 받는 것을 말한다.

① 三八 木이 水方(수방)에 있고

② 二七 火가 木方(목방)에 있고

③ 五十 土가 火方(화방)에 있고

④ 四九 金이 土方(토방)에 있고

⑤ 一六 水가 金方(금방)에 있으면 居生(거생)에 해당한다.

3) 거극(居剋)

바닥에서 剋(극)을 받는 것을 말한다.

① 三八 木이 金方에 있고

② 二七 火가 水方에 있을 때

③ 五十 土가 木方에 있고

④ 四九 金이 火方에 있을 때

⑤ 一六 水가 土方에 있으면 居剋(거극)에 해당한다.

4) 거쇠(居衰)

바닥 오행에 洩氣(설기)당할 때를 말한다.

① 三八 木이 火方에 있고

② 二七 火가 土方에 있을 때

③ 五十 土가 金方에 있고

④ 四九 金이 水方에 있을 때

⑤ 一六 水가 木方에 있으면 居衰(거쇠)에 해당한다.

5) 거고(居庫)

地盤洪局數(지반홍국수)가 바닥 五行(오행)에 入墓(입묘)되는 것을 말한다.

① 三八 木이 未土方에 있고

② 二七 火가 戌土方에 있을 때

③ 四九 金이 丑土方에 있을 때

④ 一六 水가 辰土方에 있으면 居庫(거고)에 해당한다.

※ 四九金(사구금)은 旺(왕)하면 왕할수록 殺(살)이다.

※ 洪局數(홍국수)는 근본적으로 앉은 자리의 영향을 가장 많이 받으며 그 가운데 九宮(구궁) 八卦(팔괘)의 오행보다. 구궁에 隱伏(은복)되어 있는 12지지의 영향을 더욱 많이 받는다. 그리고 앉은 자리의 生(생)을 받는 상태를 居生(거생)이라 하고, 居生(거생)을 받는 地盤(지반)은 일단 궁이 暗藏(암장)하고 있는 뜻을 爭取(쟁취)할 有力(유력)한 힘을 갖게 된다.

2. 受(수)

主體(주체)인 地盤數(지반수)를 중심으로 天盤數(천반수)와 地盤數(지반수)의 生剋關係(생극관계)를 表現(표현)한 것이다.

1) 受生(수생)

天盤(천반)이 地盤(지반)을 生해 줄 때를 말한다.

① 천반이 一六 水이고 지반이 三八 木일 때

② 천반이 三八 木이고 지반이 二七 火일 때

③ 천반이 二七 火이고 지반이 五十 土일 때

④ 천반이 五十 土이고 지반이 四九 金일 때

⑤ 천반이 四九 金이고 지반이 一六 水이면 受生(수생)이라 한다.

2) 受剋(수극)

天盤(천반)이 地盤(지반)을 剋(극)한 때를 말한다.

① 천반이 四九 金이고 지반이 三八 木일 때

② 천반이 三八 木이고 지반이 五十 土일 때

③ 천반이 五十 土이고 지반이 一六 水일 때

④ 천반이 一六 水이고 지반이 二七 火일 때

⑤ 천반이 二七 火이고 지반이 四九 金이면 受剋(수극)이라 한다.

※ 天盤(천반)이 地盤(지반)을 生(생)하는 것을 受生(수생)이라 하고, 天盤이 地盤을 剋(극)하는 것을 受剋(수극)이라 한다.

※ 천반이 지반을 生(생)하면 最上(최상)이고, 지반이 천반을 생하면 보통으로 보는데 처음에는 일이 풀린 듯하지만 뒤에는 막히고 일이 遲延(지연)되는 傾向(경향)이 있다.

※ 천반이 지반을 剋(극)하면 最惡(최악)이고, 지반이 천반을 剋(극)하면 처음에는 剋(극)이 되지만 끝에 가서는 어느 정도 解消(해소)되는 傾向(경향)이 있다. 결국 지반이 천반을 剋(극)하는 것보다 천반이 지반을 剋(극)하는 것이 더 凶(흉)하다.

3. 乘(승)

日支 地盤數(일지 지반수)와 月令(월령)과의 관계에 대하여 표현한 것이다.

1) 乘旺(승왕)

月令(월령)이 일지 지반수와 같은 五行일 때를 말한다.

① 月令이 寅卯 木인데 일지 지반이 三八 木일 때

② 月令이 巳午 火인데 일지 지반이 二七 火일 때

③ 月令이 辰戌丑未 土인데 일지 지반이 五十 土일 때

④ 月令이 申酉 金인데 일지 지반이 四九 金일 때

⑤ 月令이 亥子 水인데 日支 지반이 一六 水이면 乘旺(승왕)이라 한다.

2) 乘生(승생)

月令(월령)이 日支(일지) 地盤數(지반수)를 生(생)해 줄 때를 말한다.

① 月令이 寅卯 木인데 일지 지반이 二七 火일 때
② 月令이 巳午 火인데 일지 지반이 五十 土일 때
③ 月令이 辰戌丑未 土인데 일지 지반이 四九 金일 때
④ 月令이 申酉 金인데 일지 지반이 一六 水일 때
⑤ 月令이 亥子 水인데 일지 지반이 三八 木이면 乘生(승생)이라 한다.

3) 乘剋(승극)

月令(월령)이 일지를 剋(극)할 때를 말한다.

① 月令이 寅卯 木인데 일지 지반이 五十 土일 때
② 月令이 巳午 火인데 일지 지반이 四九 金일 때
③ 月令이 辰戌丑未 土인데 일지 지반이 一六 水일 때
④ 月令이 申酉 金인데 일지 지반이 三八 木일 때
⑤ 月令이 亥子 水인데 일지 지반이 二七 火이면 乘剋(승극)이라 한다.

4) 乘衰(승쇠)

月令이 日支 地盤을 泄氣(설기)시키는 것을 말한다.

① 月令이 寅卯 木인데 일지 지반이 一六 水일 때
② 月令이 巳午 火인데 일지 지반이 三八 木일 때
③ 月令이 辰戌丑未 土인데 일지 지반이 二七 火일 때
④ 月令이 申酉 金인데 일지 지반이 五十 土일 때
⑤ 月令이 亥子 水인데 일지 지반이 四九 金이면 乘衰(승쇠)라 한다.

5) 乘囚(승수)

일지 지반수가 월령인 계절을 극하는 계절 出生者(출생자)일 때를 말한다.

① 일지 지반수가 三八 木이면 3, 6, 9, 12月 出生者일 때

② 일지 지반수가 二七 火이면 秋節(추절: 가을) 出生者일 때

③ 일지 지반수가 五十 土이면 冬節(동절: 겨울) 出生者일 때

④ 일지 지반수가 四九 金이면 春節(춘절: 봄) 出生者일 때

⑤ 일지 지반수가 一六 水이면 夏節(하절: 여름) 出生者를 승수라 한다.

※ 月令(월령)이 어떠한 地盤(지반)을 乘旺(승왕), 乘生(승생)할 경우 이것을 乘令(승령)이라 하며, 乘令(승령)한 地盤(지반)은 그 宮(궁)이 暗示(암시)하는 뜻을 爭取(쟁취)할 유력한 힘을 갖게 된다.

※ 月令(월령)과 地盤(지반)과의 관계에서 월령이 지반을 剋(극)하면 흉이 되지만 반대로 지반이 월령을 극하는 경우는 흉이 되지 않는다. 가령 月令이 世(세: 일지)를 剋(극)하면 乘剋(승극)이 되니 활동이 막히고 답답하지만 일지가 月令을 극하면 자신이 타인을 이용하거나 제압하여 지배·통솔한다. 乘(승)의 개념은 오행의 旺相休囚死(왕상휴수사)의 개념과 같으며 월령은 月支(월지)를 의미한다.

4. 兼旺(겸왕)

① 兼旺(겸왕)은 천반과 지반의 오행이 같다는 것이다. 예를 들면 지반이 一六 水이고 천반도 一六 水인 경우다. 천지반이 겸왕하여 왕성해지면 궁이 예시하는 일들을 풀어 헤쳐 나가는 유력한 힘을 갖게 된다. 그러나 宮(궁)에 雙九金(쌍구금)과 雙七火(쌍칠화)가 常駐(상주)하면 궁이 예시하는 일들이 풀리는 와중에 急擊(급격)한 凶殺(흉살)을 만날 수 있으니 유심히 살펴야 한다.

② 兼旺(겸왕)시에 겸왕 역할은 하나 天盤(천반) 流年運(유년운)이 오면 독자적인 행동을 한다.

③ 世爻(세효) 겸왕 자는 夫唱婦隨(부창부수)가 안 되고 장사도 잘 못한다.

※ 위와 같이 地盤數(지반수) 중심으로 측정하여 보면 旺相(왕상)이 가장 强(강)하다는 것을 알 수 있으며 힘이 강하다면 宮(궁)을 자극하고 일깨워서 대범하게 만들어 주는 초석이 되는 것이다. 그리고 受剋(수극)을 당하더라도 居旺(거왕), 居生(거생), 乘旺(승왕), 乘生(승생), 하면 衰弱(쇠약)한 것으로 보지 않는다.

5. 四辰宮(사진궁)

사진궁이란 四柱(사주)의 年支(년지), 月支(월지), 日支(일지), 時支(시지)가 해당하는 네 개의 宮(궁)을 말한다. 이 四辰宮(사진궁)이 기문 해단 시 주체가 된다.

6. 動宮(동궁)

四辰宮(사진궁)과 中宮(중궁)을 動宮(동궁)이라 한다. 動(동)했다라는 말은 움직여서 영향력을 행사하는 의미로, 기문국에서는 동한 중궁과 사진궁을 중심으로 큰 틀을 정해 해단의 기틀로 삼는다.

7. 旺相休囚死(왕상휴수사)

旺(왕)과 相(상)을 제외한 여타는 물에 빠져 죽으나 매 맞아 죽으나 죽는 것은 미친가지기 되니 전부 弱(약)이 된다.

① 旺(왕): 日支(일지)와 五行(오행)이 같을 때

② 相(상): 일지 오행이 生助(생조)를 받을 때

③ 休(휴) : 일지 오행이 洩氣(설기)를 당할 때

④ 囚(수) : 일지 오행이 尅(극)을 할 때

⑤ 死(사) : 일지 오행이 尅(극)을 당할 때

8. 月令(월령)과의 관계

月令(월령)은 世宮(세궁)과 오행의 生尅制禍(생극제화) 관계에서 보면 월령이 세궁을 尅(극)하면 세궁에 制約(제약)이 되지만, 세궁이 월령을 극하는 경우는 내가 월령을 規律(규율)하는 것이니 제약하는 것이 아니고 세궁의 活動(활동)에 큰 制約(제약)이 없는 것으로 본다. 물론 生(생)의 관계에 있을 때가 더 세궁의 힘을 많이 받는 것으로 보아야 한다.

奇門命理學

팔문(八門)

사람과 사람의 人間關係(인간관계)를 보는 것이다.

1. 팔문의 종류

生門(생문), 傷門(상문), 杜門(두문), 景門(경문), 死門(사문), 驚門(경문), 開門(개문), 休門(휴문)이 있다.

- 吉門 : 生門, 開門, 休門
- 凶門 : 傷門, 死門, 驚門
- 反吉反凶 : 杜門, 景門

2. 팔문의 본래 자리(팔문의 定位圖)

杜門(두문)	景門(경문)	死門(사문)
傷門(상문)		驚門(경문)
生門(생문)	休門(휴문)	開門(개문)

3. 八門(팔문) 포국 방법

1) 기준

팔문은 日柱(일주)를 基準(기준)으로 布局(포국)한다. 日家八門(일가팔문)이라고도 한다.

2) 시작궁 찾기

팔문은 五子元(오자원)을 가지고 시작궁을 찾는다. 오자원은 日柱(일주)를 가지고 찾는다.

① 오자원: 甲子(갑자), 丙子(병자), 戊子(무자), 庚子(경자), 壬子(임자)가 있다.

② 五子元(오자원) 찾는 방법은 日柱(일주)를 가지고 거꾸로 逆行(역행)하여 子가 나올 때까지 간다. 즉, 일주가 甲申이라면 申위에 甲을 놓고 거꾸로 子가 나올 때까지 역행한다. 甲申의 오자원은 丙子다(甲申 → 癸未 → 壬午 → 辛巳 → 庚辰 → 己卯 → 戊寅 → 丁丑 → 丙子).

3) 양둔절, 음둔절의 구분

그다음 陽遁節(양둔절)인지, 陰遁節(음둔절)인지 구분한다.

① 陽遁節(양둔절)은 冬至(동지)에서 夏至(하지) 전까지를 말하고, 陰遁節(음둔절)은 夏至(하지)에서 冬至(동지) 전까지를 말한다.

② 陽遁節(양둔절)이면 궁 순서를 8, 7, 4, 9, 1, 6, 3, 2 궁 순서로 포국하고, 陰遁節(음둔절)이면 궁 순서를 8, 2, 3, 6, 1, 9, 4, 7 순으로 포국한다.

③ 오자원이 甲子, 戊子, 壬子는 8궁에서부터 시작하고, 丙子, 庚子는 1궁에서부터 시작해서 팔문을 포국할 궁 순위를 정한다. 그리고 그 宮(궁)에서부터 12지지 子부터 시작해서 3개씩 표기하면서 일지 오행이 나올 때까지 간다. 일지 오행이 나온 궁 숫자부터 生門(생문) 시작 宮(궁)이 된다.

④ 즉, 日柱(일주)가 甲申(갑신)이고 陽遁(양둔)이다. 오자원이 丙子이니까 1궁에서 시작하는데 그 1궁에서 子부터 지지를 3개씩 표기하여 일지 申(신)이 나오면 申 위에 있는 숫자 궁부터 生門(생문)이 시작하는 궁이 된다.

奇門命理學

杜	景	死	驚		開	休	生	傷
8	7	4	9		1	6	3	2
					子	卯	午	
					丑	辰	未	
					寅	巳	申	

五子元(오자원)이 丙子(병자)이니 1궁에서부터 시작해서 子부터 3개씩 日支(일지) 申(신)이 나올 때까지 표기하니 申이 있는 숫자가 3이다. 따라서 3궁부터 生(생), 傷(상), 杜(두), 景(경), 死(사), 驚(경), 開(개), 休(휴) 순으로 붙여 나간다.

死門	驚門	傷門
生門		景門
杜門	開門	休門

④ 또 日柱(일주)가 戊午(무오)이고 陰遁(음둔)이라면 戊午(무오)는 五子元(오자원)이 壬子(임자)이므로 8궁에서 子부터 시작해서 3개씩 지지를 표기하여 일지 午(오)가 나오면 午 위에 있는 숫자 궁부터 生門(생문)이 시작되는 궁이 된다. 그 궁부터 生(생), 像(상), 杜(두), 景(경), 死(사), 驚(경), 開(개), 休(휴) 순으로 붙여 나간다.

戊午 五子元: 戊午 → 丁巳 → 丙辰 → 乙卯 → 甲寅 ⋅ 癸丑 ⋅ 壬子다.

開	休	生	傷	杜	景	死	驚
8	2	3	6	1	9	4	7

子	卯	午
丑	辰	未
寅	巳	申

死門	景門	休門
生門		驚門
開門	杜門	傷門

이렇게 포국하면 된다.

4. 八門(팔문) 포국 쉽게 하는 법

1) 日柱가 六十甲子 중 몇 번째에 있는지 확인한다

① 예를 들면 庚辰 日柱(일주)라면 몇 번째에 있는가 확인한다. 17번째다.

② 그러면 한궁에서 3시간씩 머무니까 17÷3을 하면 몫이 5이고 나머지가 2가 되니 지금 있는 곳이 몫 다음궁이 시작궁이 된다. 따라서 6번째 궁부터 양둔이면 6, 3, 2, 8, 7, 4, 9, 1 순으로 生, 傷, 杜, 景, 死, 驚, 開, 休 순으로 포국하고, 음둔이면 9, 4, 7, 8, 2, 3, 6, 1 순으로 生, 傷, 杜, 景, 死, 驚, 開, 休 順(순)으로 포국한다.

※ 3으로 나누어서 나머지가 없으면 몫번째 궁이고, 3으로 나누어 나머지가 1이나 2는 몫 다음번째 궁이 된다.

③ 29번째에 있는 일주는 어느 궁에 있는가? 한 바퀴 도는 데 8개 궁이고, 한 궁에 3일씩 머무니 8×3=24가 된다. 29−24= 5가 남는다. 5를 3으로

나누면 몫이 1이고 나머지가 2이니 2번째 궁이 된다. 즉 2번째 궁부터 양둔이면 순행하고 음둔이면 역행하여 生, 傷, 杜, 景, 死, 驚, 開, 休順(순)으로 포국하면 된다.

2) 육십갑자 순

육십갑자 순은 일주가 10개 일주를 한 묶음으로 해서 6개 묶음이 있다.

첫 번째　　甲 乙 丙 丁 戊 己 庚 辛 壬 癸
　　　　　子 丑 寅 卯 辰 巳 午 未 申 酉
11번째　　甲 乙 丙 丁 戊 己 庚 辛 壬 癸
　　　　　戌 亥 子 丑 寅 卯 辰 巳 午 未
21번째　　甲 乙 丙 丁 戊 己 庚 辛 壬 癸
　　　　　申 酉 戌 亥 子 丑 寅 卯 辰 巳
31번째　　甲 乙 丙 丁 戊 己 庚 辛 壬 癸
　　　　　午 未 申 酉 戌 亥 子 丑 寅 卯
41번째　　甲 乙 丙 丁 戊 己 庚 辛 壬 癸
　　　　　辰 巳 午 未 申 酉 戌 亥 子 丑
51번째　　甲 乙 丙 丁 戊 己 庚 辛 壬 癸
　　　　　寅 卯 辰 巳 午 未 申 酉 戌 亥

5. 八門의 說明(설명)

洪局奇門(홍국기문)에서 사용하는 八門(팔문)은 日家八門(일가팔문)이며 花奇八門(화기팔문)이라 한다. 이는 時家八門(시가팔문)인 直使八門(직사팔문)

과 區別(구별)되는 것으로, 다시 말해서 직사팔문은 時柱(시주)를 기준으로 하여 八門을 붙여 나가고 花奇八門(화기팔문)은 日柱(일주)를 기준으로 하여 붙여 나가는 符法(부법)이다.

※ 花奇八門(화기팔문)이라 칭하는 것은 花潭(화담) 서경덕 선생께서 창안하신 八門 符法(부법)이기 때문이다.

1) 生門(생문)

① 본궁은 艮山方(간산방: 艮宮)이고 吉門(길문)이다. 土方이다.

② 생활력, 활동력, 혼인, 출산, 생산 등 시작을 의미한다.

③ 生動(생동)하고 活動(활동)하는 전진의 문이다(생산, 출산의 의미).

④ 생활이 안정되고 경영하는 일이 발전한다.

⑤ 經營上(경영상) 이익은 백배가 되고, 출행하여 이루려는 일이라면 반드시 목적을 달성한다.

⑥ 生氣(생기)와 同宮(동궁)하면 더욱 길하다. 특히 의식주에 관계되는 일과 건강에 좋은 기운이다. 絶命(절명)과 동궁하고 있어도 生門(생문)이 承(승)하므로 흉하지 않다.

⑦ 生門(생문)이 天任星(천임성)을 만나면 萬事(만사)가 大吉(대길)하고, 天乙貴人(천을귀인)을 만나면 하는 일이 성취된다.

⑧ 生門은 災難(재난)이나 危機(위기)에 처했을 때 피하는 方(방)이다.

⑨ 주된 생활 일터이므로 가옥 수리, 입택, 개업, 혼인, 여행, 환자의 치료, 입관 확장에는 좋다. 살상 매장, 초상, 이장 등에는 아주 흉하다.

❀ 生門(생문)과 六親(육친)과의 作用(작용)

① 日支宮(일지궁)에 생문이 있으면 생활기반이 안정되고 하는 일이 발전하

며 家庭(가정)은 安樂(안락)하다.

② 兄弟宮(형제궁)에 생문이 있으면 형제간에 友愛(우애)가 두텁고 서로 和
睦(화목)하다. 형제 德(덕)이 있다.

③ 父母宮(부모궁)에 생문이 있으면 財物(재물)이 豊富(풍부)하고 父母德(부
모덕)이 있다.

④ 官宮(관궁)에 생문이 있으면

　ㄱ 職場(직장)도 좋은 직장, 學校(학교)도 좋은 학교에 가게 되고, 官職
生活(관직생활)에 昇進(승진)과 榮典(영전)의 機會(기회)가 많다.

　ㄴ 歲支(세지)가 붙어도 年支(년지)이니까 좋은 직장이라고 이야기한다.

⑤ 偏官鬼(편관귀) 궁에 생문이 있으면 病(병)든 患者(환자)는 快差(쾌차)한
다. 급병에만 해당되고, 오래된 病(병)은 해당되지 않는다.

⑥ 正財(정재: 妻妾) 궁에 생문이 있으면 家庭(가정)이 和睦(화목)하고 夫婦
愛(부부애)가 두텁다.

⑦ 偏財(편재) 궁에 생문이 있으면 財物(재물)이 豊富(풍부)하고 財産(재산)
求(구)하는 데 吉(길)하다. 재운이 좋다. 金錢的(금전적) 流通(유통)이 잘
된다.

⑧ 孫(손) 궁에 생문이 있으면 자손이 효도하고, 자녀 간에 의리가 있고, 화
목하다.

2) 傷門(상문)

① 부궁은 卯方(묘방)이고 震宮(진궁)이다. 凶門(흉문)이고 木方이다.

② 傷(상)은 상한다, 다친다, 시비, 구설, 투쟁, 살상을 관장한다.

③ 傷門은 주로 질병, 사고, 도적, 재난 등을 내포하는 불길한 문이다.

④ 埋葬(매장)에는 凶(흉)하다.

⑤ 복덕과 동궁하고 있으면 상문의 흉조가 약화되므로 흉은 사라진다.

⑥ 禍害(화해)와 同宮(동궁)하면 재난을 당하고 상처를 입는 등의 흉한 의미가 가중된다.

⑦ 天沖星(천충성)과 同宮(동궁)이면 출행에서 盜賊(도적)을 만나기 쉽다.

⑧ 돈을 구하거나 빚을 얻을 때와 노름 및 도박과 빚을 받으러 갈 때도 상문방위로 가라. 또한 상한 마음을 달랠 수 있는 곳도 상문방이다.

❸❸ 傷門(상문)과 六親(육친)과의 作用(작용)

① 日支宮(일지궁)에 傷門(상문)이 있으면 陰害(음해)와 謀略(모략)을 당한다. 發動(발동)하면 몸을 다친다.

② 兄弟宮(형제궁)에 傷門(상문)이 있으면

　㉠ 형제간에 싸움이 많고, 서로 不睦(불목)하며 友愛(우애)가 없다.

　㉡ 형제로 인해 損害(손해)를 입는다. 형제 일로 마음 상할 일도 많다.

③ 父母宮(부모궁)에 傷門(상문)이 있으면 부모가 無情(무정)하고 집안에 싸움이 頻繁(빈번)하다. 가업이 파산할 수 있다.

④ 官宮(관궁)에 傷門(상문)이 있으면 官職(관직)을 얻어도 억제당할 수 있고, 謀略(모략)으로 失職(실직) 危險(위험)이 있다.

⑤ 偏官鬼(편관귀) 궁에 傷門(상문)이 있으면 骨折傷(골절상)이나 心火病(심화병: 울화병)이 생긴다.

⑥ 正財(정재: 妻妾) 궁에 傷門(상문)이 있으면 가정불화가 頻煩(빈번)하고 夫婦(부부) 因緣(인연)이 薄(박)하다.

⑦ 偏財(편재) 궁에 傷門(상문)이 붙으면

　㉠ 어려운 일이 많이 발생하고 돈벌이에 苦生(고생)이 심하다.

　㉡ 奔走(분주)하고 몸은 바쁜데 收入(수입)은 없다. 움직이는 만큼 돈이

생기지 않는다.

⑧ 孫宮(손궁)에 傷門(상문)이 있으면 자식이 불효하고 서로 刑剋(형극)하고, 불구 자식을 둘 위험이 있다.

3) 杜門(두문)

① 본궁은 巽宮(손궁)이고, 半凶半吉門(반흉반길문)이다. 木方이다.

② 두문은 변동의 의미다. 입원하다, 갇힌다는 뜻도 된다.

③ 두문의 특성은 담을 쌓고 隱遁(은둔)하며 활동하지 않는 기운으로, 환경에 막혀서 대인관계가 단절되어 숨어 지내는 것이다. 따라서 經營事(경영사)에 막힘이 많고 계획에는 차질이 많다.

④ 隱遁生活(은둔생활)·방어·방비·적으로부터 몸을 숨김에 길하고, 沙草(사초: 무덤에 떼를 입혀 잘 다듬는 일)·埋葬(매장)에는 대길하다.

⑤ 두문은 每事(매사)가 不成(불성)이고 難望(난망)이다.

⑥ 두문은 개업, 경영, 출행에는 나쁘다.

⑦ 두문은 隱遁(은둔)이나 도망 이외는 모두 흉하다.

⑧ 두문이 있는 해당 六親(육친)과는 因緣(인연)이 薄(박)하다(육친: 歲干, 歲支, 月干, 月支, 時干, 時支).

　㉠ 杜門(두문)에 天心(천심)이 있으면 입원한다.

　㉡ 杜門(두문)에 遊魂(유혼)이면 돌아오는 변동이고,

　㉢ 杜門(두문)에 歸魂(귀혼)이면 못 돌아오는 변동이다.

⑨ 숨어야 하거나 물건을 감추어야 할 때 두문 방에 숨기면 찾기가 어렵다.

⑩ 몸을 숨기거나, 隱遁(은둔)하려 할 때나, 무엇을 숨기려고 할 때는 吉(길)하다.

❽ 杜門(두문)과 六親(육친)과의 作用(작용)

① 日支宮(일지궁)에 杜門(두문)이 있으면 하는 일이 잘 안되고 막힌다. 따라서 때를 기다려서 활동해야 한다.

② 兄弟宮(형제궁)에 杜門(두문)이 있으면 형제가 同床異夢(동상이몽)으로 말만 앞세우고 실천력이 없다.

③ 父母宮(부모궁)에 杜門(두문)이 있으면 부모가 활동적이지 못하고 현실에 급급하여 되는 일이 없다.

④ 正官宮(정관궁)에 杜門(두문)이 있으면

  ㉠ 좋은 職場(직장)에 가기 힘들고, 官職(관직) 생활에서 昇進(승진) 운이 없고 左遷(좌천)당하기 쉽다.

  ㉡ 공을 세우기 어렵고, 공을 세워도 빛이 안 난다.

⑤ 偏官鬼宮(편관귀궁)에 杜門(두문)이 있으면 災難(재난)은 크지 않으나 官職(관직) 運(운)이 막히고 잔병이 많다.

⑥ 正財宮(정재궁)에 杜門(두문)이 있으면

  ㉠ 게으르고 마음은 한가로우나 每事(매사)에 잘되는 일이 없다.

  ㉡ 재물 모으기가 어렵거나 구두쇠가 되기 쉽다.

  ㉢ 夫婦(부부)가 議論(의논) 안 하고 각자 논다.

⑦ 偏財宮(편재궁)에 杜門(두문)이 있으면 초년에는 힘들고 가난하나 노년에는 괜찮다(부자로 산다).

⑧ 孫宮(손궁)에 杜門(두문)이 있으면 子息(자식)을 두기 어렵거나, 늦게 자식을 낳거나, 낳더라도 키우기가 어렵다.

4) 景門(경문)

① 본궁은 離宮(午火方) 平吉한 門. 火方이다.

② 景門(경문)은 오락 · 화합 · 열정 · 잔치 · 혼사 등을 주장하는 사교적이고 인기적인 문으로, 놀이문화에 좋다. 吉門(길문) · 吉卦(길괘)와 같이 있으면 文章(문장)이 능하고, 희소식 · 경사 등과 인재와 財物(재물)을 구하는 데도 吉(길)하다.

③ 景門(경문)은 離宮(이궁)으로 성정은 정직하지만 虛榮(허영)과 奢侈(사치)를 좋아하고, 화려하지만 실속은 없다. 부정적인 일을 저지른다면 모두 綻露(탄로)난다.

④ 景門에 絶命(절명)은 見傷濃血(견상농혈)이라 피빛을 본다는 것으로 남과 다투거나 함부로 싸우는 일은 삼가야 한다. 患者(환자)가 수술받을 때 景門(경문)일 날로 잡으면 좋다.

⑤ 흉성, 흉괘와 같이 있으면 문서, 사건, 고소, 투서 등 골치 아픈 일과 오락이나 도박에 미쳐 재물과 시간을 浪費(낭비)할 수 있다.

⑥ 理性的(이성적) 自制(자제)를 필요로 하고 바깥보다는 內實(내실)에 主力(주력)해야 結實(결실)을 볼 수 있다.

⑦ 福德(복덕)과 同宮(동궁)하면 재물과 주식이 풍부하고 활동적이어서 인기가 증대된다. 매우 길하다.

⑧ 景門은 露出(노출)이 特性(특성)이므로 隱藏(은장), 隱匿(은닉)에는 흉하고, 먹고 마시면서 돋보이게 하고 즐기려 한다면 景門方(경문방)으로 가면 좋다.

⑪ 景門(경문)과 六親(육친)과의 作用(자용)

① 日支宮(일지궁)에 景門(경문)이 있으면
  ㉠ 큰소리 잘 치고 虛風(허풍)과 誇張(과장)이 있고 奢侈(사치)가 심하고 실속이 없다.

ⓛ 놀이문화를 즐긴다. 浪費(낭비)가 심하다. 살기는 즐겁게 산다.

② 兄弟宮(형제궁)에 景門(경문)이 있으면 형제가 서로 의리는 있으나 쓸데
없는 虛勢(허세)로 서로 猜忌(시기)하고 不睦(불목)한다.

③ 父母宮(부모궁)에 景門(경문)이 있으면 허세 부리기 좋아하고 돈이 없어
도 있는 척하며 浪費(낭비)가 심하다.

④ 正官宮(정관궁)에 景門(경문)이 있으면

㉠ 일찍 관직에 登用(등용)되나 자중할 줄 몰라 점점 관운이 시든다.

ⓛ 職位(직위)를 얻어도 그 직위를 끝까지 維持(유지)하기가 힘들다.

⑤ 偏官鬼宮(편관귀궁)에 景門(경문)이 있으면 心火病(심화병)이나 中風(중
풍)에 걸릴 위험이 있다.

⑥ 正財宮(정재궁)에 景門(경문)이 있으면 聰明(총명)하고 슬기로우나 虛勢
(허세)와 거짓이 심하다.

⑦ 偏財宮(편재궁)에 景門(경문)이 있으면 겉으로는 돈을 버는 것 같지만 벌
지 못하며, 돈도 융통이 쉬운 것 같지만 금전 유통이 어렵다. 外華內貧
(외화내빈)이다.

⑧ 孫宮(손궁)에 景門(경문)이 있으면

㉠ 子息(자식)의 성격이 활발하거나 급하고 여러 사람들에게 인기가 좋고
경사가 있으나 크게 성공하지는 못한다.

ⓛ 인기 연예인, 음악, 예술 방면으로 가면 吉(길)하나 크게 성공하지는
못한다(놀이문화니까).

5) 死門(사문)

① 본궁은 곤궁 未申方(미신방)이고 土方이다. 凶門(흉문).

② 초가을 肅殺 氣運(숙살 기운)으로서 殺氣(살기)를 管掌(관장)하므로 모든

생명현상은 여기서 중단되고 絶命(절명)되므로 生門(생문)의 대충방이 死門(사문)이다.

③ 活動(활동)하다가 정지하는 것으로 衰落(쇠락)하고 活動力(활동력)을 잃은 죽음의 門(문)이다. 坤宮(곤궁)이니 노모의 屬性(속성)을 가진다.

④ 命宮(명궁)에서 死門(사문)일 때는 암울한 일이나 終結(종결)을 시사함은 틀림없다. 그저 정신없이 바쁘게 활동하고 움직이고 뛰면서 남을 위해 獻身(헌신)해야 한다.

⑤ 埋葬(매장)에는 吉(길)하다.

⑥ 死門(사문)은 終末(종말)을 意味(의미)한다. 혹시 死門과 天芮(천예)가 동궁하여 勢(세)가 강해지면 죽음에 가까우니 비록 가벼운 일일지라도 深思熟考(심사숙고)해야 한다.

⑦ 日支에 死門이 있으면 부모덕이 없다. 어렸을 때 외롭게 컸다.

⑧ 死門이 絶命(절명)과 同宮(동궁)하면 사망에 이르는 凶門(흉문)이다. 시문이 坎宮(감궁)에 있어도 흉하다(해당 육친에게 특히 흉하다).

⑨ 狩獵(수렵)이나 사냥 등 목숨을 끊는 일을 계획한다면 길하다.

⑩ 運(운)이 死門(사문)일 때는 事業(사업)을 하면 안 된다. 안정을 취하고 모든 걸 준비하는 시기다.

❀ 死門(사문)과 六親(육친)과의 作用(작용)

① 日支宮(일지궁)에 死門(사문)이 있으면 失敗(실패)가 많고 일이 成就(성취)되기 어려우며 표정이 어둡다.

② 兄弟宮(형제궁)에 死門(사문)이 있으면 형제간에 서로 헤어지고 刑厄(형액) 등의 厄難(액난)을 초래한다. 심하면 死亡(사망)할 수도 있다.

③ 父母宮(부모궁)에 死門(사문)이 있으면 疾病(질병)으로 고생하며 평생 憂

患(우환)이 頻繁(빈번)하고, 매사 되는 일이 없고 早失父母(조실부모)하게
된다. 그러나 兼旺(겸왕) 居旺(거왕) 受生(수생)이 되면 長壽(장수)한다.

④ 正官宮(정관궁)에 死門(사문)이 있으면 官職(관직) 運(운)이 없고 명예를
구하기 어렵고 천한 직업에 종사하게 된다. 그러나 吉格(길격)이면 그렇
지 않다.

⑤ 偏官鬼宮(편관귀궁)에 死門(사문)이 있으면 갑작스런 病(병)으로 治療(치
료)가 어려워 生命(생명)이 危險(위험)하다. 그 병으로 死亡(사망)할 수
있다.

⑥ 正財宮(정재궁)에 死門(사문)이 있으면 喪妻(상처)하기 쉬우므로 백년해
로가 어렵고 마음이 허황하여 재물을 모으기 어렵다. 財産上(재산상) 損
失(손실)이 많다.

⑦ 偏財宮(편재궁)에 死門(사문)이 있으면 財産(재산)을 모아 봤자 사용처 없
이 없어진다.

⑧ 孫宮(손궁)에 死門(사문)이 있으면 子息(자식)이 없거나, 있어도 키우기
어렵다.

6) 驚門(경문)

① 본궁 서방 兌宮(태궁)의 金方이다. 凶門(흉문), 金氣(금기) 작용.

② 驚門(경문)은 놀란다는 뜻이다.

③ 驚門은 말을 잘하고 허위와 언변에 능하다. 그리고 재물을 관장한다.

④ 財(재)에 驚門(경문)이 있으면 不渡(부도)를 말한다.

⑤ 驚門(경문)에 絶命(절명)이 있으면 驚天地動事(경천지동사: 하늘이 놀라고
땅이 뒤집어짐)다.

⑥ 驚門(경문)에 螣蛇(등사)가 있으면 詐欺(사기)다. 그러나 왕하면 사기가

아니다. 身弱(신약)하면 사기다.

⑦ 驚門(경문)에 螣蛇(등사)가 있으면 말을 잘한다. 즉, 거짓말을 진짜처럼 잘한다는 것이다. 이런 사람은 장사하면 좋다.

⑧ 官災(관재)나 구설이 따르는 흉문으로 충격적인 驚愕事(경악사)를 豫告(예고)하니 고소를 당해 통보받는 등 놀랄 일에 주의해라.

⑨ 八卦(팔괘)의 遊魂(유혼)과 同宮(동궁)하면 驚門(경문)의 단점이 더욱 나타난다. 絶體(절체)와 동궁하면 凶(흉)이 더해진다. 生氣(생기)와 同宮(동궁)하여도 驚門(경문)의 단점이 없어지지 않는다.

⑩ 犯人(범인)이나 도둑을 잡으려면 驚門方(경문방)으로 가라. 도둑이 경황이 없어 갈팡질팡하고 心身(심신)이 虛弱(허약)하여 不安(불안)하고 焦燥(초조)해하기 때문이다.

✵ 驚門(경문)과 六親(육친)과의 作用(작용)

① 日支宮(일지궁)에 驚門(경문)이 있으면

㉠ 障碍者(장애자)가 많다. 아니면 건강상 매우 안 좋은 사람이 많다.

㉡ 놀랄 일이 頻繁(빈번)하고 一身(일신)이 不安(불안)하다.

② 兄弟宮(형제궁)에 驚門(경문)이 있으면

㉠ 잔꾀가 많아 詐欺(사기)를 일삼으며 남을 이용하기 좋아한다.

㉡ 형제나 친구와 不和(불화)하기 쉽다.

③ 父母宮(부모궁)에 驚門(경문)이 있으면 부모와 不和(불화)하고 怨恨(원한)이 많다. 집안이 항상 시끄럽다.

④ 正官宮(정관궁)에 驚門(경문)이 있으면 부부간 不和(불화)하며, 職業(직업)의 變動(변동)이 심하고 事業(사업)도 변동이 심하다. 吉格(길격)이면 괜찮다. 군인, 경찰, 검사직 등의 직업은 吉(길)하게 작용한다.

⑤ 偏官鬼宮(편관귀궁)에 驚門(경문)이 있으면 갑작스런 疾病(질병)이 예고 없이 찾아온다. 精神的(정신적)인 不安(불안)으로 心理治療(심리치료)가 必要(필요)하다.

⑥ 正財宮(정재궁)에 驚門(경문)이 있으면 거짓말이나 虛風(허풍)이 심해 口舌(구설)이 심하다. 부부간 不和(불화)한다.

⑦ 偏財宮(편재궁)에 驚門(경문)이 있으면 財物(재물)이 들어와도 금방 흩어진다. 재물이 모이지 않는다.

⑧ 孫宮(손궁)에 驚門(경문)이 있으면 자식이 재주와 꾀가 많으나 倨慢(거만)하거나 信義(신의)가 없으며 背信(배신)이 많다.

7) 開門(개문)

① 본궁은 戌亥方(술해방)인 乾宮(건궁)이며 金方이다. 吉門(길문)이다.

② 開門은 吉門(길문)으로 출사·승진·발전 등 하고자 하는 일이 萬事亨通(만사형통)하고, 막혔던 문이 열리고 뜻을 이루고 가난에서 벗어나고, 병자는 완쾌되고 승진, 사업 발전을 의미한다.

③ 開門에 財(재)가 있으면 돈이 나간다. 돈 욕심을 내면 문제가 생긴다.

④ 浴宮(욕궁)에 財면 손해를 본다. 조심해라.

⑤ 취직, 원행, 嫁娶(가취), 이사, 상매, 건축에는 吉(길)하다.

⑥ 八卦(팔괘)의 天宜(천의)와 同宮(동궁)하면 主食(주식)이 풍요롭고, 歸魂(귀혼)과 同宮(동궁)하면 변동이나 직업의 전환이 있다.

⑦ 乾宮(건궁)은 본디 하늘이기에 사업을 확장하는 등 너무 큰일을 저지를 경우 자칫하면 돈과 재물은 공중분해되기 쉽다.

❈ 開門(개문)과 六親(육친)과의 作用(작용)

① 日支宮(일지궁)에 開門(개문)이 있으면

    ㉠ 항상 마음을 열고 숨김이 없다. 개방적이고 활달하다.

    ㉡ 上司(상사)의 寵愛(총애)로 出世(출세)하고 작은 것이 큰 것이 된다.

② 兄弟宮(형제궁)에 開門(개문)이 있으면 형제간 공치사로 겉으로는 우애 있게 보이나 내심은 우애가 없다.

③ 父母宮(부모궁)에 開門(개문)이 있으면 상사에게 拔擢(발탁)되어 昇進(승진) 運(운)이 따른다.

④ 正官宮(정관궁)에 開門(개문)이 있으면 이름을 떨치고 職位(직위)가 오른다.

⑤ 偏官鬼宮(편관귀궁)에 開門(개문)이 있으면

    ㉠ 大人(대인)은 큰일을 이루고, 小人(소인)은 작은 일을 이룬다.

    ㉡ 病(병)이 있어도 弱(약)하다.

⑥ 正財宮(정재궁)에 開門(개문)이 있으면 賢明(현명)한 아내를 얻고, 아내가 正直(정직)하고 착하다.

⑦ 偏財宮(편재궁)에 開門(개문)이 있으면 재물이 풍부하나 금전 낭비가 있다. 재물이 쉽게 오고 쉽게 나간다.

⑧ 孫宮(손궁)에 開門(개문)이 있으면

    ㉠ 자손이 聰明(총명)하고 역량이 있으며 德(덕)과 貴(귀)를 겸한다.

    ㉡ 貴人(귀인)이 도움으로 출세한다.

8) 休門(휴문)

① 본궁은 子方(자방)인 坎宮(감궁)이고 水方이다. 吉門(길문)이다.

② 겨울을 맞아 休業(휴업), 休息(휴식)하며 봄에 활동할 준비를 하는 時期

(시기)로 발전이나 前進(전진)보다는 휴식을 취하면서 모든 것을 재정비한다.

③ 강인한 의지력으로 때를 기다리고 준비하고 감추며 쉬는 시기다.

④ 運(운)이 休門方(휴문방)일 때는 慾心(욕심)부리거나 輕擧妄動(경거망동)하지 마라. 재앙을 초래한다.

⑤ 結婚(결혼) 날은 休門(휴문)일이 吉(길)하다.

⑥ 孫爻(손효)에 休門(휴문)이 붙으면 좋지 못하다.

⑦ 팔괘의 歸魂(귀혼)과 同宮(동궁)하면 쉬면서 때를 기다려야 한다.

⑧ 休門은 休亡(휴망)으로 육친이나 官鬼(관귀)에 붙으면 안 좋다.
  ㉠ 만약 月支(월지)에 휴문이 있으면 형제와 인연이 薄(박)하고,
  ㉡ 印綬(인수)에 휴문이 있으면 부모와 인연이 薄(박)하다.

⑨ 休門에 六合(육합)이 있으면 당연히 그렇다는 것이다.

⑩ 休門이기에 평온하며 조용한 것이 좋으니 적극적인 일을 하지 마라.

⑪ 官(관)에 휴문이 있으면 직장을 쉬라는 뜻이다.

⑫ 日支(일지)에 휴문이 있으면 집안은 和睦(화목)하나 취업은 힘들다.

⑬ 日支에 休門이 있으면 점잖다.

❀ 休門(휴문)과 六親(육친)과의 作用(작용)

① 日支宮(일지궁)에 休門(휴문)이 있으면 心身修養(심신수양)과 뒤늦게 출세하는 大器晩成(대기만성)이다. 사람은 점잖다.

② 兄弟宮(형제궁)에 休門(휴문)이 있으면 兄弟間(형제간)에 진심으로 서로 돕고 友愛(우애)가 있다.

③ 父母宮(부모궁)에 休門(휴문)이 있으면 부모가 慈愛(자애)롭고, 子息(자식)은 孝道(효도)하며 가정이 평화롭다.

④ 正官宮(정관궁)에 休門(휴문)이 있으면 직장을 쉬라는 것이고, 직업이 한가하다는 의미로 출세해도 한직이거나 무난하고 편안한 직업이다.

⑤ 偏官鬼宮(편관귀궁)에 休門(휴문)이 있으면 평생 큰 병에 걸리지 않는다.

⑥ 正財宮(정재궁)에 休門(휴문)이 있으면 妻(처)가 얌전하고 夫婦(부부)가 和睦(화목)하다.

⑦ 偏財宮(편재궁)에 休門(휴문)이 있으면 財運(재운)은 財祿(재록)이 繁昌(번창)하고, 경제가 더욱 풍족해진다.

⑧ 孫宮(손궁)에 休門(휴문)이 있으면 代(대)가 끊어지기 쉬우니 子孫(자손) 數(수)가 生旺(생왕)하여야 한다. 자기 分數(분수)를 지키면 無事(무사)하다.

6. 팔문(八門)의 자리와 생극 관계

1) 八門(팔문)의 자리와 五行(오행)

① 生門(생문): 艮宮土星(간궁토성)

② 傷門(상문): 震宮木星(진궁목성)

③ 杜門(두문): 巽宮木星(손궁목성)

④ 景門(경문): 離宮火星(이궁화성)

⑤ 死門(사문): 坤宮土星(곤궁토성)

⑥ 驚門(경문): 兌宮金星(태궁금성)

⑦ 開門(개문): 乾宮金星(건궁금성)

⑧ 休門(휴문): 坎宮水星(감궁수성)

2) 門伏吟(문복음)

① 팔문 본래의 자기 자리에 있을 때를 문복음이라 한다.

② 엎드려 우는 것이다.

③ 변화되는 것에 신경 안 쓴다. 자기 집에 들어가는 것이기 때문이다.

④ 문복음이 되면 전부 내려간다. 吉門(길문)이면 길이 감소하고, 凶門(흉
   문)이면 흉이 감소한다.

3) 和義迫制(화의박제)

① 門生宮(문생궁)이면 和(화)라 하고,

② 宮生門(궁생문)이면 義(의)라 한다.

③ 門剋宮(문극궁)이면 迫(박)이라 하고,

④ 宮剋門(궁극문)이면 制(제)라 한다.

[예시] 生門(생문)이 乾宮(건궁)에 있으면 門生宮(土生金)으로 좋고,

　　　杜門(두문)이 坤宮(곤궁)에 있으면 門剋宮(木剋土)으로 나쁘고,

　　　開門(개문)이 離宮(이궁)에 있으면 宮剋門(火剋金)으로 나쁘고,

　　　傷門(생문)이 震宮(진궁)에 있으면 門伏吟(문복음)으로 안 좋다.

팔문소구법(八門所求法)

각 방위에서 자기가 祈願(기원)하고 所望(소망)하는 일에 대한 방향을 찾고자 하면 다음과 같이 알 수 있다.

1. 生門方(생문방)

混亂(혼란)을 피하여 도망가고자 하면 生門方(생문방)으로 도망가라. 生門(생문) 方位(방위)는 長壽(장수)와 福祿(복록)의 길문이며, 인생의 향상·발전을 기대할 수 있으므로 혼란을 피하고자 하면 생문방으로 出行(출행)하면 吉(길)하다.

2. 傷門方(상문방)

① 돈을 融通(융통)하고자 하면 傷門方(상문방) 방향에서 求(구)한다. 傷門(상문)은 마음이 상하여 들떠 있는 狀態(상태)이니 마음이 안정이 안 돼 남의 慰安(위안)이 必要(필요)하다. 옆에서 말 한마디의 慰安(위안)에도 마음을 빼앗기는 위험한 시기이니 投機(투기) 心理(심리)가 발동한다. 돈을 融通(융통)하는 데는 吉門(길문)은 길문대로 凶門(흉문)은 흉문대로 소용되며 적당한 시점에서 잘 이용하면 그때그때가 이롭다.

② 노름 및 도박 빚을 받으러 갈 때도 傷門方(상문방)으로 가라.

3. 杜門方(두문방)

몰래 감추고 貯藏(저장)하고자 하면 杜門(두문) 方位(방위)에서 하라. 두문 방위는 乘勝長驅(승승장구) 發展(발전)하다가도 忽然(홀연)히 막히고 답답하여 心火病(심화병)이 發病(발병)하여 길 가는 사람은 길을 잃어 막힘이라 숨기고 감추는 데 이롭다.

4. 景門方(경문방)

술을 마시고 즐기고자 하면 景門方(경문방)으로 가라. 경문방은 마시고 즐기는 일에는 좋으며 慶事(경사)나 인기의 문이니 放蕩(방탕)한 애정사, 사치, 사교상의 享樂(향락)이 발생한다.

5. 死門方(사문방)

① 사냥을 하고자 하면 死門(사문) 方位(방위)로 가라.

② 사문 방위는 죽음의 문이다. 萬物(만물)이 죽으니 어찌 동물인들 살겠는가? 그러나 사냥에는 길하다.

6. 驚門方(경문방)

① 盜賊(도적)을 잡고자 하면 驚門(경문) 方位(방위)에서 찾는다. 驚門(경문)은 불안, 초조 속에서 마음의 안정을 찾지 못하고 도적질을 하고서 어찌 마음이 편하겠는가? 도망가거나 숨어 있어도 불안하고 초조하기는 마찬가지이니 도둑을 잡고자 하면 驚門(경문) 방위에서 찾는다.

② 물건을 잃어버린 사람의 日局(일국)을 짜서 도둑을 잡는다. 일국에서 驚門(경문) 방위를 찾는다.

7. 開門方(개문방)

① 먼 길을 떠나고자 하면 開門(개문) 方位(방위)로 가라. 개문은 天地(천지)가 開闢(개벽)하여 비로소 氣候(기후)가 和暢(화창)하니 수만 리를

가도 거리낌이 없고 만물이 성장하여 瑞氣(서기: 상서로운 기운)가 빛나고 병든 자도 快差(쾌차)하니 먼 여행길에 不祥事(불상사)는 찾아볼 수 없다.

② 사대흉격이 있으면 안 된다.

8. 休門方(휴문방)

① 귀인을 만나고자 하면 休門(휴문) 方位(방위)에서 찾는다.

② 休門(휴문) 方位(방위)는 聖人(성인)이 萬事(만사) 萬物(만물)을 보고 있으니 天人相合(천인상합)의 큰 德(덕)이 生(생)하여 발전하는 방위이다. 특히 귀인을 만나고자 하면 휴문 방위에서 相逢(상봉)하면 재물을 위한 활동에도 길하다.

팔괘(八卦)

1. 八卦(팔괘)란?

팔괘는 陰陽(음양)을 나타내는 陽爻(양효)와 陰爻(음효)의 조합으로 만들어진 8개의 소성괘를 말한다. 八卦(팔괘)는 八門(팔문)을 보좌한다.

- 길괘 : 생기, 천의, 복덕
- 흉괘 : 화해, 절체, 절명
- 반길반흉 : 유혼, 귀혼

1) 八卦(팔괘)의 소성괘

乾卦 (건괘)	兌卦 (태괘)	離卦 (이괘)	震卦 (진괘)	巽卦 (손괘)	坎卦 (감괘)	艮卦 (간괘)	坤卦 (곤괘)
☰	☱	☲	☳	☴	☵	☶	☷

2) 八卦(팔괘)의 九宮(구궁) 본자리(定位圖: 정위도)

☴ 巽下絶	☲ 離虛中	☷ 坤三絶
☳ 震下連		☱ 兌上絶
☶ 艮上連	☵ 坎中連	☰ 乾三連

奇門命理學

2. 八卦(팔괘)의 布局(포국)

중궁 地盤 洪局數(지반 홍국수)에 해당하는 숫자의 궁에다 해당 괘를 놓고 布局(포국)한다. 팔괘의 포국은 구궁의 中宮(중궁) 地盤數(지반수)를 基準(기준)으로 소성괘의 上爻(상효)부터 변화한다. 변화 순서는 上 → 中 → 下 → 中 → 上 → 中 → 下 → 中 순으로 변화하는데, 上爻(상효)부터 떨어져 있으면 붙이고 붙어 있으면 떨어뜨려서 다음과 같이 명칭한다.

① 첫 번째로 上爻가 변하는 것을 一上 生氣(생기)라 하고,

② 두 번째로 中爻가 변하는 것을 二中 天宜(천의)라 하며,

③ 세 번째로 下爻가 변하는 것을 三下 絶體(절체)라 하고,

④ 네 번째로 中爻가 변하는 것을 四中 遊魂(유혼)이라 하며,

⑤ 다섯 번째로 上爻가 변하는 것을 五上 禍害(화해)라 하고,

⑥ 여섯 번째로 中爻가 변하는 것을 六中 福德(복덕)이라 하며,

⑦ 일곱 번째로 下爻가 변하는 것을 七下 絶命(절명)이라 하고,

⑧ 여덟 번째로 中爻가 변화는 것을 八中 歸魂(귀혼)이라 한다.

※ 이렇게 일정한 법칙에 따라 구궁에 배치하게 되는데 이러한 방법을 八卦 法(팔괘법: 생기복덕법)이라 한다.

陰曆 1900년 ○○월 ○○일 巳時 生이라면

(庚寅年 辛巳月 乙巳日 辛巳時)

三七 絕體	八二 生氣	五五 禍害	
四六 歸魂	七三	十十 絕命	8 2 8 7 七 辛 乙 辛 庚 巳 巳 巳 寅 6 6 6 3 三
九一 遊魂	六四 福德	一九 天宜	

중궁지반수가 三이면 3궁인 震宮(진궁)에서부터 시작한다는 것이다. 즉 震宮에 구궁 3번째인 震卦(☳)를 놓고 제일 위에 있는 上爻부터 떨어져 있으면 붙이고 붙어 있으면 떨어뜨려서 그 변화된 卦의 원래 위치에 포국한다.

[예시 2] 음력 1900년 ○월 ○일 술시(丙辰年 癸巳月 乙酉日 丙戌時)

五九 歸魂	十四 福德	七七 天宜	
六八 絕體	九五	二二 遊魂	3 2 1 3 九 丙 乙 癸 丙 戌 酉 巳 辰 2 1 6 5 五
一三 絕命	八六 生氣	三三 禍害	

중궁 지반수가 五이다. 중궁지반수가 五인 경우, 巽宮(손궁)인 四宮에서

부터 시작한다.

3. 八卦(팔괘)의 屬性(속성)

1) 生氣(생기)

① 生氣(생기)는 처음으로 기운이 생하는 시기를 말하는 것으로, 새롭다는
   의미를 가진다. 또한 생명의 소생과 출산을 의미한다.

② 生氣는 八門 중에서 생문과 같은 性情(성정)을 지닌 기운으로 자신감과
   의욕이 생기고 생산과 생업을 시작하는 運(운)이다.

③ 生氣는 생산, 개척, 출발, 회생, 재기, 기회, 厄難打開(액난타개)의 속
   성을 가진다.

④ 병들어 死境(사경)을 헤매던 자는 원기를 회복하게 되며, 관직에서는 승
   진하고, 직장이나 사업에서 길하니 每事(매사) 좋으나 性急(성급)함은
   禁物(금물)이다(서두르지 말고 차근차근 진행하라).

⑤ 生門(생문)을 만나면 가장 길하고 杜門(두문)이니 死門(사문)과 同宮
   (동궁)하면 가장 흉하다.

⑥ 休門(휴문)을 만나면 어려움이 따르고, 驚門(경문)과 傷門(상문)을 만
   나면 害(해)가 되어 상처를 입게 된다.

⑦ 運路(운로)에서 生氣(생기)를 만나면 왕한 운이 비롯됨을 뜻하고, 運勢
   (운세)의 好轉(호전)에 관한 암시로 생기는 생산과 생업을 의미하므로
   시작하는 運勢(운세)다.

2) 天宜(천의)

① 天宜(천의)는 하늘의 기운으로 자라는 것을 의미하고, 좋은 의사나 약의
   의미를 가진다.

② 天宜(천의)는 어느 한쪽에 치우치지 않고 중화를 지키며 醫術(의술)과 疾病(질병) 治療(치료), 醫藥業(의약업)이나 活人業(활인업)에 관계하는 길괘이다.

③ 天宜(천의)가 있는 방향에 좋은 의사나 약사를 만난다.

④ 시험에 합격, 승진 영전, 醫藥處方(의약처방), 治病(치병)에 이롭다.

⑤ 환자가 天宜(천의)나 생기 궁에 들면 기사회생으로 살아날 수 있으며, 죄인이 천의를 만나면 赦宥(사유)의 恩惠(은혜)를 입는다.

⑥ 放蕩(방탕)한 생활을 하던 사람은 방탕한 생활을 접고 가정에 돌아와 和睦(화목)해진다.

⑦ 天宜(천의)는 소신이 지나칠 만큼 뚜렷하기 때문에 고집이 세고 주관 또한 확실하니 애매하고 적당한 타협은 쉽지 않다.

⑧ 運路(운로)에서 천의를 만나면 속박이나 제약에서 벗어나 하늘의 뜻대로 이루어짐으로 의외의 행운이 따르고, 어떠한 難關(난관)과 困境(곤경)을 만나더라도 이를 풀어 나가는 변통수가 생긴다.

3) 絶體(절체)

① 활동하려 하지만 장애물이 있어 좌절하고 중도에 모든 일이 끊어진다는 흉괘로, 단절 · 정지 · 실패 · 비애 · 부상 · 상해 등 신체 손상을 의미한다.

② 사업가, 직장인은 주변 점검이나 검토의 기회로 삼고, 신체 훼손 등의 질액 불상사가 있으므로 건강 등 취약점을 보완해야 하는 때이다.

③ 어느 육친에 붙든지 흉하나 驚門(경문)과 同宮(동궁)하면 더욱 흉하다.

④ 運路(운로)에서 絶體(절체)를 만나면 넘어져서 다치는 상태를 말하며, 마음이 해이해진 틈을 타고 파고드는 피해나 災殃(재앙)도 된다.

⑤ 모든 일을 마무리 짓고 결정해야 하는 순간에 이별이나, 좌절, 부상을

당하는 등의 우여곡절을 겪는 괘다.

⑥ 絶體(절체)가 驚門(경문)을 만나면 흉하고 一身(일신)의 장애나 이혼 등 가정에 憂患(우환)을 만나니 위험에 대비해야 한다.

⑦ 매사를 진행시킴에 있어 너무 의욕적인 전진만을 해서는 안 된다.

4) 遊魂(유혼)

① 떠도는 영혼처럼 遊覽(유람)하는 시기로 즉흥적 기분으로 분주하게 움직이거나, 산만하고 신중하지 못하여 實利(실리)를 얻지 못하고 변화만 많다.

② 遊魂(유혼)은 역마나 地殺(지살)과 같은 기운으로 정처 없는 출행이나 이동과 변화가 심하다. 돌아오는 변동이다.

③ 항상 輕擧妄動(경거망동)하고 출입이 빈번하여 驚門(경문)과 함께하면 흉이 더욱 크게 작용한다.

④ 일지에 遊魂(유혼)이 있으면 평생 동안 이동과 변화가 심하다. 그렇지만 길문, 길격이면 왕성한 활동력으로 오히려 발전한다.

⑤ 運路(운로)에서 遊魂(유혼)을 만나면 한마디로 이동과 변화인데 이사와 인사에 대한 변동이다. 따라서 출행과 거동이 빈번할 수밖에 없다.

⑥ 生門(생문), 開門(개문)에 遊魂(유혼)은 발전적이고, 死門(사문)과 杜門(두문)은 큰 상처를 입거나 자칫 객사할 수도 있다.

⑦ 生門(생문)이나 開門(개문)을 만나면 진취적인 변화로 보고, 杜門(두문)이나 傷門(상문)을 만나면 부정적인 변화로 본다.

5) 禍害(화해)

① 화해는 활동하다 상해나 재해를 당한다는 것이며, 손재, 낭비, 사기, 피

해, 관재, 질병, 교통사고 등 흉한 일을 의미한다.

② 화해는 재앙과 해로움의 흉괘이다.

③ 화해는 賊害(적해)의 신이라서 刀傷(도상) 등의 상해나 奪財(탈재)를 조심해야 한다.

④ 화해는 開門(개문), 傷門(상문)과 同宮(동궁)하면 무엇인가를 하려고 애쓰다가 결국은 실패한다.

⑤ 運(운)이 禍害 宮(화해 궁)에 들면 우선 도적을 조심해야 하고 상처나 喪事(상사)로 喪服(상복)과 관련이 깊을 수 있다.

6) 福德(복덕)

① 복덕은 횡재, 행운, 慶事(경사), 융통의 의미이다. 실직자는 직업이 생기고, 직장인은 승진, 榮轉(영전)의 영광이 따른다.

② 복덕은 財産入手(재산입수), 재산 축적, 금전 유통, 경영사의 발전, 행운, 慶事(경사), 인기 등에 길하다.

③ 복덕은 활동적이고 사교적이어서 대인관계가 원만하고 인기가 높고 人德(인덕)이 있는 길괘이다.

④ 복덕은 즐기고 분위기를 誘導(유도)하는 괘로서 행운을 얻고 만사가 순조롭다.

⑤ 저조했던 수금 사정도 좋아지고 사업이 날로 번창하고 수익도 늘어난다. 賣買(매매)는 잘 안 팔리던 물건이 팔리고, 투기자는 횡재한다.

7) 絶命(절명)

① 절명은 생의 종말로 목숨이 끊어진다는 흉괘이다.

② 절명은 모든 일이 막히고 절망적이며 좌절과 의욕 상실을 주관하며 부상

이나 수술을 받기 쉽다.

③ 절명은 당사자를 弱(약)하게 하고 매사를 杜絕(두절)시키며 傷門(상문) 과 同宮(동궁)이면 凶(흉)은 가중된다.

④ 절명은 死門(사문)과 同宮(동궁)하면 더욱 흉하다.

⑤ 절명과 同宮(동궁)인 육신은 그 피해의 당사자가 되기에 절명 운에는 부상을 당하거나 수술을 받는 일이 있기 쉽고, 병자라면 죽기 쉬운데, 死門(사문)과 同宮(동궁)하면 틀림없이 죽는다.

⑥ 절명이 生門(생문)을 만나면 매사에 決斷(결단)하고 과감히 결정하는 것에 박차를 가함이 좋다.

⑦ 절명은 최악의 절망을 맞지만 絕處逢生(절처봉생)의 계기로 미래를 준비하는 지혜가 필요하다.

8) 歸魂(귀혼)

① 귀혼은 삶을 마무리하는 종결점이고 돌아감, 隱遁(은둔)을 의미한다.

② 귀혼은 현재의 상황에서 탈피하여 숨어 지내는 隱遁(은둔)의 괘이다.

③ 귀혼은 집 나갔던 자가 되돌아오고, 일하던 자가 손을 놓거나 활동하다 정지하는 등 본래 상태로 후퇴하는 흉괘이다.

④ 귀혼은 진출, 개업, 출행하면 흉액이 있다.

⑤ 귀혼은 모든 활동이 정지되고 隱遁(은둔)된 상태이니 빌진이 없다. 이럴 땐 뭘 시작하면 안 된다. 실패한다.

⑥ 귀혼은 休門(휴문)과 가까운 性情(성정)으로 막히기 때문에 杜門(두문) 과 同宮(동궁)이면 틀림없고, 開門(개문)과 同宮(동궁)이면 每事(매사) 에 있어서 시작은 요란했지만 번번히 중도에 그만두게 된다. 그러므로 세상 이치가 天壽(천수)를 다하면 하늘에 바쳐야 하듯이 무엇인가 마무

리하는 시기이다.

⑦ 사업에 크게 실패한 자, 관직이나 직장에 파직된 자 등은 단념하지 말고 적당한 시기를 조용히 기다림이 좋다.

⑧ 귀혼은 뜬구름 잡는 虛榮(허영)에서 正道(정도)로 돌아가고 隱遁(은둔)이 방황의 終着地(종착지)가 된다.

⑨ 官宮(관궁)에 歸魂(귀혼)과 杜門(두문)이 같이 있으면 성격이 내성적이고 소극적이며 혼자 있기를 좋아한다.

⑩ 귀혼은 사망 후에 魂魄(혼백)이 흩어져 안정을 찾는 것과 같다.

⑪ 년국에서 歲宮(세궁: 年宮)이나 월궁에 歸魂(귀혼)이 있으면 조상의 묘를 손질하는 일이 있다.

직부팔장(直符八將)

1. 直符八將(직부팔장)이란?

直符八將(직부팔장)은 直符(직부), 螣蛇(등사), 太陰(태음), 六合(육합), 句陳(구진), 朱雀(주작), 白虎(백호), 玄武(현무), 九地(구지), 九天(구천) 10개의 神將(신장)으로 구성되고, 陽遁(양둔) 陰遁(음둔)에 따라 각각 배열하는데 양둔, 음둔 각각 8개의 神將(신장)이 배치되므로 직부팔장이라 한다. 직부팔장은 그 사람의 심성을 이야기하는 것이다. 내면적 성격을 形成(형성)하는 데 영향을 끼친다.

2. 直符八將(직부팔장)의 役割(역할)

① 九星(구성)은 大象(천상)으로 하늘의 기운을 나타냈다면,

　　八門(팔문)은 人象(인상)으로 인간의 기운을 나타내며,

　　八卦(팔괘)는 地象(지상)으로 땅의 기운을 나타낸다.

② 직부팔장은 오행의 속성을 드러내지 않고, 전체 궁을 총체적으로 수비하는 담당자이며 守備隊長(수비대장)이다.

③ 직부팔장은 보좌로서 구궁이 내포하고 있는 요소들을 길과 흉의 이중적으로 보조하는 역할을 한다.

④ 직부팔장을 해석할 때는 구궁에 포국된 팔장이 해당 궁에 있는 문괘와 어떠한 관계를 유지하며 어떻게 문괘와 九星(구성)을 보좌하는지 판단하는 것이 중요하다. 문괘와 구성의 협조, 八將(팔장)의 길흉이 이중적으로 동시에 적용한다는 점을 감안하여 해석하여야 한다.

3. 八將(팔장)의 種類(종류)

① 팔장은 陽遁節(양둔절) 生과 陰遁節(음둔절) 생으로 구분한다.

  ㉠ 양둔절생: 직부, 등사, 태음, 육합, 구진, 주작, 구지, 구천

  ㉡ 음둔절생: 직부, 등사, 태음, 육합, 백호, 현무, 구지, 구천

② 陽遁節(양둔절) 生(생)은 시계 방향으로 順行(순행)하고,

  陰遁節(음둔절) 生(생)은 시계 반대 방향으로 逆行(역행)한다.

4. 八將(팔장) 붙이는 방법

① 六儀三奇(육의삼기)를 포국한 다음 地盤(지반) 육의삼기에서 時干(시간)을 찾고, 시간의 오행이 있는 궁에서부터 직부를 붙이고 양둔이면 시계 방향으로 순행하고, 음둔이면 시계 반대 방향으로 역행한다.

② 시간이 중궁에 있으면 出坤(출곤)하여 곤궁부터 직부를 붙인다.

③ 시간이 甲(갑)이면 해당 시 旬首(순수)에 직부를 붙인다. 예를 들어 時柱(시주)가 甲子(갑자)이면 戊(무)에, 甲戌(갑술)이면 己(기), 甲申이면 庚, 甲午면 辛, 甲辰이면 壬, 甲寅이면 癸에 직부를 붙인다.

[예시1] 음력 1900년 ○월 ○일 축시생(乙卯年 乙卯月 甲子日 乙丑時)

양둔 三局(삼국)이면

① 六儀三奇 地盤을 布局(포국)한다. 三局(삼국)이니 三宮(삼궁)에 戊를 붙이고, 양둔이니 순행한다.

② 육의삼기 지반에서 시간 乙이 있는 궁에서부터 직부를 붙여 나간다.

丙 己 구지	癸 丁 구천	戊 乙 직부
辛 戊 주작	庚	己 壬 등사
壬 癸 구진	乙 丙 육합	丁 辛 태음

[예시 2] 음력 1900년 ○월 ○일 자시생(乙丑年 乙酉月 壬子日 庚子時)

음둔 七局이면

① 육의삼기 지반을 포국한다. 七局(칠국)이니 七宮(칠궁)에 戊를 붙이고 음둔이니 역행한다.

② 육의삼기 지반에서 시간이 있는 궁에서부터 직부를 붙여 나간다.

③ 時干(시간) 庚(경)이 중궁에 있으니 쓸 수가 없다. 따라서 坤宮(곤궁)으로 出坤(출곤)하여 이 곤궁을 時干의 자리로 보고 곤궁에 직부를 붙인다.

乙 辛 태음	壬 丙 등사	辛 癸 직부
丁 壬 육합	庚	丙 戊 구천
己 乙 백호	戊 丁 현무	癸 己 구지

5. 直符八將(직부팔장) 설명

1) 直符(직부)

① 東方(동방)의 木星(목성)으로 吉神(길신)이다.

② 萬神(만신)의 領袖(영수)로 淸高(청고)하고 重厚(중후)하다.

③ 직부는 모든 흉액을 소멸시키는 별(星)로서 존장, 우두머리, 귀인 등을 상징한다.

④ 일지궁에 직부가 있으면 성품이 온화하고 점잖다.

⑤ 직부가 入墓(입묘)되면 身旺(신왕), 身弱(신약)을 막론하고 나쁘다. 직부를 甲木(갑목)으로 본다. 따라서 坤宮(곤궁)에 있으면 입묘된다.

⑥ 得令得地(득령득지)하면 길 작용하고 부귀가 이루어지나, 失令失地(실령실지)하면 실격으로 매사 불발이고 재물은 흩어진다.

⑦ 여자는 官(관)에 직부가 붙으면 좋은 남편을 만난다.

⑧ 직부가 動(동)하면 해당 육친이 富貴榮華(부귀영화)를 누린다(단, 金方이 아니어야 함). 그리고 지도자에 가까운 품위를 갖춘 인물이다.

⑨ 직부가 絶宮(절궁)이면 말년이 암울하고 고독하다.

⑩ 직부가 가장 꺼리는 것은 태백금성 庚(경)이다. 그리고 坤宮(곤궁)에 入墓(입묘)되는 것을 꺼린다.

※ 得令(득령)은 계절을 말하고 得地(득지)는 앉은자리를 말한다.

※ 三奇 入墓(삼기입묘)는 艮宮(간궁)에 丁, 乾宮(건궁)에 丙, 乙이 있으면 三奇入墓라 한다.

2) 螣蛇(등사) : 丁火(정화)

① 巽方(손방)의 火星(화성)으로 二火(이화 : 丁火, 巳火)이다.

② 사악한 신으로 머리는 영리하나 믿음이 없다. 사기성이 있다.

③ 이중적인 성격이며 욕심이 많고 위선적이며, 비방, 허위와 巧詐(교사)에 능하다.

④ 每事(매사)에 충동질하여 일을 그르치거나, 변동 · 이동을 조장한다.

⑤ 등사를 丁火로 보기 때문에 丁火가 艮宮에 入墓(입묘)되면 안 좋다.

⑥ 일간, 일지에 등사가 加臨(가임)해 있으면 불성실하고 신의가 없으며 거짓된 언행을 잘한다.

⑦ 일지에 驚門(경문)과 螣蛇(등사)가 있고 신약하면 詐欺(사기)를 당하고, 신강하면 사기를 친다.

⑧ 螣蛇(등사)와 驚門(경문)이 同宮(동궁)하면 詐欺(사기)를 당하거나, 官災口舌數(관재구설수)가 발생한다.

⑨ 遊年(유년)운에 螣蛇(등사)가 있으면 奸計(간계), 구설, 시비를 조심해야 한다. 남자는 여자 조심, 여자는 남자 조심해라. 즉 남자는 女難(여난)에 휘말릴 수 있고, 여자는 姦情(간정)으로 가정 파탄의 우려가 있다.

⑩ 간혹 유부남, 유부녀 등 기혼자들이 바람을 피우다 들켜서 망신당할 때도 螣蛇(등사)가 있는 경우가 대부분이다.

⑪ 신왕한 자가 등사면 지구력이 강하고, 경쟁심이 강해서 전진 노력하여 목적을 달성한다. 변동이나 이동이 많고, 비위에 거슬리는 말을 하면 그 사람을 謀略(모략)하는 데 서슴지 않는다. 호감을 주면 간도 빼 준다. 이중성이다.

⑬ 남자의 경우 財에 등사가 있으면 흠(곡절)이 있는 여자를 만나고, 여자의 경우 官에 등사가 있으면 흠이 있는 남자를 만난다. 물건의 경우에는 하자가 있는 물건이다.

⑭ 坤命(곤명)에 五十土에 官爻(관효)와 螣蛇(등사)가 있으면 남자 조심, 부동산 조심해야 한다.

⑮ 財星宮(재성궁)에 등사기 있으면 많은 財物(재물)을 모아 부자가 된다. 또한 六親宮(육친궁)에 臨(임)하면 재난 질병수로 본다.

⑯ 身數局(신수국)에서 伏吟局(복음국)이나 四墓局(사묘국)에 螣蛇(등사)

가 臨(임)하면 해당 육친의 경우 자살자가 많다.

⑰ 점사에서 예측되는 사람이 螣蛇(등사)에 해당하면 거간꾼으로 사교에 능하지만 말만 잘하는 과거가 있는 부정한 사람이다. 그렇지 않으면 본인은 아닐지라도 관재구설을 일으킬 일에 연루될 수 있다고 본다. 물건이라면 겉으론 멀쩡해 보여도 내용이 부실하거나 파손되었다고 보면 된다.

3) 太陰(태음)

① 西方 陰金(음금)이며 三陰神(삼음신: 태음, 육합, 구지) 중 하나다.

② 성정은 냉혹하리만큼 침착하고 예리하여 진실을 파헤치기에 급급하다.

③ 태음이 金方(금방)에 있으면 불의와 타협하지 않는다.

④ 태음은 음성적인 일을 즐기고 隱匿(은닉)하고 廉探(염탐)을 좋아하며 첩자 아니면 앞잡이다. 여자는 姦婦(간부)나 妾婦(첩부)의 상이다. 부부간의 은밀한 일 등에 응하며 만사가 뜻대로 즐겁게 성사된다.

⑤ 得地(득지)하면 정직, 시비 명료하고 신망 있으나, 失地(실지)하면 淫亂(음란), 淫事(음사), 감춤, 暗賣(암매), 婢妾(비첩) 또는 奸婦(간부)다.

⑥ 태음이 일간이나 일지에 있는 자는 智謀(지모)와 智略(지략)에 능하고 여성적이며 술수에 能(능)하지만 그로 인해 成敗(성패)가 많고, 유난히 이성이 많이 따른다.

⑦ 일간이나 일지에 태음이 있으면 길하나, 재성과 처궁에 있으면 그의 처가 음란하여 사통할 우려가 있고 주색으로 인하여 망신당하기 쉽다.

⑧ 남자의 경우 신왕자로서 입격자는 求官(구관), 구직에 길 작용을 하고, 재물을 구하는 데도 길하다. 단, 三陰神(삼음신: 태음, 구지, 육합)이므로 조용조용히 처리해야 한다.

⑨ 배우자 궁에 태음 육합이 있으면 부부 애로가 있다. 구설수 조심해라.

⑩ 처궁에 태음이 있으면 은연중에 여자와 음란사가 발생하며, 주변의 구설
수에 오른다. 남자는 남자다운 기질이 있으나, 여자는 妾婦之像(첩부지
상)이며 비밀이 많다.

4) 六合(육합)

① 육합은 동방 乙木에 속하고 화합 · 협동의 신으로 길신이며, 혼인, 경
사, 해결사 등에 길하다.

② 육합 運(운)일 때 결혼을 많이 한다.

③ 육합은 사교성이 뛰어나며, 붙임성이 있어서 관운이 좋으면 외교관, 조
정관이 길하고 무역업, 중개업도 길하다.

④ 음수로서 이중성이 있고 귀가 여리고 남의 말을 잘 듣는다.

⑤ 성격이 온화하고 부드러운 편이고 화합은 잘하나 面相虛交(면상허교),
無情之意(무정지의)한다. 즉 겉으로는 친한 척하지만 정을 주지 않는
다. 속마음은 주지 않는다.

⑥ 육합이 배우자궁에 있으면 안 좋다. 배우자가 음란하여 부정한 일을 저
지른다. 왜냐하면 남과 화합을 잘하기 때문이다.

⑦ 육친 궁에 육합이 있으면 이성 상대 운은 길하고, 어느 궁에 있든지 길신
으로 작용한다.

⑧ 결혼에서 육합은 중매인으로 본다. 해결사 역할을 한다.

⑨ 직업은 외교관, 무역, 교역, 조정관, 중개업, 중매, 세일즈맨, 로비스트
등이 좋다.

5) 句陳(구진)

① 句陳(구진)은 중앙 陽土(양토)다.

② 성정은 고집이 세고, 완고하고 우직하며, 보수적이다. 다소 지능이 떨어진다.

③ 구진은 인색하고 구두쇠적인 면이 강하지만, 뒤에서 간교한 짓은 하지 않는다.

④ 관재구설이 발생하기 쉽고, 타협의 기술이 부족하다.

⑤ 소운에서 句陳(구진)이나 白虎(백호)가 臨(임)하면 흉하다.

⑥ 구진은 果敢(과감), 勇猛(용맹), 투쟁하는 마음이 있고, 항상 안정을 취하지 못하는 성향이 있다. 준백호로 病(병: 질액)의 의미도 있다.

⑦ 구진이 動(동)했을 때 일의 遲滯(지체)가 많다. 지체의 신이다.

⑧ 遊年運(유년운)에 구진이 들어오면 官災口舌(관재구설), 口舌是非(구설시비)를 조심해야 한다.

⑨ 日支宮(일지궁)이나 配偶者宮(배우자궁)에 句陳(구진)이나 白虎(백호)가 있으면 부부 이별을 암시하고, 결혼애로, 부부 애로가 있고, 일지궁에 있으면 내가, 배우자궁에 있으면 배우자가 먼저 헤어지자고 한다.

⑩ 토지나 조상에 관계된 재판이 생기거나, 옛날 일, 예전 질병, 옛날 소송이 다시 일어나기도 한다.

⑪ 입격자는 겸손할 줄 알고 隱忍自重(은인자중)하며, 豪快豪宕(호쾌호탕)하다. 실격자는 用殺(용살: 준백호)이다.

⑫ 실격자의 경우 경찰, 운동선수, 교도관, 직업군인 등이 좋다.

6) 朱雀(주작)

① 주작은 離方(이방)의 丙火(병화)다.

② 문서, 소식, 구설의 神이다. 관재구설과 禍亂(화란)을 주관하는 흉신으로 입, 참새를 상징한다(말이 많아서 일을 그르칠 수 있다).

③ 말을 잘하고 머리는 영리하나 말이 많고 조잘거린다. 남에게서 들은 말을 전하다가 구설을 일으키고 덤벙댄다. 권위적인 경향이 강하다.

④ 홍국수에 따라 길흉이 정해지며 길격이면 명문장가나 명연설가가 된다. 흉격이면 官災(관재)나 被訴(피소)를 당하기 쉽고, 형액도 당하기 쉽다.

⑤ 일지에 주작이 있으면 말로 먹고사는 영업이나 장사 직업이 좋다. 즉, 영업하는 사람은 일지에 朱雀(주작)이나 螣蛇(등사)가 있으면 좋다.

⑥ 七火(칠화)에 朱雀(주작)을 달면 口舌禍亂(구설화란)에 휘말린다.

⑦ 입격자는 직언을 잘하고 말솜씨가 능하고 문장력이 대단하다. 실격자는 궤변, 즉 입 때문에 화근이 되어 곤란을 겪는다. 자기 꾀에 자기가 넘어간다. 신약자는 狡猾(교활)하다.

7) 白虎(백호)

① 西方(서방)을 지배하는 陰金(음금)으로 大凶神(대흉신)이다.

② 백호는 살상을 즐기고 피를 부르는 횡포의 신으로 거칠고 살벌하며, 주로 살상, 투쟁, 실병, 交通사고, 노로 횡사, 횡포, 포악하나. 일시가 악하고 삼형, 삼살이 있으면 확실하다.

③ 白虎(백호)는 여자의 경우 剋夫(극부)의 命(명)이다.

④ 일지에 白虎(백호)가 있으면 성격이 暴惡(포악)하고 거칠다. 백호에 傷門(상문)과 天冲(천충)을 달면 더 확실하다.

⑤ 일지 궁에 백호나 구신이 있으면 부부 이별 암시로 본다. 일시 궁에 있으

면 내가, 배우자궁에 있으면 배우자가 먼저 헤어지자고 한다.

⑥ 財宮에 백호가 있으면 재물은 忽取忽散(홀취홀산: 소나기성 재물), 또는 부부 이별을 암시한다.

⑦ 官宮(관궁)에 있으면 부부 이별 암시 및 직장 관계가 안 좋다.

⑧ 백호는 어느 궁에 있든 질병이 발생하고, 서로 다투기를 좋아하므로 이로 인해 구설수가 생긴다.

⑨ 夫婦(부부) 沖(충)이면서 백호를 달면 이별한다.

⑩ 입격자는 果敢(과감)하고 용맹스럽고 정의로운 투사이며, 의리가 있다. 실격자는 아주 흉폭하고 살상을 일삼는다. 血狂死(혈광사: 핏빛을 본다)다.

⑪ 직업은 거칠고 살벌한 군인, 경찰, 형무관이 좋다.

8) 玄武(현무)

① 北方(북방)의 水(수)의 흉신이다.

② 욕심, 盜癖(도벽), 사기성이다.

③ 욕심 많고 머리는 영리하나 冷靜陰凶(냉정음흉)하다. 도벽과 淫亂(음란)한 일을 주관하며 奸巧(간교)하다.

④ 일지에 현무에 天蓬星(천봉성)과 九天(구천)이 있으면 큰 도둑이다.

⑤ 현무에 天逢(천봉)이 있으면 小盜(소도: 좀도둑)이다.

⑥ 일지나 일간에 玄武(현무)가 있으면 盜心(도심)이 있고 奸詐(간사)하며 일생을 虛送歲月(허송세월)하기 쉽다.

⑦ 현무가 鬼 宮(귀 궁) 있으면 평생 큰 병이 없다(鬼가 도둑맞은 격이니까). 財星(재성) 궁에 있으면 길하고(노년에 풍요), 기타의 육신궁에 있으면 모두 흉하다.

⑧ 六水에 玄武(현무)가 있으면 밤늦게 도둑맞는다.

⑨ 火 日柱의 경우 일생 동안 疾病(우울증)이 떠나지 않으니 강이나 바다에 가지 마라. 골짜기 물은 괜찮다.

⑩ 년국에서 재성에 현무 또는 등사가 있으면 도적을 조심해라.

⑪ 五十 土에 현무 또는 등사가 있으면 부동산 사기를 조심해라.

⑫ 五十 土에 坎宮(감궁)이나 乾宮(건궁)에 玄武(현무) 또는 螣蛇(등사)가 있으면 물가에 있는 부동산 사기를 조심해라.

⑬ 현무가 있는 遊年運(유년운)에는 도둑을 조심해라.

⑭ 입격자는 지혜가 있고, 냉정하고, 盜心(도심)이 있고, 실격자는 奸計(간계)하고, 陰凶(음흉)하고, 도심이 있다. 궤변을 잘 늘어놓는다.

※ 큰 병이 없는 경우

㉠ 鬼(귀)에 玄武(현무)가 있을 때, 왜냐하면 疾厄(질액)을 도둑맞은 격이기 때문이다.

㉡ 鬼(귀)에 空亡(공망)이 있을 때, 왜냐하면 疾厄(질액)이 공망되었기 때문이다.

㉢ 중궁에 관이 있을 때, 왜냐하면 鬼(귀: 疾厄)가 隱伏(은복)되어 있기 때문이다.

9) 九地(구지)

① 서남방의 坤宮(곤궁)에 위치한 土神(토신)으로서 반흉바김의 신이다

② 주로 勤愼(근신), 沈默(침묵), 埋葬(매장), 虛空(허공) 등이 일에 해당하고, 죽음의 신으로 剋制(극제)와 入墓(입묘)됨을 가장 꺼린다.

③ 성정은 우아한 것을 좋아하나 어둡고 소급하고 폐쇄적이며 때로는 生殺

與奪權(생살여탈권)도 관장한다. 욕심이 많아 만족할 줄 모른다.

④ 田畓(전답)에는 吉(길)하고 三奇(삼기: 丁丙乙)가 入墓(입묘)됨을 꺼린다.

⑤ 小運(소운)에 九地(구지)가 動(동)하면 主(주)는 凶(흉)이 없고, 客(객)은 凶(흉)하다. 즉, 해당 육친 효가 나쁘다.

⑥ 鬼(귀)에 구지가 있으면 謀陷(모함)받을 우려가 있다. 지하실, 맨홀을 주의하라.

⑦ 구지가 官·鬼에 臨(임)하면 殺生(살생)의 일이 발생하고, 財星(재성)에 臨(임)하면 財物(재물)이 풍족하다.

⑧ 부동산 매매, 取財(취재), 위험시에 피할 곳, 숨길 곳, 장례에 길하다.

⑨ 출행 전에 鬼(귀)가 九地(구지)를 달고 있으면 흉하다. 陷穽(함정)이나 謀陷(모함)받을 우려가 있다.

⑩ 遊年(유년)에 구지가 들면 陷穽(함정)이나 謀陷(모함)에 빠질 수 있다. 단시에서 鬼(귀)에 九地(구지)가 있으면 집 나간 자식의 경우 지하실에 감금되어 있다.

⑪ 九地(구지)는 드러나지 않는 隱蔽(은폐) 등의 일에 吉(길)하고, 陰性的(음성적) 求財(구재)에도 吉(길)하다.

⑫ 太陰(태음), 六合(육합), 九地(구지)와 함께 三陰神(삼음신) 중의 하나인 九地는 消極的(소극적)으로 임해야 小成(소성)이라도 가능하다.

⑬ 입격자는 心地(심지)가 깊다.

10) 九天(구천)

① 서북방에 있는 乾宮(건궁)의 金神(금신)이다.

② 성정은 强烈(강렬)하고 活動的(활동적)이고 부지런하며 언행이 바르고

조리 있게 말한다. 말보다 행동이 먼저고, 공격 위주다. 극단적이다.

③ 九天(구천)은 욱하는 불뚝 성질이 있다.

④ 길문과 삼기를 득하면 만복이 깃들지만 그렇지 못하면 愚昧(우매)하고 조급한 행동으로 타인의 비난을 초래한다.

⑤ 구천과 三奇(삼기), 三吉門(삼길문)이면 강력한 吉(길) 작용이고, 凶門(흉문)과 凶卦(흉괘)이면 凶(흉)이 더욱 흉하다.

⑥ 일지궁에 九天이 있으면 불같고 날카롭지만, 사귀고 나면 화끈하고 의리가 있다. 그러나 성격이 강하여 스스로 災難(재난)을 초래하기 쉽다.

⑦ 官宮(관궁)에 九天(구천)이 있으면 관직이 발전하고, 직위 승진하나, 다른 궁에 있으면 불리하다. 환자는 잘못되면 죽는다(하늘로 올라가니까).

⑧ 用事(용사)에서 적극적인 일, 즉 거병이나 출동에는 九天(구천)을 씀이 유리하고, 감추고 숨기는 데는 九地(구지)를 쓰라는 병법의 가르침이 있다.

천봉구성(天蓬九星)

1. 天蓬九星(천봉구성)의 의미

① 하늘의 낌새를 보는 것이다. 일명 時家九星(시가구성)이라고도 한다.

② 구성은 하늘의 별로 하늘의 徵候(징후, 氣運: 기운)가 인간계에 投影(투영)되는 상징적인 징표이다.

③ 각자의 命局(명국)에 나타난 九星(구성)은 그의 性情(성정)에 따른 인간의 성격(성향)을 형성하게 하고, 命局(명국)을 지켜 주는 守直星(수직성: 수호성)의 임무를 나타낸다(지키는 별). 즉, 한마디로 말하면 구성 자체가 그 사람의 성향을 포함한다고 보면 된다.

④ 구성의 왕상 여부는 계절을 먼저 보고 앉은자리 위주로 본다.

⑤ 구성의 본래 자리의 궁 오행과 앉은자리의 궁 오행을 비교하여 본다.

⑥ 기문둔갑에서 구성은 홍국의 태을구성과 연국의 천봉구성으로 분류한다.

　㉠ 太乙九星(태을구성)은 日柱(일주)를 基準(기준)으로 布局(포국)하며, 구궁 또는 일가팔문과 결합하여 주로 내적인 일을 관장하고,

　㉡ 天蓬九星(천봉구성)은 時柱(시주) 基準(기준)으로 포국하며 시가팔문과 결합하여 주로 외적인 일을 관장한다.

※ 연국기문에서는 천봉구성 대신 태을구성을 사용한다.

2. 九星(구성)의 종류

1) 구성의 종류

구성은 9개의 별을 말한다. 天蓬星(천봉성), 天任星(천임성), 天沖星(천충성), 天輔星(천보성), 天英星(천영성), 天芮星(천예성), 天柱星(천주성), 天心

星(천심성), 天禽星(천금성)이다.

2) 순서

순서는 시계 방향이다.

순서	一	二	三	四	五	六	七	八	중궁
구성	천봉성	천임성	천충성	천보성	천영성	천예성	천주성	천심성	천금성
약자	蓬(봉)	任(임)	沖(충)	輔(보)	英(영)	芮(예)	柱(주)	心(심)	禽(금)

3) 吉星(길성)과 凶星(흉성)

① 吉星(길성): 天任星(천임성), 天輔星(천보성), 天心星(천심성)

② 凶星(흉성): 天逢星(천봉성), 天芮星(천예성), 天柱星(천주성)

③ 半吉半凶(반길반흉): 天沖星(천충성), 天英星(천영성)

3. 九星의 基本 正位圖(기본 정위도)

天輔星 (甫) 巽宮 木星	天英星 (英) 離宮 火星	天芮星 (芮) 坤宮 土星	
天沖星 (沖) 震宮 木星	天禽星 (禽) 中宮 土星	天柱星 (柱) 兌宮 金星	– 九星(구성)은 바탕 오행이 아닌 宮(궁) 五行(오행)을 쓴다. – 천금성은 오황성이라 한다. 또한 황제성이라 해서 천금성이 바깥으로 나오면 비상사태 시국이라 한다.
天任星 (任) 艮宮 土星	天逢星 (逢) 坎宮 水星	天心星 (心) 乾宮 金星	

4. 九星(구성)의 布局(포국) 方法(방법)

1) 첫 번째 방법

육의삼기 지반을 포국한 다음, 時干과 같은 오행이 어디에 있나 찾아서 그 시간 위에 시주 旬首(순수)를 올려놓는다. 그리고 육의삼기 천반을 포국한다. 그다음 시 旬首(순수)와 같은 오행이 있는 육의삼기 지반 궁이 구성 본방 어느 구성에 해당하는지 확인한다. 그다음 구성 본방 궁에 있는 구성을 천반 시주 旬首(순수)가 있는 궁에 붙이고 시계 방향으로 蓬(봉), 任(임), 沖(충), 輔(보), 英(영), 芮(예), 柱(주), 心(심) 순으로 순서대로 붙여 나간다.

2) 두 번째 방법

坎宮(감궁)에 있는 地盤(지반) 六儀三奇(육의삼기)가 天盤(천반) 어느 궁에 있나 찾아서 그 宮부터 蓬, 任, 沖, 輔, 英, 芮, 柱, 心 순으로 시계 방향으로 순서대로 구성을 붙인다.

3) 天地盤(천지반) 육의삼기가 伏吟(복음)이나 別格伏吟(별격복음)이면

본래의 자리인 坎宮(감궁)에서부터 蓬, 任, 沖, 輔, 英, 芮, 柱, 心 순으로 시계 방향으로 붙여 나간다.

※ 伏吟局(복음국)은 구성을 붙여도 작용을 하지 않고 暗交(암교)만 할 뿐이 므로 독자적인 집단으로 自力更生(자력갱생)하게 된다. 따라서 외길 인 생을 가는 게 바람직하고, 위험적이고 양성적인 일을 해서도 안 되며 제 한된 길과 소신에 찬 일을 하는 게 좋다.

4) 中宮(중궁)에 時干(시간) 또는 時柱(시주) 旬首(순수)가 있을 때

중궁에 있는 지반 육의삼기가 坤宮(곤궁)으로 出坤(출곤)하여 보는 원칙에 따라 중궁 지반 육의삼기가 곤궁에 있는 것으로 보고, 그 위에 時柱(시주) 旬首(순수)를 붙인다. 時柱(시주)의 旬首(순수)가 어디에 있는가를 확인하여 시주 순수가 있는 궁의 본래 구성을 시 순수가 있는 궁에 붙여서 시계 방향으로 붙여 나간다.

5) 구성의 진행

양둔, 음둔을 구분하지 않고 시계 방향으로 붙여 나간다.

6) 시주 순수

시주 순수는 중궁에는 붙이지 못하고 곤궁으로 나온 후 붙일 수 있다.

7) 중궁의 天禽星(천금성)이 나타날 때

비상사태(비상계엄)다.

① 시간 또는 시 순수가 중궁에 있을 때는 坤宮(곤궁)의 天芮星(천예성)이 중궁으로 오고 중궁의 天禽星(천금성)이 곤궁으로 가서 역할을 한다. 즉, 天芮星(천예성) 대신 天禽星(천금성)을 붙인다.

② 중궁에 시간 또는 시 순수가 없을 경우, 천금성은 중앙에서 出坤(출곤)하지 못한다.

[예시 1] 음력 1900년 ○○월 ○○일 미시(甲午年 庚午月 庚戌日 癸未時)

양력 6월 23일 음둔 하지 상원 九局(양둔 순행, 음둔 역행)

己 癸임	丁 戊충	癸 丙보
乙 丁봉	壬	戊 庚영
辛 己심	庚 乙주	丙 辛예

天輔 천보	天英 천영	天芮 천예
天沖 천충	天禽 천금	天柱 천주
天任 천임	天蓬 천봉	天心 천심

(1) 첫 번째 방법

① 먼저 육의삼기 지반을 포국한다. 陰遁(음둔)이니 역행한다.

② 九局이니 구궁(離宮 : 이궁)부터 육의삼기 지반을 布局(포국)한다.

③ 그다음 時干(시간) 위에 時 旬首(순수)를 올려놓고 육의삼기 천반을 포국한다(시 순수는 己다).

④ 그다음 육의삼기 天盤(천반)의 시 순수 己(기)는 地盤(지반) 어디에서 왔는지 확인한다. 己는 艮宮(간궁)에서 왔다.

⑤ 그리고 時 旬首(시순수)가 있는 지반 궁이 본래 구성의 무슨 자리인지 확인한다. 時(시) 旬首(순수) 己(기)가 있는 궁이 艮宮(간궁)이고 天任星(천임성) 자리다.

⑥ 따라서 時 旬首(시순수)가 있는 天盤(천반) 宮(궁)에 天任星(천임성)을 표기하고 시계 방향으로 차례대로 천임, 천충, 천보, 천영, 천예, 천주, 천심, 천봉성을 붙여 나간다.

(2) 두 번째 방법

① 먼저 육의삼기 地盤(지반)을 布局(포국)한다. 陰遁(음둔)이니 역행한다.

② 九局이니 九宮(離宮: 이궁)부터 육의삼기 地盤(지반)을 布局(포국)한다.

③ 그리고 六儀三奇(육의삼기) 天盤(천반)을 布局(포국)한다.

④ 그다음 坎宮(감궁)에 있는 지반 육의삼기가 천반 어느 궁에 있는지 확인한다. 坎宮(감궁)에 있는 지반 육의삼기가 乙(을)이다. 乙(을)이 震宮(진궁) 천반에 있다. 따라서 진궁부터 천봉, 천임, 천충, 천보, 천영, 천예, 천주, 천심성을 시계 방향으로 붙여 나간다.

[예시 2] 음력 1900년 ○○월 ○○일 사시(辛未年 丁酉月 丙戌日 癸巳時)
음둔 추분 중원 一局(時干이 中宮에 있을 때)

壬 丁 천심	戊 己 전봉	庚 乙 천임
辛 丙 천주	癸	丙 辛 천충
乙 庚 천금	己 戊 천영	丁 壬 천보

天輔 친보	天英 천영	天芮 천예
天沖 천충	天禽 천금	天杜 천주
天任 천임	天蓬 천봉	天心 천심

(1) 첫 번째 방법

① 一局이니 坎宮(감궁)에서부터 육의삼기 지반을 포국하고 음둔이니 역행한다.

② 그다음 時干(시간)이 어디에 있는지 확인한다. 시간이 중궁에 있다. 시간이 중궁에 있으면 구성 포국을 할 수 없으니 곤궁으로 出坤(출곤)하여 육

의삼기 천반을 포국한다. 즉, 곤궁 乙이 중궁으로 가고 중궁 癸가 坤宮
(곤궁)에 있는 것으로 보고 곤궁 乙위에 時 旬首(시 순수)를 붙인다(시 순
수는 庚(경)이다).

③ 그다음 시 순수 庚(경)을 時干(시간) 癸(계: 곤궁 乙) 위에 올려놓는다.

④ 그다음 육의삼기 천반을 포국한다. 시 순수 庚(경)이 어디에서 왔는지 확
인한다. 庚(경)은 艮宮(간궁)에서 왔다. 따라서 시간 癸 위에(乙) 시 순수
庚을 붙이고 가까운 방향으로 육의삼기 천반을 포국한다.

⑤ 그리고 시 순수 庚이 있는 궁이 본래 구성 어느 자리인지 확인한다. 시
순수 庚(경)은 艮宮(간궁) 天任星(천임성) 자리다.

⑥ 天任星(천임성)을 시 순수가 있는 坤宮(곤궁)에 표기하고 시계 방향으로
차례대로 구성을 붙여 나간다. 즉 곤궁부터 천임, 천충, 천보, 천영, 천
예, 천주, 천심, 천봉성을 시계 방향으로 붙여 나간다.

(2) 두 번째 방법

① 먼저 육의삼기 지반을 포국 한다. 음둔이니 역행한다.

② 九局이니 九宮(離宮: 이궁)부터 육의삼기 지반을 포국한다.

③ 그리고 육의삼기 천반을 포국한다.

④ 그다음 감궁에 있는 지반 육의삼기가 천반 어느 궁에 있는지 확인한다.
감궁에 있는 지반 육의삼기가 戊(무)이다. 무가 離宮(이궁) 천반에 있다.
따라서 이궁부터 천봉, 천임, 천충, 천보, 천영, 천예, 천주, 천심성을
시계 방향으로 붙여 나간다.

[예시 3] 음력 1900년 ○○월 ○○일 술시생(辛未年 乙未月 甲戌日 甲戌時)

양력 7월 18일 음둔 소서 하원 5국(복음국일 경우)

己 己 천보	癸 癸 천영	辛 辛 천예
庚 庚 천충	戊	丙 丙 천주
丁 丁 천임	壬 壬 천봉	乙 乙 천심

天輔 천보	天英 천영	天芮 천예
天沖 천충	天禽 천금	天柱 천주
天任 천임	天蓬 천봉	天心 천심

① 五局이니 중궁에서부터 육의삼기 지반을 포국하고 음둔이니 역행한다.

② 그다음 時干(시간)이 어디에 있는지 확인한다. 시간이 甲(갑)이니 奇門(기문)에서는 甲(갑)은 숨어 있으니 쓸 수가 없기 때문에 時柱(시주)의 旬首(순수)를 時干(시간)으로 보고 시간 위에 시 旬首(순수)를 붙인다. 즉, 伏吟局(복음국)이 된다는 것이다. 時(시) 旬首(순수)가 己(기)이니 時干(시간)도 己(기)가 되니, 己 위에 己를 올려놓는 것이다. 즉, 복음이 된다는 것이다.

③ 육의삼기 천반을 포국해서 伏吟(복음)이 되면 九星(구성)의 자리를 옮기지 않고 본래 자리 坎宮(감궁)에서부터 蓬, 任, 沖, 輔, 英, 芮, 柱, 心 순으로 시계 방향으로 구성을 붙여 나간다.

5. 九星(구성)의 伏吟(복음)과 別格伏吟(별격복음)

1) 구성이 제자리에 앉는 경우

다음의 경우는 구성이 제자리에 앉는다(감궁부터 포국한다는 것이다).

① 時干(시간)과 時(시) 旬首(순수)가 같은 경우

㉠ 甲子(戊辰), 甲戌(己卯), 甲申(庚寅), 甲午(辛丑), 甲辰(壬子), 甲寅

　　　　(癸亥)

　　㉡ 갑을병정을 빼고 戊부터 시작하니 甲子(갑자) 旬(순)에 戊辰(무진), 甲

　　　　戌旬(갑술순)에 己卯(기묘), 甲申旬(갑신 순)에 庚寅(경인), 甲午 旬(갑

　　　　오 순)에 辛丑(신축), 甲辰 旬(갑진 순)에 壬子(임자), 甲寅 旬(갑인 순)

　　　　에 癸亥(계해)가 된다.

　② 時干(시간)이 中宮(중궁)에 있고 時 旬首(순수)가 坤宮(곤궁)에 있을 때

　③ 시주 旬首(순수)가 중궁에 있고 時干(시간)이 坤宮(곤궁)에 있을 때

　2) 伏吟(복음)에서는

　九星(구성)을 붙여도 작용을 하지 않고 暗交(암교)할 뿐이므로 작용이 뚜렷
하지 못하여 독립적인 작용은 못 한다.

　3) 구성이 제자리에 앉아 움직이지 않으면

　하늘의 낌새를 볼 수 없다. 즉, 日月無光(일월무광)으로 九星을 활용하지
못한다. 아무것도 보이지 않기 때문이다.

6. 九星(구성)의 내용

1) 天蓬星(천봉성)

① 坎宮(감궁)에 위치한 큰 盜賊(도적)의 신으로 수성이고, 북방의 수호신
　　이다.

② 성정은 큰 도적, 盜心(도심) 있고 욕심이 많다. 관재구설, 침체, 사기,
　　혼란을 야기한다.

③ 천봉이 있으면 공격은 불리하니 방어 수비에 주력하는 것이 좋다.

④ 천봉은 오행이 水라서 거만하고 머리를 잘 굴린다.

⑤ 천봉은 訴訟(소송)과 出兵(출병)에는 길하고, 혼사 · 이사 · 商賣(상거래) · 埋葬(매장) · 嫁娶(가취: 시집가고 장가듦) 등은 凶(흉)하다.

⑥ 천봉이 일간이나 小運(소운)에 있으면 방어 · 수비만 해야지 확장해서는 안 된다.

⑦ 천봉이 官에 붙으면 진급이나 승진하려고 해서는 안 되며 수비 防禦(방어)만 주력하는 게 좋다.

⑧ 년국에서 世(세: 일지)에 천봉성이 있으면 그해는 확장하지 말고, 방어 수비만 주력해라.

⑨ 일지에 天蓬(천봉)과 九天(구천)이 있으면 大盜(대도)다. 욕심이 많다. 천봉과 玄武(현무)이면 小盜(소도)다. 왕하면 도둑이 아니다.

⑩ 天蓬星(천봉성)이 財爻(재)효에 있으면 부인이 욕심이 많고, 官爻(관효)에 있으면 남편이 욕심이 많다.

⑪ 천봉성은 큰 도둑이기에 도둑을 지켜야 하므로 천봉성을 가진 사람은 경비를 하거나 관리직의 직업을 가지면 좋다.

⑫ 사교상에는 다 된 일이 뒤집혀서 어려움에 빠지고 생각지 못한 재난이 발생하며 성공 직전에 방해로 일을 그르친다. 그러나 休門(휴문)이 同宮(동궁)하면 모든 일이 순조롭다.

⑬ 職業(직업)은

　㉠ 旺相(왕상, 得氣: 계절을 얻음)하면 물과 관계된 무관 직업군인, 船長(선장), 守門將(수문장) 등 수장의 격이다.

　㉡ 休囚(휴수, 失氣: 계절을 얻지 못함)하면 도둑, 거지, 선원, 운전원이다. 旺相(왕상)하면 盜心(도심)은 있지만 도둑은 아니다.

2) 天任星(천임성)

① 艮宮(간궁)에 위치한 토성으로 대길하며, 동북방의 守護星(수호성)이다.

② 天任(천임)의 性情(성정)은

　　㉠ 어질고 점잖다. 소극적이어서 결정적일 때 후퇴를 일삼는다.

　　㉡ 기회를 포착하는 능력과 적응력이 뛰어나고, 개혁·변동의 선두에 나
　　　서는 일이 많아 독불장군격으로 행동하면 실패한다.

③ 천임성은 정보 수집이 빠르고 임기응변에 능하다.

④ 천임성은 한번 마음이 뒤틀리면 참지 못하고, 하던 일을 집어치우는 개
　혁·변동을 서슴지 않고 일으킨다.

⑤ 求職(구직), 請託(청탁), 婚姻(혼인), 이사, 祭禮(제례), 拜謁(배알) 등에
　길하다. 특히 혼인 택일에 좋다. 수조불의(수리), 집수리는 흉하다.

⑥ 小運(소운)에 天任(천임)이 있으면 밀고 나가지 못하고 주춤한다.

⑦ 일지에 天任(천임)이 있으면 일반인은 중간 간부 이상은 한다.

⑧ 일지에 있고 힘이 있으면 左相格(좌상격: 좌의정을 달리 부르는 말)으로 보
　고, 官(관)과 조화되면 재물과 부를 누리는 형국이고, 평범하면 하급 관
　리로 본다.

⑨ 천임성이 토궁에 있으면 본자리에 앉아 氣運(기운)을 얻는 경우인데, 財
　運(재운)이 吉(길)하고 만인을 이끄는 形勢(형세)로 판단한다.

⑩ 職業(직업)은

　　㉠ 旺相(왕상: 得氣)하면 백관의 우두머리, 문관, 한림학자, 현인군자요

　　㉡ 休囚(휴수: 失氣)하면 농사나 짓고, 하급 관리직이다.

3) 天沖星(천충성)

① 震宮(진궁)에 위치한 목성으로 소길성이고, 동남방의 수호성이다.

② 性情(성정)은 말재주가 좋고 기교에 능하다. 즉, 말을 잘한다.

③ 천충성은 무관의 기질과 공격성으로 살벌하지만 일지가 힘이 있으면 은혜를 알고, 忠直(충직)하며 불의와 타협하지 않고 정의롭다.

④ 천충은 다른 사람을 救濟(구제)하는 데 앞장서다가도 怒氣(노기)가 나면 주변을 파괴시키는 好殺性(호살성) 기운이다. 즉, 정이 많아 남을 잘 도우나 화가 나면 물불을 못 가려 비난을 받기도 한다.

⑤ 일지에 천충성이 있으면 가정에 애로가 많다. 부부 사이가 나쁘다. 왜냐하면 이해가 안 되면 타협하지 않기 때문이다.

⑥ 천충에 傷門(상문)이 同宮(동궁)하면 여행 중에 盜賊(도적)을 만나거나 물건을 잃어버릴 수 있다.

⑦ 천충에 驚門(경문)이 加臨(가임)하면 명분이 없으면 어떤 일도 하지 않는다.

⑧ 천충성은 정벌, 토벌, 酬恩(수은: 은혜를 갚음), 商賣(상매: 상거래), 移徙(이사)는 吉하지만 修造(수조: 고치고 짓는 것)와 조성하는 일은 흉하다.

⑨ 천충은 활동력이 강하고 두뇌가 영리하여 일을 처리함에 있어서 추진력이 빠르고 대단하나 엉뚱한 면이 있어 일을 잘 저지르고 처리한다.

⑩ 천충성은 墓(묘)자리 埋葬(매장)에는 흉하나, 도적 잡는 데는 길하다.

⑪ 충은 충돌하는 것이기 때문에 철거반, 백정(정육점) 일을 하면 괜찮다.

⑫ 職業(직업)은

　　㉠ 旺相(왕상: 得氣)하면 무관, 군인, 경찰, 법조인, 스포츠맨 등이 좋고

　　㉡ 休囚(휴수: 失氣)하면 선원, 운전수, 기술자가 좋다.

4) 天輔星(천보성)

① 巽宮(손궁)에 위치한 木星으로 대길성의 신, 동남의 수호성이다.

② 性情(성정)은 재주가 비범하고 문장에 능하며 온화하다. 사교적인 면이나 일 처리에 있어서 능력을 발휘한다. 처세에 능하다.

③ 천보성은 군자의 기질로 문장, 화술, 사교에 능하다. 難事(난사)라도 힘안 들이고 성사시키고 대인관계가 좋다.

④ 천보성은 인사·청탁·결혼은 吉하고, 이사 경영·賣買(매매)는 흉하다.

⑤ 천보성은 삼길신 중 하나로 육친궁에 닿는 대로 길하다.

⑥ 천보성은 風(중풍)을 관장한다. 艮宮(간궁), 震宮(진궁), 巽宮(손궁)에 천보성이 있으면 중풍이 있어도 반드시 낫는다(일어난다). 乾宮(건궁)이나 태궁에 있으면 못 일어난다. 왜냐하면 金剋木(금극목)하기 때문이다.

⑦ 일지에 천보성이 있어 책을 낸다면 베스트셀러가 될 수 있다. 만약 時支(시지)에 천보성이 있으면 자식이 문장력이 좋다.

⑧ 부하 직원에게 부탁할 경우 日支(일지)에 천보성이 있는 부하 직원에게 부탁해라.

⑨ 일지에 천보성이 있으면 어려운 일을 쉽게 잘 해결한다.

⑩ 천보성이 일지에 있으면 내가 가르치는 직업을 하고, 가르치는 직업을 하지 않더라도 무슨 말을 하더라도 차근차근 조리 있게 말한다.

⑪ 孫(손)에 천보성이 있으면 자식 중에 가르치는 사람(선생)이 있다.

⑫ 印綬(인수)에 천보성이 있으면 부모님이 가르치는 직업을 한다.

⑬ 杜門(두문)에 三陰神(삼음신)이 있으면 묘소 移葬(이장)에 길하다.

⑭ 職業(직업)은

　㉠ 왕상(旺相: 得氣)하면 문교, 학사, 장학, 베스트셀러 작가가 되며

　㉡ 휴수(休囚: 失氣)하면 산중거사, 기인(재주는 있어도 통하지 않는다. 남들

이 이해 못 하는 행동을 한다), 승도지명이다.

5) 天英星(천영성)

① 離宮(이궁)에 위치한 화성으로 소흉성이고 남방의 守護星(수호성)이다.

② 이궁은 숨길 수 없는 만큼 밝은 광채가 넘치기에 정직하고 충직하다. 의리파로 매사를 정확히 처리한다.

③ 천영성은 火의 속성을 지니고 있어 일시적인 興盛(흥성)을 발하고 多慾多情之象(다욕다정지상)이라 一成一敗(일성일패)의 소흉성으로 욕심을 부리면 실패한다.

④ 得令(득령)하면 학문으로 빛날 수 있고, 失令(실령)하면 두서없이 뛰어들다가 망할 수 있다.

⑤ 천영성은 발전할 때는 速發(속발)하기에 무리한 확장과 투자를 하다가 망하는 경우가 많다.

⑥ 문화의 성으로 문학 · 학문 · 시험 · 잔치 · 서류 제출 · 출행 · 遠行(원행) · 嫁娶(가취) · 혼사 택일 · 보고서 작성은 吉하고, 경영 · 개축 · 증축에는 흉하다. 음식, 약 제조, 용병, 이사, 제례, 築實(축실: 낮거나 깊은 곳에 흙을 채움) 등에도 좋지 않다.

⑦ 天英(천영)과 景門(경문)이 同宮(동궁)이면 상사에게 보고서를 올리거나 共同(공동) 투자에 길하다.

⑧ 職業(직업)은

㉠ 旺相(왕상· 得氣)하면 翰林學士(한림학사, 장학사, 교장, 대학장), 미술, 그림, 페인트 계통의 직업이 좋고

㉡ 休囚(휴수: 失氣)하면 貧用(빈용), 가난한 것을 자랑삼는다.

6) 天芮星(천예성)

① 坤宮(곤궁)에 위치한 토성으로 대흉성이고 서남방 수호성이다.

② 천예는 질병의 신으로 도적, 손재, 살상, 死氣(사기), 口舌(구설) 등에 凶事(흉사)를 유발하는 흉신이다.

③ 天芮(천예)는 고집스럽고 인내심이 강하다.

④ 천예는 질병이고 死門 方(사문 방)이니 病星(병성)을 관장하고, 천예와 同柱(동주)하는 육친은 모두 흉하다.

⑤ 천예는 제자, 천보는 스승, 천예는 질액, 천심은 의사로 본다. 천예는 단독으로도 病(병)으로 본다.

⑥ 天芮星(천예성)은 제자, 天輔星(천보성)은 스승으로 보아 앉은자리 오행상 제자가 스승을 극하면 학문을 전수받지 못하니 더욱 노력해야 하고, 천보성이 천예성을 생하면 학문을 전수받는다.

⑦ 일지에 천예성과 六合(육합)이 같이 있으면 집회, 결사에 좋다.

⑧ 존경하는 스승을 拜謁(배알)하고 벗을 만나는 일에는 길하고, 용병·移徙(이사)·거동·商賣(상매)·건축·입관·혼인에는 흉하다.

⑨ 天芮星(천예성)은 疾厄(질액)이요 天心星(천심성)은 의사인데 치료가 잘 되려면 천심성이 천예성을 궁오행으로 극해 주어야 한다. 즉, 천예성이 있는 궁오행을 천심성이 있는 궁 오행이 극제해 주는 것을 말한다.

⑩ 일지에 天芮(천예)가 있으면 타고난 疾厄(질액)이 있다. 坤命(곤명)의 官(관)에 천예성이 있으면 남편에게 疾厄(질액)이 있고, 乾命(건명)의 財(재)에 천예가 있으면 부인에게 타고난 질액이 있다고 본다.

⑪ 天芮(천예)는 남을 誘引(유인)하고 충동질하여 꼬임에 빠뜨리고 간사한 행동으로 곤경에 처하려다 오히려 자기가 당하고 마는 凶星(흉성) 중에 대흉성이다.

⑫ 職業(직업)으로는

    ㉠ 旺相(왕상: 得氣)하면 교사, 종교인, 군인, 경찰(말단직)

    ㉡ 休囚(휴수: 失氣)하면 困窮(곤궁)하고 천하여 노복, 도적, 고용인, 행
        상인

※ 타고난 疾厄(질액)이 있는 경우는 다음과 같다.

    – 日支(일지)에 偏官 鬼(편관귀)가 있는 경우

    – 日支에 12운성의 病宮(병궁)이 있는 경우

    – 日支에 天芮星(천예성)이 있는 경우

※ 일지에 천예성이 있는 사람은 질액이 있을 수도 있고, 몸에는 이상이 없
는데 집중력이 떨어져서 정신적으로 부산해하는 사람도 있다.

7) 天柱星(천주성)

① 兌宮(태궁)에 위치한 금성으로 흉성, 서방의 守護星(수호성)이다.

② 肅殺(숙살)을 管掌(관장)하는 金神인 재앙의 號令星(호령성)이다.

③ 性情(성정)은 음모 · 변절의 흉신으로, 교활하고 險難(험난)하다.

④ 천주성은 金의 속성이므로 신체의 일부를 자르는 속성을 지닌다.

⑤ 일지, 일간에 천주성이 있으면 건강 문제가 발생한다.

⑥ 일지에 붙으면 일체 거동 중지해라(관재, 감금, 다친다는 의미).

⑦ 삼형, 삼살, 庚加丙(경가병), 丙加庚, 庚加己(경가기), 己加庚, 七九殺
    (구설)이다. 孫動剋官(손동극관)이 있으면 확실한 官災(관재)로 본다.

⑧ 년국에서 천주성이 動處(동처)에 뜨면 일 년 내내 작용하다. 즉, 그 한 해
    는 안 좋은 일이 있다는 뜻이다. 非動處(비동처)이면 괜찮다.

⑨ 도망자 체포, 제사, 죄인 참형에는 길하고, 기타는 不用(불용)한다.

⑩ 職業(직업)은

㉠ 旺相(왕상: 得氣)하면 법관(판검사), 경찰

　　㉡ 休囚(휴수: 失氣)하면 언변이 능하다(맞는 것 같은데 맞지 않는 것).

8) 天心星(천심성)

① 乾宮(건궁)에 위한 금성으로 대길성이고, 서북방 守護星(수호성)이다.

② 性情(성정)은 果斷性(과단성) 있고 용감하고 강직하다. 또한 강건하고 정
　직하며 불굴의 정신이 있다.

③ 천심은 의사, 약사, 도사, 약, 부적 등을 의미하는 대길성이다. 의학의
　의사라 한다.

④ 천심은 하늘 자리로 勸善懲惡(권선징악)의 醫星(의성)이며 살성이다.

⑤ 천심성이 있으면 치료·범부(부적)·기예·혼인 택일 시 길하고, 修造(수
　조: 고치고 만드는 것), 移徙(이사)는 흉하다.

⑥ 杜門(두문)에 천심성이 있으면 입원할 수 있고, 년국에 두문에 천심성이
　있으면 올해 입원할 수 있다.

⑦ 開門(개문)이 천심과 同宮(동궁)하면 여행 중 귀인을 相逢(상봉)하여 희소
　식이 많고, 원하는 일이나 계획하는 일이 순조롭게 이루어진다.

⑧ 天心星(천심성)은 醫師星(의사성)이므로 天芮星(천예성)을 극해 주면 治
　癒(치유)가 되고 생해 주면 治癒(치유)가 어렵다.

⑨ 병성을 볼 때 년국을 위주로 보더라도 孫爻(손효)가 官, 鬼(관, 귀)를 剋
　(극)하면 治療(치료)가 된다.

⑩ 職業(직업)은

　　㉠ 旺相(왕상: 得氣)하고 천심성을 만난 入格者(입격자)는 의술에 종사
　　하고

　　㉡ 休囚(휴수: 失氣)한 失格者(실격자)는 手工業(수공업), 手藝(수예), 침

구사, 자수, 미싱, 技工(기공) 등에 종사한다.

9) 天禽星(천금성)

① 天禽星(천금성)은 중궁의 오황 토성으로 소길하며, 중앙의 수호성이다.

② 천금성은 중궁을 차지하고 있기 때문에 황제의 별로 임금, 대인 군자 등
  을 의미한다.

③ 性情(성정)은

  ㉠ 懲惡(징악), 補償(보상)의 九星으로 조급하고, 횡포하고, 야만스럽다.

  ㉡ 지배력과 정의심이 강하다.

  ㉢ 조폭 기질과 황제 기질을 가지는 양면성이 있다.

④ 천금성의 속성은 황제 보필이다. 祭祀(제사), 葬禮(장례)만 길하다. 기타
  는 不用(불용)이다.

⑤ 천금성이 中宮(중궁)에서 뛰어나올 경우 비상계엄이다. 따라서 밖으로
  안 나오는 게 좋다.

⑥ 천금성이 日支에 붙으면 집안에 문제가 있고, 孫爻(손효)에 붙으면 자식
  문제가 있다.

⑦ 홍국수 四九金에 천금성과 孫爻(손효)가 동궁하면 패륜아다.

⑧ 孫(손)에 천지반 四九金 운이면 자식이 문제를 일으킬 수 있다. 거기에
  더하여 시시끼시 있으면 조심해야 한다.

⑨ 職業(직업)은

  ㉠ 旺相(왕상: 得氣)하면 백관의 우두머리

  ㉡ 休囚(휴수· 失氣)하면 패륜아, 흉악한 두적, 공인, 무녀

태을구성(太乙九星)

1. 太乙九星(태을구성)이란

天上(천상)의 氣運(기운)을 나타내는 9개의 별을 말한다.

2. 太乙九星 種類(태을구성 종류)

太乙(태을), 攝提(섭제), 軒轅(헌원), 招搖(초요), 天符(천부), 靑龍(청룡),
咸池(함지), 太陰(태음), 天乙(천을)

3. 太乙九星 定位圖(태을구성 정위도)

招搖 (초요)	天乙 (천을)	攝提 (섭제)
軒轅 (헌원)	天符 (천부)	咸池 (함지)
太陰 (태음)	太乙 (태을)	靑龍 (청룡)

① 太乙九星(태을구성)은 자체 해석도 중요하지만 八門(팔문)과 결합하여 해석하기도 한다.

② 태을구성의 운행 순서는 洛書九宮(낙서구궁)의 순서대로 陽遁節(양둔절)이면 順行(순행)하고, 陰遁節(음둔절)이면 逆行(역행)한다.

③ 태을구성의 布局(포국)은 日柱(일주) 基準(기준)으로 포국하며, 일명 日家九星法(일가구성법)이라고도 한다. 중국기문에서 활용한다.

4. 太乙九星 布局(태을구성 포국)

① 태을구성은 명국만 빼고 다 본다(년국, 월국, 일국, 시국, 단시점).

② 日柱(일주) 基準(기준)으로 한다.

③ 陽遁(양둔)과 陰遁(음둔)을 區分(구분)한다.

④ 日柱(일주)가 속한 육십갑자 旬(순)을 찾아 그 旬首(순수)가 위치한 宮(궁)을 찾는다.

(陽遁의 旬 위치)

(陰遁의 旬 위치)

甲寅	甲戌	甲午	양둔은 간궁에서 甲子부터 시작해서 九宮 順行하고, 음둔은 곤궁에서 甲子부터 시작해서 九宮 逆行한다.		甲申	甲子
甲辰						甲辰
甲子	甲申			甲午	甲戌	甲寅

⑤ 찾은 宮이 시작궁이다. 그 궁에서부터 陽遁(양둔)이면 順行(순행)으로 그 旬(순)의 오행부터 육십갑자를 세어나가다 日柱(일주)가 위치하는 궁을 만나면 그 궁이 太乙(태을)의 자리가 된다.

[예시 1] 陰曆 己酉年 己巳月 壬寅日 甲辰時 生이고 陽遁 六局

丙 申 招搖	辛 丑 天乙	甲 午 攝提
乙 未 軒轅	丁 酉 天符	己 亥 咸池
庚 子 太陰	壬 寅 太乙	戊 戌 青龍

① 日柱(일주)가 壬寅日(임인일)이니 임인이 속한 旬(순)을 찾는다. 임인은 갑오 순이다. 甲午(갑오)는 陽遁(양둔)에서는 坤宮(곤궁)이므로 곤궁에서부터 甲午를 놓고 양둔이니 순행하여 임인일을 찾는다. 甲午 → 乙未 → 丙申 → 丁酉 → 戊戌 → 己亥 → 庚子 → 辛丑 → 壬寅이다. 壬寅이 坎宮(감궁)에 위치하게 된다. 따라서 坎宮이 太乙(태을)의 자리가 된다.

② 太乙의 자리를 찾았으면 九宮 순서대로 太乙(태을), 攝提(섭제), 軒轅(헌원), 招搖(초요), 天符(천부), 靑龍(청룡), 咸池(함지), 太陰(태음), 天乙(천을) 순서대로 太乙九星(태을구성)을 配置(배치)한다.

[예시 2] 陰曆 己卯年 壬申月 戊午日 辛酉時 陰遁 7局

	甲申	甲子
		甲辰
甲午	甲戌	甲寅

丙辰 太陰	庚申 軒轅	戊午 太乙
丁巳 天乙	乙卯 咸池	壬戌 天符
辛酉 招搖	己未 攝提	甲寅 靑龍

① 日柱(일주)가 戊午(무오)이니 戊午가 무슨 旬(순)인지 본다. 戊午는 甲寅旬(갑인순)이다. 陰遁(음둔)에서는 甲寅(갑인)이 乾宮(건궁)이다. 따라서 乾宮(건궁)에서 甲寅부터 시작해서 戊午가 나올 때까지 역행한다. 甲寅 → 乙卯 → 丙辰 → 丁巳 → 戊午이다. 戊午는 坤宮(곤궁)에 위치하게 된다. 그러므로 坤宮(곤궁)이 太乙 자리가 된다.

② 太乙(태을)의 자리를 찾았으면 九宮 순서대로 太乙(태을), 攝提(섭제),

軒轅(헌원), 招搖(초요), 天符(천부), 靑龍(청룡), 咸池(함지), 太陰(태음), 天乙(천을) 순서대로 태을구성을 配置(배치)한다.

5. 太乙九星(태을구성)의 내용

1) 太乙(태을)

① 태을은 오행상 坎宮(감궁)의 水이고 길성 中 길신이다.

② 태을은 사람을 만나 교제하고, 經營(경영)하는 일을 協商(협상)하고 決定(결정)할 때 유리하다. 따라서 社交(사교), 經營(경영), 賣買(매매), 結婚(결혼), 請願(청원), 請託(청탁)에 吉(길)하다.

③ 太乙(태을)은 上司(상사)에게 拔擢(발탁)되는 등 모든 일이 每事(매사) 순조롭게 진행되며 일마다 귀인의 도움이 크다. 특히 財物(재물)을 구하는 데 있어서 유리하고, 사업, 賭博(도박)과 投機性(투기성) 있는 일에도 좋다(재물, 사업, 투기, 도박, 장기, 바둑, 매매 등).

④ 문을 나서면 만나는 사람마다 賢良(현량)하여 목적을 무난히 달성한다.

2) 攝提(섭제)

① 攝提(섭제)는 오행상 坤宮(곤궁)의 土다. 凶星(흉성)이다.

② 攝提(섭제)는 災難(재난)을 일으키는 흉신이다. 게다가 死門(사문)까지 만나면 凶(흉)이 더하여 災殃(재앙)이 形言(형언)할 수 없어, 비명 소리와 哭聲(곡성)이 끊일 날이 없다.

③ 시끄러운 일이 일어나고 退步(퇴보)하거나 死亡(사망)하는 흉함이 있다.

④ 농사짓는 사람은 소기 傷(상)히거나 농기구가 망가져 농사를 망친다. 단, 宮(궁)에서 生(생)을 만나면 큰 厄(액)을 면할 수 있으나, 剋(극)을 받으면 災禍(재화)와 危難(위난)이 이르러 생명까지 위태롭다.

⑤ 재물을 구하려고 해도 한 푼도 얻을 수 없고 婚姻(혼인)은 어긋난다. 그러므로 萬事(만사)가 不利(불리)하다. 오직 무엇을 숨기거나, 저장해 두는 것만 좋다.

⑥ 事業家(사업가)는 중요한 사람들이 그만두는 變故(변고)가 생기고, 생각하지 않는 事故(사고)로 事業(사업)이 中斷(중단)된다.

⑦ 遠行(원행)하면 일이 얽혀, 되는 일이 없고 개인의 일도 杜門不出(두문불출)이 上策(상책)이다. 妄靈(망령)되어 움직이면 다리 부상을 크게 입거나 災厄(재액)을 당하고 凶厄(흉액)을 당한다.

⑧ 驚門(경문)과 同宮(동궁)시에는 혼비백산하나 攝提(섭제)가 있는 궁에 生氣(생기)가 있으면 厄(액)을 면한다.

⑨ 攝提(섭제)는 오직 물건을 隱匿(은닉)하거나 무엇을 숨기거나 저장해 두는 것만 吉(길) 하여 輕擧妄動(경거망동)하면 重傷謀略(중상모략)을 당하거나 몸을 다치는 일이 발생한다.

3) 軒轅(헌원)

① 軒轅(헌원)은 오행상 震宮(진궁)의 木(목)이요 平星(평성)이다.

② 軒轅(헌원)은 是非(시비)가 생기고 官災口舌(관재구설) 등 시끄러운 일을 만나고, 물건을 잃어버리거나 凶禍(흉화)의 일이 생긴다.

③ 作事(하는 일)에는 얽힘이 생겨서 될 듯하다가 안 되고, 다 된 일도 공교롭게 틀어져 버린다. 賣買(매매)는 잘 이루어지지 않고, 이루어져도 매우 늦거나 損害(손해) 보기 쉽다.

④ 出行(출행)은 목적한 일이 어긋나고 약속한 사람은 늦게 만나거나 못 만나고 經營(경영)은 障礙(장애)가 많아서 될 듯 될 듯하다가 안 되고, 다 되어 가던 일도 뒤틀리고 損財(손재)가 따른다.

⑤ 賭博(도박)이나 投機(투기) 등에는 돈을 잃기가 바쁘고, 每事(매사)에 障礙(장애)가 따른다.

⑥ 軒轅(헌원)을 만나면 변화가 많고 일을 벌인다. 移徙(이사)나 여행 등의 일이 생기기 쉽다.

⑦ 天盤(천반)이 地盤(지반)을 生(생)하면 재난이 느리게 오지만 相剋(상극)이면 나쁜 일이 급속히 오고, 憂患(우환)과 苦惱(고뇌)가 있고 급하게 근심할 일이 발생한다.

⑧ 身數局(신수국)에서 中宮(중궁)에 들거나, 年支宮(년지궁) 등 動宮(동궁)에 들면 移徙(이사)나 移職(이직)의 일이 있고 外國(외국)에 나갈 일이 생긴다.

4) 招搖(초요)

① 招搖(초요)는 오행상 巽宮(손궁)의 木神이다.

② 招搖(초요)가 있는 방위에 血光(혈광: 피 보는 일)이 비친다. 그러므로 鬪爭(투쟁), 殺生(살생), 陰害(음해), 謀略(모략)이 따르고 凶夢(흉몽)에 사로잡히며, 집안에는 憂患(우환)이나 疾病(질병) 등 놀라운 일이 연달아 생기므로 편안할 날이 없다. 家庭(가정)이 불안해진다.

③ 每事(매사)에 되는 일이 없다. 相剋(상극)되면 여정이 막히고 흉인을 만나 陰害(음해)와 口舌(구설)에 싸이거나 詐欺(사기)나 盜難(도난)을 당한다. 그러나 招搖(초요)가 相生地(상생지)에 있으면 남을 누르고 投機(투기) 方面(방면)에는 이익으로 재미를 보며, 운동선수는 의외로 인기를 얻어 成事(성사)하는 수가 있다(경쟁할 때 좋다).

④ 天盤(천반)이 地盤(지반)을 生하고 印綬方(인수방)에 있으면 남을 牽制(견제)하거나 누르고 부동산 등 投機(투기) 방면에는 예상외로 재미(이익)를

본다.

⑤ 천반이 지반을 剋(극)하면 만사 이루어지는 일이 없고, 여행 중에 도둑이
나 凶人(흉인)을 만나 陰害(음해)와 口舌(구설)이 생기고 詐欺(사기)나 盜
難(도난)을 당한다.

⑥ 身數局(신수국: 년국)에서 孫(손)에 招搖(초요)가 있으면 그달은 남의 싸움
판에 끼어들지 마라. 옷에 피 묻힌다.

5) 天符(천부)

① 천부는 오행상 中宮(중궁) 토신이다. 凶星(흉신)이다.

② 천부는 일을 이루기가 어렵고 凶(흉)하다.

③ 淫亂(음란)한 여인의 꾐에 빠지기 쉽고, 病厄(병액)이 侵勞(침노)하기 쉬
우며 官災口舌(관재구설)이 따른다.

④ 초상집에 가면 厄運(액운)을 달고 오게 되며, 음식이나 술에 체하여 苦生
(고생)하는 수가 있다.

⑤ 출행에는 여정이 순조롭지 못하고, 차량 故障(고장)이나 事故(사고)로 늦
어질 수 있다.

⑥ 經營事(경영사)에는 실패가 따르고, 文書事(문서사)나 賣買事(매매사)에
는 말썽이 생기니 手票(수표) 거래 및 保證(보증) 斡旋(알선) 등을 하면 이
용당할 수 있으니, 輕擧妄動(경거망동)하지 말고 愼重(신중)해야 한다.

⑦ 천반이 지반을 상극하면 좋은 일이 없고 行客(행객)은 歸期(귀기)가 늦어
지고 찾는 사람의 거처를 알 수가 없다.

6) 靑龍(청룡)

① 청룡은 오행상 乾宮(건궁)의 金神이고 大吉星(대길성)이다.

② 病者(병자)는 좋은 의사를 만나게 되어 完治(완치)하게 되고,

③ 賣買事(매매사)와 經營事(경영사)에는 예상외의 利益(이익)이 남게 되니 즐거움이 많다. 財物(재물)은 생각보다 훨씬 많이 생긴다.

④ 집안에는 慶事(경사)가 重重(중중)하다.

⑤ 出行(출행)하면 貴人(귀인)을 만나 目的(목적)을 이루기 쉽다.

⑥ 賭博(도박)이나 내기에는 이기고 일을 결정할 때도 매우 길하다.

⑦ 官職(관직)도 높이 오르고, 만인이 우러러보고 계획한 일은 大成(대성)이요, 官訟事(관송사)는 勝利(승리)하고 장수가 출군하여 적과 싸우면 크게 승리한다.

⑧ 天盤(천반)이 地盤(지반)을 生(생)하면 재산을 모으는 데 아주 吉(길)하고 橫財(횡재)하며, 천반이 지반을 剋(극)하면 재산을 모으는 데 약간의 어려움과 경영하는 일에 困難(곤란)을 당한다.

⑨ 靑龍(청룡)이 相生地(상생지)에 있으면 관직도 높이 오르고 큰 이익을 얻으며 投資(투자)에도 吉(길)하다.

7) 咸池(함지)

① 함지는 오행상 兌宮(태궁)의 金神(금신)이다. 大凶星(대흉성)이다.

② 咸池(함지)는 官厄(관액)을 주도하는 運(운)이다.

③ 함지는 물에 관련된 일에는 좋으나, 다른 일을 行(행)하면 負傷(부상)을 당하거나 슬픈 일이 생기고 官災口舌(관재구설)이 따르고 疾病(질병)이 떠나지 않으니 苦難(고난)이 重重(중중)하다.

④ 喪家(상가)집 弔問(조문)은 꺼리니 피해라.

⑤ 慶事(경사)에는 불길한 일이 일어나며, 남의 陰謀(음모)에 빠져 困境(곤경)을 치르고 痛哭(통곡)하게 된다.

⑥ 求財(구재)에는 헛수고이니 투자나 도박 등 재물을 구하는 일은 매사가 不成(불성)이니 신선의 비결도 필요 없다. 도박은 큰 손해를 본다.

⑦ 每事(매사)가 마땅치 않고 은밀히 하는 일도 사사건건 發覺(발각)되어 亡身(망신)을 당한다.

⑧ 남들과 싸우는 訟事(송사)와 裁判(재판) 등의 일에는 끼어들지 말라.

⑨ 천반이 지반을 生(생)하면 凶厄(흉액)이 감소되니 큰 재액을 면할 수 있으나, 천반이 지반을 극하면 危難(위난)이 극심하다. 萬事(만사)에 유익함이 하나도 없다.

8) 太陰(태음)

① 태음은 오행상 艮(간궁)의 土神이고 陰助(음조)의 吉星(길성)이다.

② 日支宮(일지궁)에 太陰(태음)을 만나면 백 가지 災殃(재앙)이 不侵(불침)이다.

③ 여행 중에는 어진 벗을 만나게 되고, 여인을 만나면 좋은 일이 있으며 이성이 따르기도 하고 慶事(경사)도 있다.

④ 경제적으로는 좋지만 부적절한 연애 사건이 많이 일어나기도 한다.

⑤ 婚姻(혼인)은 성립된다.

⑥ 求財(구재)에는 貴人(귀인)의 도움으로 이익을 크게 얻을 수 있다.

⑦ 시험은 합격하고 사업가는 번창하고 농민은 풍년이다.

⑧ 태음은 陰性的(음성적)인 財物(재물)을 얻는 데 길하니 뇌물을 먹어도 탄로 나지 않는다.

⑨ 대인과 여걸일지라도 감시자와 복병이 반드시 따르고, 특히 몰래카메라 등을 조심해야 한다.

9) 天乙(천을)

① 천을은 오행상 離宮(이궁)의 火神이고 吉星(길성)이다.

② 천을은 만사 순조로움을 象徵(상징)한다.

③ 婚事(혼사)는 좋은 배우자를 만나게 되니 대길이요, 結婚(결혼)은 成事 (성사)된다.

④ 財物(재물)을 얻을 때는 貴人(귀인)의 도움으로 利益(이익)이 많고 和合 (화합)하면 妥協(타협)이 잘되며, 관직 · 사업 · 직장에 즐거운 일이 많이 發生(발생)하고 순조롭다.

⑤ 職場(직장)인은 昇進(승진)이나 榮典(영전)의 吉運(길운)이 내포되어 귀인 의 도움으로 입신출세에는 더없이 좋으니 日就月將(일취월장)한다.

⑥ 失業者(실업자)는 職場(직장)이 생긴다.

⑦ 相生地(상생지)에 있으면 萬事(만사)가 이루어진다.

⑧ 出行(출행)과 건축 등에노 大吉(대길)하고, 訴訟(소송)에노 勝訴(승소)할 수 있다.

6. 八門(팔문)과 太乙九星(태을구성)

1) 休門(휴문)과 靑龍(청룡)이 同宮(동궁)하면

每事(매사) 萬事亨通(만사형통)하며 利益(이익)이 많고, 財物(재물)을 求(구) 하면 생각보다 더 많이 얻는다.

2) 休門(휴문)과 太乙(태을)이 동궁하면

시업이 순조롭게 진행되어 큰 재산을 모으며 競爭(경쟁)에서 승리하고 貴人 (귀인)을 만나 하는 일마다 잘된다.

3) 休門(휴문)과 天乙(천을)이 동궁하면

재산을 구하는 데 마음먹은 대로 되고 또 貴人(귀인)을 만나 근심사나 窮地(궁지)에 몰린 일이 잘 해결되며 가는 곳마다 술과 음식이 생기니 즐겁기만 하다.

4) 生門(생문)과 靑龍(청룡)이 동궁하면

① 귀인을 만나 큰 사업을 계획하고 하는 일마다 一瀉千里(일사천리)로 처리된다.

② 商業(상업)에 종사하면 많은 利益(이익)을 남기고 모든 일이 순조롭게 진행되니, 근심은 추호도 없고 웃음이 떠나지 않아 삶이 여유롭다.

5) 生門(생문)과 天乙(천을)이 동궁하면

세상살이에서 鬪爭事(투쟁사)는 전혀 찾아볼 수 없고 오직 열광적인 환영뿐이요, 經營事(경영사)에 좋은 결과가 나타나며 萬事亨通(만사형통)이다.

6) 生門(생문)과 太乙(태을)이 동궁하면

① 福德(복덕)이 作用(작용)하니 큰 재물을 얻게 되며 賣買(매매)나 수금이 잘되며 利益(이익)이 많고 追求(추구)하는 일에 자신이 있어 활기 있게 일을 추진한다.

② 財産(재산)을 求(구)함에 있어서도 많은 이익이 남아 즐거움만 가득하다.

7) 開門(개문)과 靑龍(청룡)이 동궁하면

① 計劃(계획)하는 일에 貴人(귀인)을 만나 萬事亨通(만사형통)하며 職場人(직장인)은 윗사람이 拔擢(발탁)해 주니 官職 運(관직운)이 아주 길하다.

② 經營事(경영사)는 순조롭게 진행되니 점점 더 큰 計劃(계획)을 세운다. 즉, 물고기가 용이 되는 격이다.

8) 開門(개문)과 太乙(태을)이 동궁하면

첫 事業(사업) 始作(시작)에 아주 吉(길)하고 사업을 경영하고 있는 사람은 경쟁 상대를 모두 물리치고 승승장구하게 된다.

9) 開門(개문)과 天乙(천을)이 동궁하면

첫 事業(사업) 始作(시작)과 現在(현재) 經營(경영)하고 있는 일에 불안해하거나 의심치 마라. 每事(매사)가 萬事亨通(만사형통)이며 성공과 큰 이익이 있을 뿐이다. 職場人(직장인)은 윗사람에게 拔擢(발탁)되어 昇進(승진)이나 榮轉(영전)의 기회가 주어진다.

시가팔문(時家八門)

1. 時家八門(시가팔문)이란?

① 시가팔문은 시주를 중심으로 하여 生門(생문), 傷門(상문), 杜門(두문), 景門(경문), 死門(사문), 驚門(경문), 開門(개문), 休門(휴문)까지 팔문을 배치한 것을 말한다.

② 시가팔문은 日家八門(일가팔문)과 명칭이 같고 팔문 定位(정위) 또한 같다. 그러나 日柱(일주)를 중심으로 한 八門(팔문)과 달리 時柱(시주)를 기준으로 한다는 점에서 일가팔문과 구별된다. 따라서 포국 방법은 일가팔문과는 전혀 다르다.

③ 時家八門은 아주 오래된 전통 방식으로, 병법에도 널리 이용되었던 방법이다.

④ 時家八門(시가팔문)은 시간과 방향에서도 관련이 많은 방법으로 단시점에서 많이 이용되고 있다.

2. 時家八門 布局法(시가팔문 포국법)

① 六儀三奇(육의삼기) 地盤(지반)을 基準(기준)으로 한다.

② 時柱(시주)의 旬首(순수)를 확인하여 旬首가 있는 宮(궁)을 확인한다.

③ 그 旬首(순수)가 있는 궁의 팔문 본래의 명칭을 확인한다.

④ 旬首(순수)가 있는 궁에 그 순수의 旬(순: 부두)을 놓고 陽遁(양둔)이면 九宮 순으로 순행하고 陰遁(음둔)이면 역행해서 육십갑자를 세어 가면서 時柱(시주)가 나올 때까지 세어 나간다.

⑤ 시주가 나온 궁에 시 순수가 있는 궁의 본래 팔문의 명칭을 붙인다.

⑥ 나머지 팔문의 명칭은 음둔·양둔 구분 않고 시계 방향으로 순행하면서 生門(생문), 傷門(상문), 杜門(두문), 景文(경문), 死門(사문), 驚門(경문), 開門(개문), 休門(휴문)의 八門(팔문)을 붙여 나간다.

[예시] 음력 2000년 ○○월 ○○일 유시생(丙戌年 壬辰月 丙寅日 丁酉時)
양력 4월 7일 酉時 양둔 청명 상원 四局

● 팔문 본래 정위도

杜門	景文	死門
傷門		驚門
生門	休門	開門

戊　生門	癸 丙申　傷門	丙　杜門
乙　休門	己	辛 甲午 景門
壬 乙未　開門	丁 丁酉　驚門	庚　死門

① 먼저 六儀三奇(육의삼기)를 布局(포국)한다.

② 時柱(시주)의 旬首(순수)를 확인하여 순수가 있는 宮(궁)을 찾는다. 시주는 丁酉(정유)이고 순수는 甲午(갑오) 辛(신)이다. 순수 辛(신)이 있는 궁은 兌宮(태궁)이다.

③ 旬首(순수) 辛이 있는 궁의 팔문 본래의 명칭을 확인한다. 태궁의 본래 팔문 명칭은 驚門(경문)이다.

④ 旬首(순수)가 있는 宮(궁: 兌宮)에 旬首의 旬인 甲午(갑오)을 놓고 양둔이니 九宮順으로 順行(순행)하여 시주 丁酉가 나올 때까지 세어 나간다.

⑤ 시주 순수가 도착한 궁은 坎宮(감궁)이다. 따라서 본래 순수가 있는 궁의 팔문 명칭 驚門(경문)을 시주 丁酉가 있는 坎宮(감궁)에 붙인다.

⑥ 나머지 팔문의 명칭은 양둔, 음둔 구분 않고 시계 방향으로 九宮 순행하
면서 팔문을 붙인다.

奇門命理學

유년운(遊年運)

1. 의의

① 日支(일지)가 규칙에 따라 돌아다니면서 만나는 運(운)을 말한다.

② 奇門遁甲(기문둔갑)에서는 9개 宮(궁)이 있다. 그중에 유일하게 각 궁을 돌아다닐 수 있는 것이 日支(일지)이다.

③ 地盤(지반)은 日支(일지)부터 궁 순서대로 順行(순행)하고, 天盤(천반)은 逆行(역행)한다.

④ 이렇게 다니면서 들어가는 궁의 숫자만큼 궁에 머물면서 大運(대운)의 역할을 한다. 따라서 大運(대운)을 流年(유년) 大運(대운)이라 한다.

⑤ 그리고 각궁을 1년씩 머물면서 이동하며 영향을 주는데 그것을 小運(소운)이라 하고, 遊年 小運(유년소운)이라 한다.

2. 流年運(유년운) 布局(포국) 사례

54–61　年支 36–42　　3 八 七　　壬	79–81 19–20　　8 三 二　　戊	71–77　時支 25–29　　1 十　癸巳 10 五　庚(甲申)	양력 2013년 3월 22일 14시(未時)生 양둔 중원 九局 　4　4　2　10 丁　丁　乙　癸　　一 未　亥　卯　巳　…　三 　8　12　4　6
62–70　月支 30–35　　2 九 六　　辛	52–53 43–45　　4 二(七) 三(八)　癸	86–90 10–17　　6 五 十　　丙	
82–85 18–18　　7 四 一　　乙	78–78 21–24　　9 一 四　　己	46–51　日支 1–9　　5 六 九　　丁	

① 遊年 計算時(유년 계산시) 十土는 중궁의 隱伏數(은복수)를 사용한다.

② 小運(소운)은 六儀三奇(육의삼기)를 포국한 후 태어난 年柱(년주)의 旬首(순수)를 찾는다. 년주의 旬首(순수)가 있는 궁에 旬(순)을 놓고 陽遁(양둔)이면 順行(순행)으로, 陰遁(음둔)이면 逆行(역행)으로 이동하여 그해의 年柱(년주)가 나오면 그 宮(궁)이 1세가 된다. 예를 들면, 癸巳年(계사년)의 旬首(순수)는 庚(경)이고 甲申(갑신)이 旬(순)이다. 따라서 庚(경) 위에 甲申(갑신)를 놓고 그해 年柱(년주)인 癸巳(계사)가 나올 때까지 이동하여 癸巳(계사)가 나오면 그 궁이 1세다.

대운(大運)과 소운(小運) 포국

1. 大運(대운)

① 地盤(지반) 大運(대운)은 순행하고, 天盤(천반) 大運(대운)은 역행한다.

② 地盤(지반) 대운은 1살부터 45세까지이고, 天盤(천반) 대운은 46세부터 90세까지다.

③ 대운은 일지가 있는 궁에서 1살부터 부여하는데 홍국수 숫자만큼 大運數(대운 수)를 부여한다.

④ 奇門(기문)에서는 大運(대운)의 단위가 9이므로 10은 隱伏數(은복수)로 처리한다. 洪局數(홍국수)에서 십(十)을 만나면 中宮(중궁)에 숨어 있는 은복수를 사용한다는 것이다.

[예시] 陰曆 1900년 ○○월 ○○일 酉時(壬寅年 己酉月 庚戌日 乙酉時)

53-54 38 　二 己 　一 癸	67-73 13-18 　七 乙 　六 戊	58-61 27-35 　四 癸 　九 丙	乾命 乙 庚 己 壬　　六 酉 戌 酉 寅　　七 음둔 九局
55-57 36-37 　三 丙 　十 丁	47-52 39-45 　六 　七 壬	82-90 4-7 月 九 戊 時 四 庚	육의삼기 천반은 시주의 旬首(순수)를 찾아서 그 순수를 시간 위에 붙인다. 乙酉(을유)의 旬(순)은 甲申(갑신)이고, 旬首(순수)는 庚(경)이다.
74-81 8-12 年 八 辛 　五 己	62-66 19-26 　五 庚 　八 乙	46 1-3 　十 丙 　三 辛 世	

① 日支(일지)가 乾宮(건궁: 戌亥方)이다.

② 건궁의 지반 홍국수가 三이니 건궁이 1살에서 3살까지 大運(대운)이다.

2. 小運(소운)

① 小運은 태어난 해, 즉 年柱(년주)를 가지고 찾는다.

② 다음은 年柱(년주)의 旬(순)과 旬首(순수)를 찾는다. 그다음 지반 육의삼
   기를 보고 旬首(순수)가 있는 궁에 旬(순)을 놓고 양둔이면 순행, 음둔이
   면 역행하여 년주가 나오는 궁까지 간다. 그 궁이 1살인 궁이다.

[예시] 음력 1900년 ○○월 ○○일 酉時(양력 9월 9일)

己癸 二 一	丙申 4 13 22 28	丁戊 七 六	庚子 8 17 23 32	癸丙 四 九	戊戌 6 15 30	乙 庚 己 壬 六 酉 戌 酉 寅 七 乾 陰遁 白露 上元 九局
乙丁 三 十	丁酉 5 14 29	壬 六 七	乙未 3 12 21 27	戊庚 九 四	月, 時支 壬寅 1 10 19 25	(양력 9월 9일) 壬寅은 甲午 旬이고 旬首는 辛이다. 따라서 辛이 있는 宮에 旬 甲午를 놓고 음둔이니 역행한다.
辛己 八 五	辛丑 9 18 24 33	庚乙 五 八	己亥 7 16 31	丙辛 十 三	世支 甲午 2 11 20 26	甲子(戊)年에 나이가 바뀐다.

① 태어난 해가 壬寅年이니 壬寅 → 辛丑 → 庚子 → 己亥 → 戊戌 → 丁
   酉 → 丙申 → 乙未 → 甲午이다. 壬寅은 甲午(갑오) 旬이고 旬首(순수)
   는 辛(신)이다.

奇門命理學

② 그러면 六儀三奇(육의삼기) 지반에서 辛이 어느 궁에 있는지 찾는다.

③ 旬首(순수) 辛(신)이 있는 궁에 旬(순) 甲午(갑오)를 놓고 年柱(년주: 壬寅) 가 나올 때까지 陽遁(양둔)이면 順行(순행)하고, 陰遁(음둔)이면 逆行(역 행)해서 太歲(태세: 년주) 壬寅(임인)이 나온 宮(궁)이 1살이다.

④ 소운 나이를 표기하다 보면 甲子年에 나이가 바뀌는 것을 볼 수 있다. 그것은 甲子부터 시작한 六十甲子의 마지막은 癸亥가 된다. 癸가 오 면 丁丙乙은 쉬고 다시 戊부터 시작한다. 그것은 癸亥 다음에는 새로운 六十甲子가 시작하기 때문이다.

⑤ 소운은 양둔이면 순행하고, 음둔이면 역행하면서 나이를 붙인다.

※ 壬寅年生은 23살이 甲子年이다. 甲子가 戊(무)이니 육의삼기 戊가 있 는 離宮(이궁)에서 나이가 23살로 바뀐다.

※ 소운에 天逢(천봉)이 있으면 사업을 확장하면 안 된다.

유년운(遊年運) 시 육신(六神)의 내용

유년운에 만나는 육신을 가지고 사주를 해석하는 것을 말한다.

1. 兄運(형운)

① 兄運(형운)에는 分官(분관), 分財(분재), 分印(분인)이 일어난다. 따라서 損財(손재) 운이다.

② 학생은 제2 학마운으로 친구와 어울려 노느라고 공부가 안 되고 좋은 대학 가기 어렵다.

③ 직장자는 직장 변동인데 나와 똑같은 사람을 만나니, 즉 나의 경쟁자가 생겼다는 뜻이니 직장 변동이다(내 직장을 뺏으려고 하니까).

④ 사업가는 가차 없이 損財(손재)다. 분관 분재, 분인으로 내 돈을 나누어 먹자고 하기 때문이다. 사업하는 사람은 형운이나, 鬼運(귀운)이면 안 좋다.

⑤ 사업가는 동업 제의, 지점, 분점 개설한다.

⑥ 兄運(형운)에는 돈을 갖고 다니지 말고 몸으로 때워라.

⑦ 兄運(형운)에는 봉급생활이 제일 좋다(봉급은 빼앗기지 않으니까).

⑧ 형운에는 무조건 결혼운이 안 좋다. 많은 사람들이 이혼한다.

2. 孫運(손운)

② 孫運(손운)에는 손생재로 돈을 벌기 위해 일을 벌인다. 돈을 번다.

② 孫爻(손효)는 財(재)가 없다면 역기능으로 官(관)을 친다. 孫(손)이 官(관)을 剋(극)하니 官災口舌(관재구설)이 일어난다(손동극관으로).

奇門命理學

③ 孫爻運(손효운)에는 官(관: 학교)을 剋(극)하므로 공부를 안 한다.

④ 孫運(손운)이 오면 여자는 남편을 미워하는 시기다(손동극관하니까). 이혼 또는 별거하려 한다. 대책으로는 남편 미워하지 말고 돈을 번다든지 밖에 나가서 활동하는 게 좋다(스트레스 해소를 위해).

⑤ 손효의 홍국수가 四九金이면 살성을 지니므로 자식과 떨어져 사는 것이 좋다.

⑥ 손동극관할 때 스트레스를 많이 받는다.

⑦ 손효는 부하 직원, 수하 사람, 제자 등으로 孫運(손운)에는 부하 직원 관리를 잘해야 한다(부하 직원 때문에 관재구설이 일어날 수 있으니까).

⑧ 학생은 제1 학마운으로 공부에 갈등을 느껴 공부가 잘 안된다. 좋은 성적이 안 나온다(돈 벌러 간다든지 아르바이트 등으로 공부가 안되니까).

⑨ 사업가는 돈 벌려고 투자한다. 일을 벌인다. 이미 사업하는 사람은 사업 확장 또는 새로운 일을 모색한다. 열심히 노력한다. 단, 孫生財(손생재)가 되어야 돈을 번다.

⑩ 직장자는 손동극관하면 직장 변동이 많다.

　㉠ 손이 왕하고 관, 귀가 약하면 직장을 바로 그만둔다.

　㉡ 손이 약하고 관, 귀가 왕하면 직장 그만두려고 마음만 먹는다.

3. 財運(재운)

① 財(재)는 乾命(건명)은 여자, 재물을, 坤命(곤명)은 재물, 媤家(시가: 시어머니)를 뜻한다.

② 건명은 재물을 탐하고, 여자를 만나고, 곤명도 재물을 탐하고 시가집에 관한 일이 발생한다. 재운에는 남자는 재물을 탐하고 여자를 만난다. 득히 없던 재운이 들어오면 공직자는 너욱 조심해야 한다. 사업자는 괜

찮다.

③ 학생은 제3 학마운으로 여자를 사귄다든지 가정 사정으로 공부가 안되고 대학도 좋은 데 못 간다. 財生官(재생관)하면 대학에 갈 수 있다(부유층이면 과외 수업 등으로 대책을 세워야 한다).

④ 직장자는 재물 욕심이 생기고 돈을 써서라도 승진하려고 한다. 그러나 여자 문제가 발생한다. 財生官(재생관)하여 힘을 모아 官鬼(관귀)가 나를 치면 돈, 여자 문제가 발생한다. 특히 공직자는 재운에 돈, 여자를 조심해라.

⑤ 事業家(사업가)는 財物(재물) 욕심이 생기고 돈을 만진다(돈 번다). 그러나 여자 문제는 발생할 수 있다. 財運(재운)에서 官, 鬼(관, 귀)가 없으면 父爻(부효)를 치는 逆機能(역기능)이 있다. 그러면 父爻(부효)에 대한 것이 안 좋아진다.

4. 官鬼運(관귀운)

① 官, 鬼(관귀)는 학교, 직장, 疾厄(질액), 범법자, 정부기관, 공권력, 관재구설이다.

② 10세 이전인 어린 시절과 나이 65세 이후는 官(관)도 鬼(귀)와 같이 질액으로 본다.

③ 학생은

　㉠ 정관 운에는 공부를 잘하고 좋은 대학에 갈 수 있다. 단, 自刑(자형)과 空亡(공망)은 제외다.

　㉡ 偏官 運(편관 운)에는 아파서 또는 스트레스를 받는다든지, 학교 다니기 싫어서 좋은 대학에 가지 못한다. 하지만 육사, 해사, 철도대학 등 특수대학이나 전문대 또는 야간대학은 갈 수 있다.

奇門命理學

④ 職場者(직장자)는

    ㉠ 正官運(정관운)에 취직, 승진, 명예를 얻는 시기이고,

    ㉡ 偏官鬼運(편관귀운)

        – 취직, 승진, 명예를 얻는 시기이기는 하나, 어렵게 얻는다.

        – 父爻(부효)가 있는 경우는 살인상생으로 들어오면 승진한다.

        – 부효가 없으면 鬼(귀)가 나를 치니 직장에서 쫓겨날 수 있고 승진도 어렵다.

        – 직장 일로 스트레스를 받고 잘못하면 관재구설도 생긴다.

※ 단식판단으로 일지 상수에 편관귀가 있으면 명예직, 건강 문제로 고달프다. 자존심이 강하다. 판단력이 흐려진다.

⑤ 사업가는

    ㉠ 正官 運(정관 운)에 사장 소리를 듣고, 명예를 얻는 시기다.

    ㉡ 偏官 運(편관 운)은 명예욕이 높아 주변 사람 돈을 끌어다 확장하나 실패한다.

    ㉢ 편관귀 운에는 절대 사업 시작하지 마라. 잘못하면 관재구설에 휩싸인다.

    ㉣ 나이 들면 건강 조심해라.

※ 특히 坤命(곤명)은 편관귀 운에 직장, 남편이나 남자 문제가 발생한다. 따라서 관재구설, 질액 등 건강에 문제가 있을 수 있다.

※ 일지 상수에 鬼(귀)가 있으면 자존심, 명예욕이 대단히 강하다.

5. 父運(부운)

① 부모, 상사, 인덕, 학문(공부), 문서, 재산(최종 재물), 자격증, 졸업장, 이권, 생명술, 계약 등이다.

ㄱ 10세 이전에는 부모의 동태를 보고,

ㄴ 10~20세에는 공부, 학교, 졸업장, 자격증으로 보고,

ㄷ 30~40대는 이권, 백그라운드로 본다.

※ 父運(부운)은 일단 좋은 運(운)이다. 父運(부운)에 空亡(공망)을 만나면 안 좋다. 父運(부운)이 없으면 上司(상사)가 도와주지 않는다. 학생은 공부가 不實(부실)하다.

※ 인수가 없는 사람은 머리 쓰는 자체를 싫어한다.

② 학생은 공부 열심히 하고 좋은 대학에 갈 수 있다. 단, 自刑(자형)이나 空亡(공망)이면 좋은 대학에 가기 힘들다.

③ 직장자는 상사의 도움으로 승진, 각종 자격증을 취득하고 공부도 할 수 있다. 편안한 시기다.

④ 사업가는

ㄱ 투자한 것을 수확하는 시기다. 즉, 편안한 시기이다. 그러나 투자나 확장을 해서는 안 된다(왜냐하면 거두어들이는 시기이기 때문).

ㄴ 부효는 수확하는 시기이고 필요한 만큼의 돈이 되는 운이다. 투자하는 경우에 잘못하면 망할 수 있다(장기 투자는 가능).

ㄷ 父爻(부효)는 孫爻(손효)를 치기 때문에 부도날 우려가 있다.

ㄹ 부효는 마지막 재물(연금 같은 것)이라고 한다(재산 관리를 잘해야 한다).

6. 世旺(세왕)

① 구속되는 것을 싫어하고 독립심이 강하다. 자기중심적인 개인 사업이 적당하다. 특히 자격증이 필요한 직업이 적격이다.

② 여자와는 因緣(인연)이 薄(박)하다.

③ 여자는 氣(기)가 강하여 財福(재복)은 있으나 남편 福(복)이 弱(약)하여 一

夫從事(일부종사)가 어렵다.

7. 孫旺(손왕)

① 대중을 상대하는 직업이 적격이다(상업, 음식점, 판매업, 흥행업).

② 여자는 남자와 인연이 薄(박)하고, 志操(지조)가 弱(약)하다.

③ 남녀 모두 부자는 될 수 있다.

8. 財旺(재왕)

① 한마디로 吝嗇(인색)하기가 이루 말할 수 없다.

② 직업은 상업, 중개업, 재정계통, 세무 계통이 적격이다.

③ 名譽(명예)는 중요시하나 德(덕)은 무관하다.

9. 官旺(관왕)

① 명예욕이 强(강)하며 직업 변동이 많고, 일지가 弱(약)하면 예리한 기운을 가진다.

② 대인관계를 많이 하는 활동적인 직업과 판매업 등에 많이 종사한다.

③ 여자는 성격이 고약하고 일부종사를 하지 못한다.

10. 父旺(부왕)

① 논리를 앞세우니 언론, 학문, 출판업, 교육업, 종교 계통이 좋다.

② 자식과 인연이 박하다.

제3장

격국

(48격)

개요(槪要)

● 사십팔격(四十八格)은 강태공의 비책으로서 현대인의 생활에 상징적인 의미뿐만 아니라 활용성이 있어 실제 人事命理(인사명리) 면에서 그 이용 가치가 높아 주로 격을 위주로 응용하게 되었다.

● 48格 중에서 吉格(길격)이 14격이고, 凶格(흉격)이 34격으로 되어 있다.

길격(吉格)

1. 제1격: 九遁格(구둔격)

9가지가 있다. 구둔격 9가지는 공통적으로 三吉門(생문, 휴문, 개문), 三奇(乙奇, 丙奇, 丁奇), 지반육의삼기, 팔장의 음신(태음, 육합, 구지)으로 구성되어 굉장히 좋다는 뜻인데, 3개가 어울려 완성되면 삼음신이 되는 것을 말한다.

三吉門(삼길문)	三奇(삼기)	三陰神(삼음신)	비고
生門(생문)	丁奇(정기)	太陰(태음)	
休門(휴문)	丙奇(병기)	六合(육합)	吉門, 三奇, 陰神 어떤 것이 연결되어도 좋다.
開門(개문)	乙奇(을기)	九地(구지)	

1) 天遁(천둔)

生門(생문) + 丙(천반) 加 丁(지반)

① 모든 행사에 吉(길)하다.

② 獻策(헌책: 일의 계책)과 권한을 대행하는 섭정에 나가는 데 길하다.

③ 天神(천신)께 제사 지내는 데 길하다.

④ 政治(정치)하는 데 길하다.

2) 人遁(인둔)

休門(휴문) + 丁(천반) + 太陰(태음)

① 隱迹(은적: 종적을 감춤)하여 적을 비밀리에 염탐하는 데 마땅하다.

② 賢士(현사: 어진 선비)를 초청하고 親知(친지)를 求(구)하는 데 이롭다.

③ 經營事(경영사) 및 百事(백사)에 大吉(대길)하다.

3) 地遁(지둔)

開門(개문) + 乙(천반) 加 己(지반)

① 安葬(안장: 편안하게 장사 지냄), 埋葬(매장) 등이 吉(길)하다.

② 출입문 내는 것(출입문 개조)과 집을 짓는 것은 길하다.

4) 神遁(신둔)

生門(생문) + 丙(천반) + 九天(구천)

① 鬼神(귀신)의 暗助(암조)를 받는다.

② 신령에 기도하는 것과 신술을 행하고 제단을 쌓는 일 등에 길하다.

③ 邪氣(사기)를 물리치고 將帥(장수)를 임명함에도 길하다.

④ 呼風喚雨(호풍환우: 요술로 바람과 비를 일으킴)에도 길하다.

⑤ 기도하는 것이 좋다는 것이다.

5) 鬼遁(귀둔)

休門(휴문) + 丁(천반) + 九地

① 鬼神(귀신)이 숨어 있으므로 적의 기밀을 탐지하고 몰래 무언가를 할 때,

② 훔치고 빼앗는 것과 적을 공격함에 유리하다.

6) 龍遁(용둔)

坎宮(감궁)에 休門(휴문) + 乙(천반) 加 癸(지반)

① 용왕제, 기우제 등 물하고 관계되는 것

奇門命理學

② 천재지변의 災殃(재앙)을 쫓고 神祭祀(신제사)를 지내는 데 좋다.

③ 적을 掩捕(엄포: 적을 사로잡음)하고, 陰伏(음복)한 채 公賊(공적: 공금이나 공물을 훔침)을 도모함에 좋다.

7) 虎遁(호둔)

生門(생문) + 乙(천반) 加 辛(지반)

① 守禦(수어: 적 침입을 막음)에 이롭다. 즉, 방어할 때 좋다.

② 비명횡사한 장병들의 招魂祭(초혼제)를 올림에 좋다.

③ 敵勢(적세)를 擊破(격파)함이 좋다.

8) 風遁(풍둔)

巽宮(손궁)에 開門(개문) + 乙奇(천반)

① 천재지변의 재앙을 쫓고, 風神祭(풍신제)를 올림이 좋다.

② 적진을 공격함이 좋다.

9) 雲遁(운둔)

坤宮(곤궁)에 開門(개문) + 乙奇(천반)

① 천재지변의 재앙을 쫓고 비를 구하기 위해 기우제를 올리는 데 길하다.

② 宅地(택지)를 건립함에 길하다.

③ 무기제조 등에 좋다.

2. 제2격: 五假格(오가격)

가짜다. 天假(천가), 地假(지가), 人假(인가), 神假(신가), 鬼假(귀가)가 있다. 吉門(길문)에 포함시키지 않는다.

1) 天假(천가)

景門(경문) + 三奇(삼기:天盤) + 九天(구천)

① 每事(매사) 開陳(개진: 진영을 열다)함에 좋다.

② 貴人(귀인)을 만나고, 財物(재물)을 구하는 데 길하다.

2) 人假(인가)

驚門(경문) + 壬(임) + 九天(구천)

① 도망자를 捕捉(포착: 꼭 붙잡음)하는 데 길하다.

② 도망자가 太白入熒(태백: 庚金, 입형: 丙火) 아래 들면 반드시 잡힌다(庚/
   丙, 九/七).

3) 地假(지가)

杜門(두문)+丁己癸 중 하나+三陰(太陰,六合,九地) 中 하나

① 杜門 + 丁己癸 중 하나 + 太陰(태음)

   적진에 첩자를 보내 적의 정세를 探査(탐사)함에 길하다.

② 杜門 + 丁己癸 중 하나 + 六合(육합)

   신상의 위협을 느꼈을 때 도망가거나 재난을 피하는 데 길하다.

③ 杜門(두문) + 丁己癸 중 하나 + 九地(구지)

   숨기고, 埋伏(매복)하는 데 길하다.

4) 神假(신가)

傷門(상문) + 丁己癸 중 하나 + 九天(구천)

① 埋葬(매장)이나 埋伏(매복)에 길하다. 그리고 뭇사람의 눈을 능히 피할
   수 있다.

② 귀금속 등을 땅속에 몰래 파묻을 때 좋다.

5) 鬼假(귀가)

死門(사문) + 丁己癸 中 하나 + 九地(구지)

亡靈(망령)의 招魂(초혼: 혼을 부름)과 薦度(천도: 죽은 사람의 영혼이 극락세계로 가도록 기원하는 일)하는 데 좋다.

3. 제3격: 三詐格(삼사격)

삼음신이 있는 것을 말한다. 사람 의도의 眞假(진가)를 구별할 때 사용하는 데, 3가지가 있다. 眞詐(진사), 重詐(중사), 休詐(휴사)다.

1) 眞詐(진사)

三吉門(생문, 휴문, 개문) 중 하나 + 三奇 중 하나 + 太陰(배음)

施恩(시은: 은혜를 베풂)이나 隱遁(은둔), 祈禱(기도), 求仙(구선: 남몰래 갖다 주는 것) 등의 일에 모두 좋다. 즉, 기도할 때 좋다.

2) 重詐(중사)

三吉門 중 하나 + 三奇 중 하나 + 六合

① 인구를 늘리고 돈을 구하고, 上官(상관)을 拜謁(배알)하고 官爵(관작: 관직과 작위)을 공손히 받으며, 돈을 받고 투항자를 받아들이는 데 吉(길)하다.

② 添兵(첨병: 병사를 늘림)에도 길하다.

③ 六合이 있기 때문에 和合(화합)을 잘한다.

3) 休詐(휴사)

三吉門 중 하나 + 三奇 중 하나 + 九地

藥(약)을 짓고 符籍(부적)을 쓰고 祈禱(기도)하고 祭祀(제사)를 지내는 데 길하다.

4. 제4격: 三奇 貴人(삼기 귀인) 陞正殿格(승정전격)

한마디로 그냥 좋다는 것이다.

	丙	
乙		丁

1) 乙奇貴人(을기귀인)

乙奇(을기)가 震宮(진궁)에 있으면 日出扶桑(일출부상: 해가 뜨는 동쪽 바다) 乙綠在卯(을록재묘)하여 귀인이 乙卯正殿(을묘정전: 왕이 조회하던 궁전)에 오른 격으로 길하다(을기가 진궁이면 제자리에 앉는 것이다. 즉, 좋다는 것이다).

2) 丙奇貴人(병기귀인)

丙奇(병기)가 離宮(이궁)에 있으면 月照瑞門(월조서문: 달이 중앙에 떠 있다는 뜻)이라 하여 귀인이 丙午正殿(병오정전)에 오른 격으로 길하다. 昇進(승진), 求職(구직)에 길하다.

3) 丁奇貴人(정기귀인)

丁奇(정기)가 兌宮(태궁)에 있으면 貴人(귀인)이 丁酉正殿(정유정전)에 오른 격으로 길하다(정유가 태궁에 앉아 있으면 丁火를 二火로 보는데 태궁은 12운성상 丁火의 장생궁이다. 옥녀각시, 첩 등을 말한다).

※ 위 三奇人(삼기인)을 命宮(명궁)에 逢(봉)한 자는 귀인의 恩助(은조), 昇進(승진), 榮典(영전), 求職(구직) 등의 일에 길하다. 특히 官祿(관록)에 恩典(은전: 나라에서 은혜를 베푸는 특전)이 있다.

5. 제5격: 三奇(삼기) 상 吉門格(길문격).

門(문)의 비중이 크다.

① 三奇(삼기)가 三吉門(삼길문)을 얻으면 有門有奇(유문유기)라 하며 門奇三合(문기삼합)이라 하고 매우 길하다.

② 三吉門(삼길문)이 三奇(삼기)를 얻지 못하면 有門無奇(유문무기)이지만 可用(가용)하며,

③ 三奇(삼기)가 三吉門(삼길문)을 얻지 못하면 有奇無門(유기무문)으로 不可用(불가용)한다.

6. 제6격: 三奇得使格(삼기득사격)

三奇得使(삼기득사)란 乙加己(을가기), 丙加戊(병가무), 丁加壬(정가임)을 말하며 이는 마치 유비가 제갈무휴(제갈공명)을 만난 격으로 현군이 股肱之臣(고굉지신: 어진 신하, 수족 같은 중요한 신하)을 만난 격이다.

① 乙加己(을가기): 乙奇가 甲戌 己에 앉아 있을 때

② 丙加戊(병가무): 丙奇가 甲子 戊에 앉아 있을 때

③ 丁加壬(정가임): 丁奇가 甲辰 壬에 앉아 있을 때

※ 삼기득사가 다른 궁에 있는 것보다 일지 궁에 있는 것이 더 좋다.

※ 명국에 三奇得使(삼기득사)가 2개 이상이면 복이 많은 사람이다. 재가 없어도 돈이 없다고 하면 안 된다. 이런 사람은 움직이면 돈이다.

7. 제7격: 玉女守門格(옥녀수문격)

① 丁奇(정기)가 直使宮(직사궁)에 同宮(동궁)할 때를 말한다. 즉, 丁奇가時 旬首(순수) 위에 있을 때를 말하는 것이다.

② 玉女守門格이면 百惡(백악)이 不犯(불범)하고, 百殺이 不侵(불침)한다.

8. 제8격: 交泰格(교태격)

乙(客)加丙(主), 또는 乙加丁

① 客生主(객생주)라 客은 불리하고 主는 이롭지만, 서로 화평을 나눈다는점에서 길격이다. 門(문)이 凶問(흉문)이면 門(문)을 따라간다.

② 자기가 主로 상대로 하여금 찾아오도록 한다.

9. 제9격: 天遇昌氣格(천우창기격)

丁(천반: 객) 加乙(지반: 主)

① 主生客(주생객)이라 客에게는 이롭다.

② 貴人(귀인)에게는 기쁨이 있고, 常人(상인: 보통 사람)에게는 평범하다.

10. 제10격: 三奇專使格(삼기전사격)

참고만 한다.

① 甲己(갑기), 丁壬(정임)日(일)에 乙奇(을기), 丙辛(병신)日에 丙奇(병기),乙庚(을경), 戊癸日(무계일)에 丁奇(정기)를 만날 때

② 日柱(일주) 基準(기준)으로 원행, 출행에 길하다.

③ 四支上 何處(하처)라도 動(동)했을 때에 한한다.

11. 제11격: 丁奇利合格(정기이합격)

時柱의 旬首 基準(기준)

① 時柱 육갑 직부 旬首(순수) 위에 丁(정)이 있을 때 丁加戊, 丁加己, 丁加庚, 丁加辛, 丁加壬, 丁加癸.

② 丁이 六甲 直符上(직부상)에 臨(임)하는 것으로 靑龍轉光(청룡전광)이라고 하며, 이때는 官에 있으면 승진하고 常人(상인)은 威昌(위창)하다. 특히 遠行(원행)에 길하다.

③ 죄인은 天有赦解(천유사해: 하늘의 사면을 받는 것)라 赦免(사면)을 받고 謀望事(모망사: 바라는 일)는 모두 길하다.

12. 제12격: 靑龍回首格(청룡회수격)

甲子직부(戊)가 丙奇(병기) 위에 臨(임)하는 것으로, 즉 甲加丙을 말한다. 그러나 실제로는 戊加丙으로 나타난다(甲子 直符는 戊이기 때문이다). 이를 甲加丙으로 읽는 이유는 시주 순수가 甲子 旬 中에 떨어졌을 때는 甲子 戊는 곧 六甲인 甲子가 되기 때문이다.

① 甲子 直符(직부) 戊(무: 천반)가 丙奇(병기: 地盤) 위에 臨(임)하는 것. 즉, 甲子 直符(六甲)란 甲子 戊를 말하는 것이다. 戊加丙(무가병)은 凶(흉)이 변하여 吉(길)이 된다. 甲이 아닌 일반 戊加丙에서는 日出東山(일출동산)은 時機尙早(시기상조)이니 始發(시발)의 好期(호기)이다.

② 每事(매사)가 喜悅(희열)이고 쉽게 이루어지며 거동함에 험한 것이 없으니 百事(백사)가 모두 길하다. 사고가 나도 피해 간다.

③ 財事(재사), 經營事(경영사), 求職(구직), 求官(구관)에 大吉(대길)하다.

13. 제13격: 飛鳥跌穴格(비조질혈격)

丙(천반) 加 戊(지반)

① 時柱(시주) 旬首(순수) 基準(기준): 甲子 直符(戊) 위에 丙奇가 臨(임)하는 것을 말한다.

② 謨望百事(모망백사: 꾀하고 바라는 모든 일)가 通徹(통철: 막힘없이 통함)하고, 運用(운용)은 有成(유성)하니 百事(백사)가 모두 길하다. 특히 財事(재사)나 經營事(경영사)가 대길하다.

※ 地盤(지반)에 戊(무)로 표기된 것은 시주 순수가 甲子 순일 때다.

※ 시주 순수는 시간이 있는 궁의 천반 육의삼기가 시 순수다.

14. 제14격: 雀含花格(작함화격)

丙奇(천반) 加 乙奇(지반)

① 公事謨爲(공사모위)는 百事(백사)가 길하다.

② 消息(소식)은 喜消息(희소식)이다.

흉격(凶格)

1. 제15격: 悖亂格(패란격)

丙을 중심으로 천지반에 四干 또는 丙奇가 있는 것. 天地盤이 丙加四干, 四干加丙, 丙加丙을 말한다.

① 紀綱紊亂(기강문란)하여 하극상의 反逆 事件(반역 사건)이 일어난다. 아랫사람한테 배신당한다.

② 국운의 경우에는 亂臣賊子(난신적자)가 일어나 국정을 專橫(전횡)하거나 위계질서를 紊亂(문란)케 한다.

※ 亂臣賊子(난신적자): 나라를 어지럽게 하는 신하와 부모의 뜻을 거스르는 자식

③ 命宮(명궁)에 있으면 年卜(년하) 또는 子孫(자손)으로부터 背信(배신) 또는 逢變(봉변)을 당한다(대인관계 및 수하인 관리를 잘해야 한다).

④ 四干의 六親(육친)이 悖亂(패란)의 장본인이 된다. 예를 들면 패란격이

  ㉠ 歲干(세간: 년지)에 있으면 부나 윗사람이 당하고,

  ㉡ 月干(월간)에 있으면 형제, 자매, 친구가 당한다.

  ㉢ 日干(일간)에 있으면 본인, 배우자가 당한다.

  ㉣ 時干(시간)에 있으면 자식, 수하가 당한다.

2. 제16격: 天網四張格(천망사장격)

癸加四干, 四干加癸, 癸加癸. 癸(계)를 중심으로 天地盤(천지반)이 四干 또는 癸가 있는 것. 中宮에 癸가 있어도 천망사장격이다.

① 低宮(저궁: 1, 2, 3, 4宮)에 위치할 때면 人品(인품)이 低下(저하)되나 일의

위급은 피할 수 있다. 高宮(고궁: 6, 7, 8, 9궁)에 있으면 인품은 고상하나 일의 위급은 면할 수 없다.

② 하늘에 친 그물이니 위쪽 6, 7, 8, 9宮에 있으면 작용력이 크다. 사간에 천망사장이 붙으면 사간의 해당 육친과 因緣(인연)이 薄(박)하다. 즉, 일간에 천망사장이 들면 내가 밖에 나가서 하는 일이 잘 안된다. 부효에 년 간이면 부모님과 인연이 薄(박)하다.

③ 天網四張(천망사장)의 운에 이른 사람의 대처 방법은 擧動(거동)을 삼가고, 經營事(경영사) 一切(일체)를 中斷(중단)하고 조용히 觀望(관망)하는 것이 위기를 모면하는 捷徑(첩경)이 될 수 있다.

3. 제17격: 地網遮蔽格(지망차폐격)

壬加四干, 四干加壬, 壬加壬. 壬을 중심으로 천지반에 四干 또는 壬이 있는 것. 中宮에 壬이 있어도 지망격이다.

① 天, 地網(천, 지망)은 다 같이 인생 航路(항로)의 障碍物(장애물)이다. 客은 흉하고 主는 가볍다(거동, 행사하지 말고 가내공업을 택하라).

② 天網(천망)은 높을수록 더욱 흉하고, 地網(지망)은 낮을수록 더욱 흉하다. 특히 지망은 출행하는 것을 大忌(대기)한다. 출행하지 마라.

③ 壬(임)이 물이니 물가나 안개 낀 곳을 가지 마라.

④ 관귀에 일간이 있고 天網四張(천망사장)이면 워크홀릭이 될 수 있다. 여자는 일에 몰두하는 사람도 있지만, 남자에게 몰두하는 사람도 있다.

⑤ 땅에 친 그물이니 아래쪽(1, 2, 3, 4궁)에 있으면 작용력이 더 크다. 地網(지망)에 붙은 四干(사간)의 해당 六親(육친)과 因緣(인연)이 薄(박)하다. 즉, 시간이 있으면 자식과의 因緣(인연)이 薄(박)하다. 孫(손)이면 더욱더 강하게 작용한다.

⑥ 壬加壬(임가임)은 地網遮蔽(지망차폐)이면서 일이 될 듯 될 듯하면서 잘 안된다.

⑦ 命宮上(명궁상)이나 遊年運(유년운), 또는 年運(년운)에서 이 運을 만났을 때 對應(대응)하는 方法(방법)과 姿勢(자세)는 天網四張(천망사장)의 경우와 같다.

4. 제18격: 伏宮格(복궁격)

庚(경: 천반) 加 時干(시간: 지반)

① 主客(주객)이 모두 凶(흉)하다. 천반에 庚이니 바뀐다는 의미가 있다.

② 戰鬪(전투)를 하면 兩陣(양진)이 모두 傷(상)하고, 擧動(거동)하면 主客(주객)이 모두 敗(패)하여 大凶(대흉)하다.

③ 時干(시간)이 아들이니 아들과 因緣(인연)이 薄(박)하다. 자식이 바뀐다.

④ 庚(경) 자체가 바뀔 경(更)이니 아들이 없는 경우가 많다. 아들이 있으면 떨어져 사는 것이 좋다.

⑤ 命宮(명궁)이 伏宮格(복궁격)이면 兄弟(형제) 相殘(상잔)하고 六親(육친) 無德(무덕)하다.

5. 제19격: 飛宮格(비궁격)

時干(天盤)加庚(地盤)

① 主客(주객)이 모두 흉하므로 움직이지 마라.

② 命宮(명궁)이 飛宮格(비궁격)이면 兄弟相殘(형제상잔)하고 六親(육친) 無德(무덕)하다.

6. 제20격: 時墓格(시묘격)

丙戌時 加 乾宮, 壬辰時 加 巽宮, 丁丑時 加 艮宮, 癸未時 加 坤宮

① 시간, 시지가 동궁이 되어 墓(묘)가 되며 시간이 천반에 올 때 丙戌時丙
奇入乾, 壬辰時壬入巽, 丁丑時丁奇入艮, 癸未時癸入坤

② 災殃(재앙)을 초래하며 萬事(만사) 모두 敗(패)한다.

③ 일체 출입 거동을 삼가라.

※ 한 가지 일에 몰두해서 살아가는 게 좋다.

7. 제21격: 和義迫制格(화의박제격)

八門(팔문)과 宮(궁)의 관계를 보는 것이다. 즉 門(문)과 宮(궁)의 生剋制化
(생극제화)로 和義(화의)는 相生(상생) 관계이고, 迫制(박제)는 相剋(상극) 관계
이다.

① 宮(궁) 五行(오행)을 사용한다, 궁은 主이고 문은 客이다.

② 門生宮(문생궁)은 和(화), 宮生門(궁생문)은 義(의)라 하며 吉格(길격)에
들고,

③ 門剋宮(문극궁)은 迫(박), 宮剋門(궁극문)은 制(제)라 하면 흉격이다.

④ 吉門(길문)이 宮(궁)을 剋(극)하거나, 宮(궁)이 吉門(길문)을 剋(극)하면 吉
(길)이 감소하고,

⑤ 凶門(흉문)이 宮(궁)을 생하거나, 궁이 흉문을 生하면 흉이 반감되므로
문 자체의 길흉만으로는 全吉全凶(전길전흉)이 될 수 없다. 예를 들어,
개문이 離宮(이궁)에 있으면 火剋金(화극금)이 되니 나쁘다(宮剋門으로).

8. 제22격 : 二龍相比格(이룡상비격)

戊加乙

① 문이 길하면 無凶(무흉)이지만 競爭(경쟁), 分爭(분쟁) 등 대립 관계가 나타난다.

② 就職(취직) 및 試驗(시험) 또는 諸般(제반) 選拔(선발) 문제에 競爭(경쟁)이 熾烈(치열)하여 남보다 뒤떨어진다.

9. 제23격 : 火被水地格(화피수지격)

丙, 丁 加 坎宮(감궁)

① 主는 無凶(무흉)이지만 客은 흉하다.

② 萬事(만사) 不吉(불길)하고, 되는 일이 없다.

10. 24격 : 木入金鄕格(목입금향격)

(戊, 乙) 加(건·태궁)

客은 被凶(피흉)하고 主는 무흉이나, 用事(용사) 不可(쓰지 않는다).

11. 제25격 : 火入金鄕格(화입금향격)

(丙·丁) 加(건·태궁)

객극주로 모두 흉하므로 쓰지 않는다(用事不可).

12. 제26격 : 金劈格(금벽격)

(庚·辛) 加(진·손궁)

객극주로 客勝(객승)이나 전쟁 이외는 쓰지 않는다.

13. 제27격: 木來剋土格(목래극토격)

(甲子 戊・乙) 加(간・곤궁)

客 무흉하고 主 尤凶(우형)이나 紛爭(분쟁)이므로 쓰지 않는다.

14. 제28격: 伏干格(복간격)

庚(경) 加 日干(일간)

① 六親無德(육친무덕), 兄弟不和(형제불화), 夫婦離別(부부이별)

② 형제가 相刑(상형)하고 夫婦(부부)간에 離別(이별)하고 他局中(타국중)이
　 라도 다치는 일이 생기니 흉하다.

③ 庚(경)은 바뀔 경(更)이니 어디에 붙어도 안 좋다.

※ 中宮에 庚(경)이 父爻(부효)와 같이 있을 때 부모, 문서가 바뀔 수 있다.

15. 제29격: 飛干格(비간격)

日干(일간) 加 庚(경)

① 매우 흉하다.

② 兄弟傷殘(형제상잔)에 六親無德(육친무덕)하다.

③ 離早他鄕(이조타향), 祖業(조업) 등진다.

④ 예를 들어 남자의 경우 財가 있으면 여자가 바뀐다는 뜻도 된다.

16. 제30격: 伏吟格(복음격)

육의삼기가 천지반이 똑같을 때

① 천지반 육의삼기가 위아래가 똑같은 것

② 天地(천지)가 寂寞(적막)하고 日月이 無光(무광)함을 뜻하니 一切(일체)의
　 擧動(거동)이 不可(불가)하나 主는 無凶(무흉)하다.

③ 방어에 제일 적합하다(움직이면 안 좋다).

④ 일월 무광하여 밤길을 걷는 것과 같으니 앞장서지 마라.

⑤ 좋은 것을 택하여 외길 인생을 사는 게 좋다. 즉, 직장 변동하지 말고 전문 직종으로 가라.

⑥ 年局(년국)에서 복음격이면 가만히 있으면 괜찮으니 한 해 자중해라. 엎드려 있어야 한다.

⑦ 전문 직종으로 살면 삶에 어려움이 없다. 복음국이 되면 喪門(상문)과 弔客(조객)을 살펴라. 상문과 조객은 지반 홍국수로 찾는다.

※ 세지 부나 중궁 부가 세지 손이나 중궁 손을 치면 부모상을 당한다.

17. 제31격: 反吟格(반음격)

① 天地盤(천지반) 六儀三奇(육의삼기)가 對沖方(대충방)에 천지반이 거꾸로 된 것, 즉 수미복배가 된 것이다. 될 듯 될 듯하다가 안 된다.

② 客(객)은 無凶(무흉)하다. 攻擊(공격)이 제일 適合(적합)하다.

③ 客(객)이 무흉이니 자기가 문제다.

④ 伏吟(복음)보다 反吟(반음)이 더 凶(흉)하다.

⑤ 命局(명국)에서 반음이 되면 살아가면서 흉한 것 하나 더 붙었다고 생각해라(年局에서 뒤에 오는 禍亂(화란: 재앙과 난리)을 대비해라).

※ 伏吟(복음)이나 反吟(반음)이 있으면 꼭 해야 할 일은 좋은 날을 잡아서 速戰速決(속전속결)해라. 뜸 들여서는 안 된다.

18. 제32격: 六儀擊刑格(육의격형격)

天盤 六儀三奇 基準

① 震宮(진궁) 戊, 坤宮(곤궁) 己, 艮宮(간궁) 庚, 離宮(이궁) 辛, 巽宮(손궁)

에 壬, 癸가 入宮(입궁)하면 擊刑(격형)이 된다.

㉠ 震宮 바닥 오행 卯와 戊(무: 甲子戊니까)가 子卯刑(자묘형)이 되고

㉡ 坤宮 바닥 오행 未와 己(기: 甲戌己니까)가 戌未刑(술미형)이 되고

㉢ 艮宮 바닥 오행 寅과 庚(경: 甲申庚이니까)이 寅申, 刑沖이 되고

㉣ 離宮(이궁) 바닥 오행 午(오)와 辛(신: 甲午 辛이니까)이 午午自刑(오오
자형)이 되고

㉤ 巽宮(손궁) 바닥 오행 辰(진)과 壬(임: 甲辰 壬이니까)이 辰辰自刑(진진
자형)이 되고

㉥ 巽宮(손궁) 바닥 오행 巳(사)와 癸(계)가 寅巳刑(인사형)이 된다.

② 一切(일체)의 擧動(거동)이 불길하므로 命宮(명궁)에 들면 己身(기신: 일지
나 일간)이나 가옥이 滅絶(멸절)되기도 한다. 그리고 用事(용사)에서는 一
切(일체)의 擧動(거동)을 삼가라.

③ 刑, 沖, 自刑으로 되어 있어 滅絶(멸절)되는 것까지는 아니고 형벌이 하
나 가해졌다고 봐라. 刑罰(형벌)이므로 主, 客 모두 흉하다.

④ 小運(소운)에 擊刑(격형)이 있으면 일이 잘 안된다. 즉, 애로가 있다.

⑤ 擊刑(격형)이 있는 궁에 들어갈 때마다 作動(작동)을 하니 사는 데 隘路
(애로)가 있다.

⑥ 어릴 때 震宮(진궁)에 戊가 들면 子卯刑(자묘형)이니 소아마비에 신경 써
야 한다.

⑦ 년국에 들면 그달에 질병이 생긴다. 통기되면 덜 다치고 통기가 안 되면
크게 다친다.

壬(甲辰) 癸(甲寅)	辛(甲午)	己(甲戌)
戊(甲子)		
庚(甲申)		

19. 제33격: 三奇入墓格(삼기입묘격)

天盤 六儀三奇 기준

① 乾宮(건궁)에 乙奇(을기), 丙奇(병기)가 있고, 艮宮(간궁)에 丁奇(정기)가
入宮(입궁)될 때.

㉠ 丁奇(정기)는 二火이니 12운성으로 돌리면 離宮(이궁)이 健綠(건록)이
되니 離宮(이궁)에서부터 역행하면(음수니까) 艮宮(丑寅方)이 墓(묘)가
된다.

㉡ 乙奇(을기)는 八木이니 12운성으로 돌리면 震宮(진궁)이 健綠(건록)이
되니 震宮(진궁)에서부터 역행하면(음수니까) 乾宮(戌亥方)이 墓(묘)가
된다.

㉢ 丙奇(병기)는 七火이니 12운성으로 돌리면 巽宮(손궁)이 健綠(건록)이
되니 巽宮에서부터 順行(순행: 양수니까)하면 乾宮이 墓(묘)가 된다.

② 三奇(삼기)가 입묘되면 행로가 보이지 않고 判斷力(판단력)이 흐려지니
일체 出行(출행) 및 擧動(거동)을 조심해라. 삼가라.

③ 乙, 丙, 丁 三奇(삼기)가 動處(동처)에서 天盤(천반)에 떠 있으면 聰明(총
명)히니 入墓(입묘)가 되면 判斷力(판단력)이 흐려져 聰明(총명)함을 發揮
(발휘)하지 못한다. 왜냐하면 빛이 죽었기 때문이다(三奇는 빛이니까).

④ 年局(년국)에서 三奇(삼기) 入墓(입묘)가 되면 뒤에 오는 禍亂(화란)을 대

비해야 한다. 즉, 뭔가 좋지 않은 일이 생기니 조심하라는 뜻이다.

※ 일지 상수나 중궁에 鬼(귀)가 있으면 判斷力(판단력)이 흐려진다.

20. 제34격: 六儀受制格(육의수제격)

宮이 六甲 직부를 극한 경우 戊加乾兌宮, 己加巽震宮, 庚·辛加離宮, 壬·癸加艮坤宮

※ 잘 활용하지 않음

21. 제35격: 五不遇時格(오불우시격)

사주상에서 時干(시간)이 日干(일간)을 眞剋(진극)으로 극하는 것.

① 시간과 일간이 동시에 動(동)하고 시간이 일간을 眞剋(진극)한 경우

※ 시지가 일지를 극하는 경우도 準用(준용)한다. 단명사주다.

② 不用精(불용정)이라고도 하여 諸般事(제반사)가 모두 凶(흉)하여 用事(용사)에 크게 꺼린다.

③ 오불우시격은 短命四柱(단명사주) 여부, 수하 사람 또는 자식의 배반 여부, 損光明(손광명: 시력) 여부를 봐야 한다.

  ㉠ 短命(단명) 여부는 印綬(인수)가 있는지 여부를 봐야 한다. 印綬(인수)가 있으면 괜찮다. 일지가 太身弱(태신약)하고 印綬(인수)가 없으면 短命(단명) 사주로 본다.

  ㉡ 手下(수하) 사람 背叛(배반) 및 자식의 배반 여부는 자식 관계, 즉 時支(시지)를 보고 시간 시지가 凶(흉)한지, 門卦(문괘)가 凶(흉)한지를 보고 사대흉격이면 안 좋다. 孫爻(손효)도 참고로 봐야 한다.

  ㉢ 孫光明(손광명) 여부는 눈 시력을 보는데, 二七火가 물에 빠지고 丁丙乙奇가 入墓(입묘)되면 심각하게 시력이 안 좋은 것으로 본다.

奇門命理學

時干	日干
庚壬	甲丙

※ 五不遇時格(오불우시격)은
　− 手下人(수하인)으로부터 謀陷(모함)이 많다. 장님도 된다.
　− 대내외적으로 가정생활 및 사회생활을 막론하고 暗鬱(암울)하고 陰險
　　(음험)한 일만 꼬리를 물고 일어난다.

22. 제36격: 地羅占葬格(지라점장격)

壬加壬. 伏吟格(복음격)에서만 일어난다.

① 壬加壬이니 地網遮蔽格(지망차폐격)과 같다.

② 蛇入龍穴(사입용혈)이라 하여 대내외적으로 모두 凶(흉)하니 萬事(만사)
　　擧動(거동)하지 마라. 일이 될 듯 될 듯하면서도 일이 꼬여서 일이 안된
　　다는 것이다.

③ 위급 시 遁藏(둔장), 매복, 장례사 등은 무방하다.

23. 제37격: 歲月日時格(세월일시격), 庚格(경격)

庚 加 四干. 점사에서 家出者(가출자)를 찾을 때 사용한다.

時格	日格	月格	年格
庚	庚	庚	庚
時干	日干	月干	年干

① 天盤(천반)에 庚(경)이 있고 地盤(지반)에 四干(사간)이 있는 것으로 庚格(경격)이라고도 하며, 행인이 오고 안 오고를 결정하는 표준이 된다.

② 庚格이 되면 돌아오는데 년격(세격)은 년내에, 월격은 월내에, 일격은 일내에, 시격은 시내에 돌아온다는 것이다.

　　㉠ 庚加年干(歲干): 年內에 돌아온다.

　　㉡ 庚加月干: 月內에 돌아온다.

　　㉢ 庚加日干: 日內에 돌아온다.

　　㉣ 庚加時干: 時內에 돌아온다

※ 세월일시격은 행인이 오고 안 오고 외에는 일체 사용 불가다.

```
五 … 가출자
三 … 가정
```

③ 日辰世(일진세)가 위와 같은 경우라면 三木 위에 五土는 財(재)가 된다. 이런 경우는 여자나 돈이 떨어지면 돌아온다고 본다. 父이면 부모 때문에 돌아오고, 형이면 친구들하고 놀다가 조금 늦게 돌아온다고 본다. 그러나 孫(손)이면 돈을 벌려고 늦게 돌아올 수도 있고, 鬼(귀)이면 몸이 아프거나 아니면 붙잡혀 있거나 갇힌 경우라고 본다.

24. 제38격: 大格(대격)

庚(천반) 加 癸(지반)

① 富貴之命(부귀지명: 대격인) 者(자)에는 富貴(부귀)가 大發(대발)하고 賤命(천명:소격인) 者(자)는 風前燈火(풍전등화)이다.

② 大格人(대격인) 者(자)는 富貴(부귀)가 大發(대발)하고, 小格人(소격인) 者

(자)는 집안이 박살 난다.

③ 庚加癸는 잡기에 능하다. 孫에 있으면 자식이 風前燈火(풍전등화)다.

④ 밑도 끝도 없이 반복되어서 다 딜어믹는다.

25. 제39격: 小格(소격)

庚(천반) 加 壬(지반)

① 損失(손실)이 많고 散耗(산모: 흩어지는 것)와 損傷(손상)이 허다하다.

② 命局(명국): 以小成大(이소성대), 즉 無(무)에서 有(유)를 창조하니 小에
서 출발해라.

③ 年局(년국): 가만히 있으면 재산이 줄어드니 現狀(현상)을 유지하려면 縮
小(축소)하여 運營(운영)해라(크게 벌이면 낭패한다).

26. 제40격: 刑格(형격)

庚(경: 천반) 加 己(기: 지반)

① 官災口舌(관재구설) 및 刑傷(형상: 송사)이 따른다.

② 三刑, 相刑, 擊刑(격형)과 함께 刑(형)은 관재구설, 신체 훼손 등 凶厄
(흉액)이 있다. 직장하고 관계있다. 인수가 있으면 해결 가능하다.

③ 己加庚(기가경)도 마찬가지다. 재판, 남녀 관계로 인한 재난이나 모함을
받는 것, 오해를 받거나 봄이 아픈 것과 관계있다. 인수가 있으면 解決
(해결) 가능하다.

※ 庚加己는 官災口舌(관재구설)인데 財(재)가 있으면 돈이나 여자 문제이
고, 父(부)이면 문서나 부모 문제다(문제가 생긴다). 일간이 있으면 내 신
상에 문제가 생긴다는 것이다.

※ 四大凶格: 乙加辛, 辛加乙, 丁加癸, 癸加丁. 육친과 인연이 박하다.

27. 제41격: 靑龍逃主格(청룡도주격)

乙(을: 천반) 加 辛(신: 지반)

① 財破身殘(재파신잔: 돈과 사람이 다 깨짐)하니 흉하고, 특히 노비가 背主(배주: 주인 배신)하며 또는 合家逃走(합가도주)라고도 하므로 객은 더욱 흉하다.

② 財敗人敗(재패인패)이니 財가 주인이다. 부도 문제 거론된다. 財에 안 붙어도 不渡(부도)다.

③ 해당 六親(육친)과도 因緣(인연)이 薄(박)하다.

④ 주로 재산상 損失(손실)이 많으며 客(객)이 더욱더 흉하다.

※ 年運(년운)이 乙加辛이면 사업 부도, 상처, 이혼, 家主(가주)가 도망가는 일이 발생한다.

28. 제42격: 白虎猖狂格(백호창광격)

辛(신: 천반) 加 乙(을: 지반)

① 人敗(인패), 家敗(가패), 사건·사고, 관재수가 있다.

② 遠行(원행)이면 災殃(재앙)이 많고 尊長(존장)은 不喜(불희)한다.

③ 身體上 障礙(장애)가 따르며 敗家亡身(패가망신)한다.

④ 人敗財敗(인패재패)라고도 하며 不渡(부도)가 따른다.

⑤ 交通事故(교통사고) 주의해라. 客(객)은 無凶(무흉)이다.

29. 제43격: 螣蛇妖矯格(등사요교격)

癸(계: 천반) 加 丁(정: 지반)

① 憂患(우환)이 반드시 오고 문서에 官訟(관송)이 따르고 불이 나도 도망 못 가니 대흉하다. 그러나 客은 무흉이다.

② 文書(문서)에 함부로 도장 찍지 말고 火災(화재)를 조심하라.

③ 病者(병자)는 정신이 없어 魂魄(혼백)이 들락거린다.

④ 情神(정신)이 들락거리니 判斷力(판단력)이 없다(흐려진다).

⑤ 父에 癸加丁이 있으면 契約(계약)을 할 때 愼重(신중)해야 하고 문서는 꼼꼼하게 챙겨 問題(문제)가 생기지 않도록 한다.

⑥ 癸加丁이 일지에 있으면 술을 人事不省(인사불성)될 때까지 마신다.

※ 二七 火에 鬼(귀)이면 불조심해야 하고, 一六 水에 鬼(귀)이면 물 조심해야 한다. 年局(년국)에서 중궁이 二七 火에 鬼(귀)면 그해는 무조건 불조심해야 하고, 一六 水면 그해는 무조건 물 조심해야 한다.

30. 제44격: 朱雀投江格(주작투강격)

丁(정: 천반) 加 癸(계: 지반)

① 朱雀(주작), 참새가 물속으로 뛰어드는 形狀(형상)이나.

② 官災口舌(관재구설), 消息不通(소식불통), 難事發生(난사발생), 訟事(송사), 刑獄(형옥), 불길한 소식 등 대흉이다. 主는 무흉이다.

③ 文書(문서)에 함부로 도장 찍지 마라. 火災(화재)를 조심해라.

④ 판단력이 흐려진다.

※ 사대흉격이 가택궁이나 배우자 궁에 있으면 대단히 흉하다. 육친과 붙어 있으면 그 육친과 인연이 박하고, 사간에 늘면 강하게 작용한다.

31. 제45격: 熒入太白格(형입태백격)

丙(천반) 加 庚(지반). 丙(七)은 형옥살이고, 庚(九)은 태백살로, 즉 불이 금속으로 들어가는 것이다.

① 질액과 도적을 조심해라. 잘 안 풀린다. 客(객)은 無凶(무흉)이다.

② 관재구설을 말하고 해결하기 어렵다. 인수가 있어도 해결이 안 된다. 해결 여부는 홍국수에서 判斷(판단)하되 印綬(인수)는 꼭 必要(필요)하다.

32. 제46격: 太白入熒格(태백입형격)

庚(경: 천반) 加 丙(병: 지반)

① 도적을 조심하고 몸의 병을 조심할 것. 主는 무흉이다.

② 官災口舌(관재구설)을 말하고 인수가 있으면 解決(해결)이 가능하다.

※ 庚加己, 己加庚, 丙加庚, 庚加丙은 刑格(형격)이라 하고, 이것이 六親(육친)에 붙으면 육친에 官災口舌(관재구설)이 있는데 七九 殺이 같이 있으면 勢(세)가 더욱 强力(강력)해진다.

33. 제47격: 野戰格(야전격)

時干(천반) 加 庚(지반) 비궁격과 같다.

① 병사는 士氣(사기)가 떨어지고 정신이 昏懜(혼몽)하여 必敗(필패)하니 흉하다.

② 자식이 隘路(애로)가 있고 자식과 因緣(인연)이 薄(박)하여 아들이 없는 사람이 많다.

③ 行路(행로) 중에 만난 敵(적)이나 盜賊(도적)으로 싸울 일이 생긴다. 主(주), 客(객) 모두 흉하다.

34. 제48격: 戰格(전격)

庚(경: 천반) 加 庚(경: 지반)

① 不和爭論(불화쟁론)하여 對立(대립)과 葛藤(갈등) 속에서 살아가야 한다.

② 일지궁에 붙으면 부부간 가정불화이고, 육친에 붙으면 해당 육친과 不

睦(불목) 상태로 본다. 인수이면 부모도 되고, 이권 관계, 문서 관계에 되는 일이 없다.

③ 庚(경)이 天地盤(천지반)에 들어오면 대체로 안 좋다. 예외로 丁加庚은 길격이다. 왜냐하면 丁加庚은 금을 녹여 보화를 만들고, 나간 사람이 들어오는 격이기 때문이다.

④ 庚이 四干에 붙으면 안 좋다.

※ 庚加庚(경가경)은 凶(흉)이다.

- 流血(유혈)의 激烈(격렬)한 싸움이 발생한다.

- 친한 사람과 生死別(생사별)하는 일이 발생한다.

- 士卒(사졸)이 중도에 죽고 困境(곤경)에 빠진다.

- 官災(관재)와 橫厄(횡액)이 발생하고 犯法(범법) 또는 그 외의 災害(재해)를 받는다.

- 가정에는 형제가 함께 雷攻(뇌공)을 입는다.

- 늘 다투고 요란하여 分爭(분쟁)한다.

- 해당 육친이 不和(불화), 不睦(불목)한다.

- 물건을 잃어버리면 찾지 못한다.

기타 흉격

1. 四大凶格(사대흉격)

乙加辛, 辛加乙, 癸加丁, 丁加癸

① 乙加辛(辛加乙): 돈이 문제가 되고 부도가 난다.

② 癸加丁(丁加癸): 색난, 문서, 화재, 도장 조심, 혼(정신)이 들락거린다.

③ 사대흉격은 判斷力(판단력)이 흐려진다.

丁玄 癸武財	丁加癸(정가계)에 財에 玄武(현무)가 있으면 욕심이니, 여자로 인하여 큰 곤경에 빠질 수 있다. 여기에 공망까지 있으면 돈에 대한 욕심은 채워도 채워도 채워지지 않는 욕심이다.

㉠ 일지 궁, 배우자 궁, 육친 궁에 있으면 대단히 나쁘고, 육친과 因緣(인연)이 薄(박)하다.

㉡ 일지궁에 乙加辛, 辛加乙이 있으면 부부 사이가 안 좋다.

2. 悖亂格(패란격)

時干	日干	月干	年干
丙	丙	丙	丙

丙	丙	丙	丙
時干	日干	月干	年干

丙
丙

① 사간 위, 아래 또는 위아래 丙이면 패란격이다.

② 패란은 어떤 일을 함에 있어 어긋나는 것을 뜻하며, 곧 배신을 의미한다.

奇門命理學

③ 패란이 있는 육친, 육신이 패란의 장본인이지만 경우에 따라서는 본인이 육친, 육신과의 관계에서 背信(배신)을 할 수도, 당할 수도 있다.

己 時干 丙 官	수하 사람의 奸計(간계)로 투옥되었던 이순신 장군의 경우다.

ㄱ 年干: 부모, 윗사람   ㄴ 月干: 형제, 자매

ㄷ 日干: 자신, 배우자   ㄹ 時干: 자식, 수하

3. 三奇入墓(삼기입묘)

			三奇가 入墓되면 총명함이 없고. 판단력이 흐려진다. 年局에서 하나라도 있으면 뒤에 오는 화란을 조심해라.
丁 (二火)		丙(七火) 乙(八木)	

4. 庚格(경격)

丙	庚	庚	己	丙
庚	丙	己	庚	庚 이 제일 나쁘다.

① 인수가 있어도 丙加庚(병가경)은 해결 안 되고, 나머지는 해결된다.

② 관재구설을 말한다. 중복되면 실제 관재구설의 확률이 높아진다.

5. 庚加庚(경가경)

① 일지궁에 있으면 부부간에 불목 상태다.

② 육친에 있으면 해당 육친과 불목한다.

③ 인수이면 부모도 되고 이권 관계, 문서 관계에 되는 일이 없다.

※ 庚加庚은 戰格(전격)으로 유혈의 격렬한 싸움이 발생한다. 친한 사람과 생사별하는 일이 발생한다. 사졸이 중도에 죽고 곤경에 빠진다. 관재나 횡액이 발생하고 범법 또는 그 외의 재해를 받는다. 가정에는 형제가 함께 雷攻(뇌공)을 입는다. 하여 늘 다투고 요란하여 분쟁한다. 해당 육친이 불화, 불목한다. 내격이면 주객이 모두 흉하다.

※ 庚加庚은 도둑을 맞거나 잃어버리면 못 찾는다. 庚加丙은 좀도둑이다. 庚加己는 관재구설과 관계있다. 직장과 관계있다. 己加庚은 재판, 남녀 관계로 인한 문제(재난이나 모함, 오해를 받는 것), 그리고 몸이 아픈 것과 관계있다.

6. 己加辛(기가신)

한 번의 실수로 천추의 한을 남긴다.

① 한순간의 쾌락을 탐닉하다 한순간에 일생을 망치는 경우가 있다. 범사에 조심해야 한다. 순간의 선택이 천년을 두고 후회한다. 이 말은 조그만 이익을 얻다가 큰 것을 잃는다는 뜻이다. 한마디로 남녀 간의 쾌락과 관계되는 것이요 詐欺事(사기사), 盜賊事(도적사)이다.

② 일지에 己加辛(기가신)이 있으면 태어날 때 무슨 일이 생긴다. 또는 살아가면서 그 運(운)에서 어떤 일이 생긴다.

③ 일지에 己加辛에 死門(사문)에 六合이 있으면 자기가 항상 죽을 짓만 골라서 한다. 만약 여자인데 홍국수가 四/一이라면 자궁 수술을 한다.

7. 淫事(음사)

乙加壬(을가임), 壬加乙(임가을), 己加壬(기가임), 壬加己(임가기), 癸加壬(계가임), 壬加癸(임가계)

① 乙加壬, 壬加乙: 남자는 輕薄(경박)하고, 여자는 음욕스러울 수 있다.

　　㉠ 乙加壬: 제비, 백구두의 의미이고, 실질적으로 통정을 뜻하고,

　　㉡ 壬加乙: 여자는 淫湯(음탕)하고, 남자는 輕薄(경박)하다.

② 己加壬, 壬加己: 이성을 조심해라.

　　㉠ 己加壬: 남자는 다친다(상해). 여자는 겁탈당한다는 뜻이다. 한마디로 陰凶(음흉)하다는 것이다.

　　㉡ 壬加己: 흉하다. 禍亂(화란)이 올 가능성이 크다. 막걸리에 뜨물을 탄 격이다. 즉, 제대로 된 것과 잘못된 것이 섞여 있음을 말한다. 구분을 못 하는 경우를 뜻한다.

③ 癸加壬, 壬加癸

　　㉠ 물과 물로서 천망과 지망이 섞여 있는 것이다.

　　㉡ 남자는 방사하여 씨가 마르고, 여자는 자궁이 무척 냉하다.

※ 사실은 역사적으로 보면 성 개방은 신라시대, 고려시대 때 가장 極盛(극성)했다. 요새 와서 개방 풍토다. 이때가 하원갑자인데 신라 진성 여왕 때도 하원갑자였었다. 상원은 남자가, 중원은 남녀평등, 하원은 여성 상위다. 따라서 하원이 될 때 이런 현상이 나타난다. 즉, 너만 즐기냐 나도 즐긴다는 개념이다.

　　㉢ 壬加癸(임가계)는 가정에 추문이 발생해서 천 리에 퍼진다. 즉, 여자가 간음하여 가정에서 추익한 소리를 듣는다. 그러니 팔문괘 구성이 길하면 禍(화)가 福(복)으로 바뀐다. 따라서 뜬구름 잡지 말고 남의 것을 탐내지 마라.

ㄹ 癸加壬은 매사에 두서가 없고, 결혼하면 남녀 모두 실패한다는 의미
가 있다. 그래서 이혼을 한 경험이 있고, 결혼은 2번 하게 된다는 것
이다. 결혼 두 번 하려고 하면 서두르지 마라. 잘못된다. 남자한테 한
번 당해 본다는 뜻이 있다(스스로든, 겁탈이든).

※ 여자가 冷(냉)하면 임신이 잘 안된다. 뚱뚱한 사람은 냉하다. 왜냐하면
뚱뚱한 사람은 음체질이라 냉하니 임신이 잘 안되는 것이다.

※ 중궁에 편관귀가 四/四면 자궁 적출 수술이다.

8. 戊加己(무가기), 己加己(기가기)

戊加己	病者(병자)는 必死(필사)로서 흉하다. 흙위에 흙을 덮는 격이다
己加己	사람이 죽을 때 흙을 덮는다.

① 戊加己는 노력하지 않고 모사를 꾀해서 무엇을 얻으려고 하는 것이다.
② 己加戊는 백 가지가 깨지는 것으로, 만사가 여의치 못하고 病者(병자)는
필히 죽는다는 것이다.

9. 癸加辛(계가신)

비명횡사. 病者(병자)는 不生(살지 못함)이다. 송사는 진다.

10. 庚加戊(경가무)

有爐無火(유로무화)로 무정자, 무난자로 어떤 일에 속이 텅텅 비어 있다.
일을 이루지 못한다. 성공하지 못한다. 財에 庚加戊는 실제로 돈이 없는 것
이다.

11. 丁加戊(정가무)

有爐有火(유로유화)로 매사 하는 일에 성공한다(승진, 취직, 합격 등). 財(재)에 庚加戊(경가무)는 돈이 없는 것이고, 財에 丁加戊(정가무)는 돈이 있으며 실속이 있다. 그런데 景門(경문)에 絶命(절명)이면 견상농혈로 내 몸에서 피가 나가는 것으로 보아 돈이 들어와도 펑펑 빠져나간다.

12. 庚加辛(경가신)

① 車折馬死(차석마사)로 일이 중도에 중단된다. 작은 칼 위에 큰 칼이 있는 것이니, 큰 칼이 작은 칼을 쪼개 버리는 것이다.

② 庚加辛(경가신)이 있으면 出行(출행) 禁止(금지)다. 가다가 차가 중간에 고장이 난다든가 하는 문제가 생긴다. 이 자체는 철퇴로 옥문을 부수어 버리는 격이다.

③ 원행은 교통사고를 조심해라. 그리고 도적을 만나고, 마차가 부서지고 말이 죽는다. 만약 여기에 백호까지 있으면 수술할 일이 생긴다. 왜냐하면 칼이 핏빛을 보는 것이기 때문이다. 그래서 變動(변동)도 불리하고, 멀리 가는 것도 不利(불리)하다. 그래서 輕擧妄動(경거망동)하지 마라. 경솔하게 행동했다가는 문제가 된다.

④ 孫이 있으면 孫動剋官(손동극관)할 가능성이 크다. 만약 中宮(중궁)에 孫이 있다면 일을 많이 벌이기도 하겠지만 쳐내는 성질도 있다. 남녀 불문 中宮에 孫이 있으면 이성을 좋아할 가능성이 크다. 거기에 浴殺(욕살)이나 桃花(도화)가 있으면 더 可能性(가능성)이 높다.

13. 辛加庚(신가경)

刀刃相接(도인상접)으로 칼로 자르고, 깨지고, 中斷(중단)하고, 수술한다는 의미다. 辛加庚(신가경)하고 四金이 같이 있으면 수술이다. 만약 洪局數(홍국수)가 四/一이면 자궁 수술이다.

14. 乙加癸(을가계)

① 癸加乙(계가을)은 부부 이별, 사별, 별거한다.

② 乙加癸(을가계)가 있으면 숨어서 수도해라. 설치면 안 된다. 은닉, 은거, 종교 생활을 하는 게 좋다. 나서지 마라.

15. 乙加戊(을가무)

六合(육합)이 있으면 婚事(혼사)에 길하다. 나무가 흙에 뿌리를 내리는 격으로 길하다.

16. 癸加戊(계가무)

① 마른 대지에 물을 적셔 주니 貴人相逢(귀인상봉)으로 혼사에 길하다. 타인의 도움을 받는다. 돈과 관계되는 일에 좋고 혼사에 좋다.

② 宮(궁)하고 충이나 극이 오면 官災(관재)가 올 수 있다.

17. 丁加乙(정가을)

① 옥녀각시라고 하며 丁은 총기 있는 여자, 乙은 매력 있는 여자란 뜻으로 술집이나 화류계 여자를 만날 수 있다.

② 길문에 년지나 관이 있으면 승진, 부동산 구입 등에 좋다.

③ 丁은 妾(첩)을 말하고, 乙은 妻(처)를 말한다. 또한 乙은 좋은 의사로도 본다.

18. 己加癸(기가계)

좋은 일은 안 오고, 病者(병자)는 죽는다. 편관귀면 더 심하다.

19. 丁加辛(정가신)

① 丁加辛은 흉이다. 불 속에 주옥을 넣고 그 형체를 더럽히는 格(격)으로
   官印(관인)은 강등하고, 좌천, 감봉, 失位(실위)하는 徵兆(징조)이다.

② 常人(상인)은 冤恨(원한)을 입어 강제로 남루한 옷을 입고,

③ 죄인은 釋囚(석수)된다(석방된다).

20. 辛加壬(신가임)

싸늘한 못가에 달그림자를 쳐다보는 격으로, 겉은 아름답고 실한 것 같아도
내용이 빈약하고 힘껏 뛰어 봐도 헛된 이름만 남길 뿐 실속이 전무하여 動靜
(동정) 모두 복적이 일그러진다. 두 사내가 한 여인을 놓고 나투는 상으로 先
動(선동)하면 失利(실리: 손해를 본다)한다.

21. 庚加己(경가기)

주로 관재구설의 官刑(관형)이고 간혹 身厄(신액)이 따른다. 주색에 빠져 스
스로 달콤함에 떨어진다. 사업상 실패가 있다. 게으른 사람으로 변한다. 주
로 官詞(관사)와 심하면 형벌을 받고 收監(수감)되기도 한다. 출행하면 상병
사졸이 중도에서 死傷(사상)된다.

22. 壬加癸(임가계)

가정에 醜聞(추문)이 발생하여 천 리에 퍼진다. 福(복)이 굴러 禍(화)로 변한
다. 門星(팔문과구성)이 吉하면 反禍福降(반화복강)이다.

23. 辛加乙(신가을)

존장과 문서에는 근심이 있고, 車船(차선)에 俱折傷(구절상)이 있게 되니 출행과 거사에 불리하니 삼가야 한다. 특히 枯木逢斧(고목봉부)라고 하니 경우를 모르고 설치며 일촉즉발, 위기 상황 같은데도 남의 것을 털도 뽑지 않고 먹으려고 한다.

※ 運路(운로)에서 중요하게 보는 것

삼형, 삼살, 공교충, 사대흉격, 천망, 지망, 육의격형 등이다.

제4장

질병론
疾病論

오행으로 본 질병

질병론(疾病論)은 오로지 홍국수와 홍국수의 생극제화의 관계를 통해 어디가 좋고 나쁨을 논하는 것이다. 팔문, 팔괘, 육의삼기는 큰 의미가 없다.

- 三八木: 간, 담, 허리, 척추, 뇌신경, 중풍, 팔다리, 손가락, 발가락

- 二七火: 신장, 소장, 혈압, 시력, 火病(화병). 화병이 오래 지속되면 저혈압 현상이 나타난다. 나이를 먹으면 갑자기 고혈압으로 변한다.

- 五十土: 비장(체장), 위장, 피부, 직장, 십이지장, 당뇨, 혈액

- 四九金: 폐, 대장, 호흡기, 기관지, 결핵, 알레르기

- 一六水: 신장, 방광, 요도, 전립선, 자궁

※ 一八: 자궁
※ 四四: 자궁암, 유방암
※ 五五, 十十: 위, 섭생관리
※ 머리: 離宮(이궁), 乾宮(건궁), 日支 上數, 三木, 歲支(세지)
※ 생식기방(자궁): 坎宮(감궁), 中宮(중궁), 坤宮(곤궁)

인체 및 강약, 오행의 음양 구분

1. 인체 구분

巽宮(손궁) 귀, 어깨	離宮(이궁) 얼굴, 머리	坤宮(곤궁) 귀, 어깨
震宮(진궁) 팔, 다리	中宮(중궁) 복부, 자궁, 생식기	兌宮(태궁) 팔, 다리
艮宮(간궁) 팔, 다리	坎宮(감궁) 자궁, 신장, 방광, 생식기	乾宮(건궁) 머리, 항문, 팔, 다리

2. 홍국수 강약 구분

① ○○○ : 太身旺(태신왕)

② ×○○ : 신왕

③ ○○× : 신왕

④ ○×○ : 신왕

⑤ ○×× : 신왕

⑥ ××○ : 신약

⑦ ×○× : 신약

⑧ ××× : 太身弱(태신약)

3. 오행의 음양 구분

	양(+)		음(-)
甲	膽(담: 쓸개담)	乙	肝(간)
丙	小腸(소장)	丁	心臟(심장)
戊	胃腸(위상)	己	脾腸(비장)
庚	大腸(대장)	辛	肺(폐)
壬	膀胱(방광)	癸	腎臟(신장)

陽(양)은 올라가는 성질이 있고, 陰(음)은 숨는 성질이 있다. 따라서 음은 꾹 눌러서 느껴야 하고, 양은 살짝 대기만 해도 느낄 수 있다.

오장육부(五臟 腑)

1. 오장
간, 심장, 비장, 폐, 신장

2. 육부
담, 소장, 위장, 대장, 방광, 三焦(삼초)

※ 三焦(삼초)는 육부 중의 하나로 上焦(상초), 中焦(중초), 下焦(하초)로 나
  뉜다. 음식물의 흡수, 소화, 배설을 담당한다.

– 上焦(상초): 횡경막 위에 위치하고(심장·폐가 위치), 혈액순환, 호흡기 기
  능을 한다. 여기에 열이 나면 목구멍이 붓고, 눈이 빨개진다.

– 中焦(중초): 신장(염통)과 배꼽 사이에 있으며, 소화 기능을 담당한다. 여
  기에 열이 나면 변비가 있다.

– 下焦(하초): 배꼽 아랫부분에 있고, 방광·신장·대장·소장 부근에 위
  치한다.

3. 육장
간, 심, 비, 폐, 신, 心包(심포)

※ 심포: 한의학에서 심장을 싸고 있는 바깥막, 즉 기혈이 지나는 통로로
  심장을 보호하며 심장의 기능을 돕는 작용을 하는 장기이다.

병리(病理)에 관하여

질병의 원인, 발생, 경과 따위에 관한 이론이나 이치를 말한다.

1. 病理(병리)의 작용

病理는 命局(명국) 내 오행 중 가장 脆弱(취약)한 부분이 병이 된다. 만약 三八木이 취약하다면 간, 담, 허리, 척추가 안 좋다. 또한 편관한테 얻어맞아도 문제가 된다. 그런데 인수가 도와주면 좋아진다.

① 金木相戰(금목상전), 水火相戰(수화상전) 시 약한 곳이 병이 된다.

② 病勢(병세)는 반드시 臟腑(장부)에 해당하는 오행 자체의 극관계에만 오는 것이 아니라 간접적 요인에 의해서도 얼마든지 일어날 수 있다. 만약 三八 木이 왕하다면 四九金으로 극제해 주면 三八 木은 약해질지 모르나 병이 생긴다. 따라서 二七火로 洩氣(설기)해 주는 것이 좋다.

2. 오행에 따른 병의 원인

1) 三八 木이 병의 원인일 때: 병을 얻을 때

① 외과로는 팔다리의 장애 또는 관절, 허리, 척추 등 머리도 포함

② 내과로는 간, 담, 大·小腦(뇌)의 病症(병증: 정신질환)이다. 외과는 팔다리 쪽이니 생명에는 지장이 없지만, 내과는 생명하고 연관이 있다.

③ 정신신경과 계통으로는 뇌 손상에서 오는 정신질환. 三八 木이 문제가 생기면 정신질환으로 보기 때문에 정신질환이 오면 三八木이 문제가 되는 경우가 많다. 머리가 무겁고 미칠 것 같은 경우도 三八木에 문제가 있다. 그날 일진이 三八木이면 문제가 될 수 있다.

④ 木은 中風(중풍)과 腦出血(뇌출혈), 腦卒症(뇌졸증) 등의 병증과 관련이
  깊다.

2) 四九金이 병의 원인일 때

① 폐, 대장계통으로 결핵 등과 폐암이 발생한다.

② 대장 부분의 病症(병증)으로 大腸癌(대장암) 등이 된다.

③ 四九金이 폐, 대장이니 四냐, 九냐에 따라 나누어지기도 하는데, 일반
  적으로 같이 본다. 정확히 말하면 양은 대장이고, 음은 폐에 해당한다.

3) 五十土가 병의 원인일 때

① 위장계통의 病症(병증)으로 위궤양, 위하수, 위경화, 위암이 있다.

② 비장계통의 病症(병증)으로 비장암(체장암) 등이 있고, 痛症(통증)이 있으
  면 중증이다.

③ 直腸(직장) 계통의 病症(병증)으로 직장암 등이 있고,

④ 당뇨 등의 病症(병증)도 土 계열에 속한다.

⑤ 십이지장의 病症(병증)도 土에서 일어난다. 年局에서 五十土가 겸왕되
  어 있어 너무 왕해도 너무 약해도 문제다.

질병(疾病)의 증상(症狀)

1. 九宮(구궁)에 따른 疾病(질병)

사람이 어떤 병을 앓고 있는지를 알려면 天芮星(천예성)이 어느 궁에 있는지 살펴야 한다.

		世　　　病 天芮 三 鬼	日支 三木에 천예가 있고 병궁이다. 그리고편관 귀방에 있다. 三木은 박살 난다. 이러면 타고난 疾厄(질액)이 있다. 중궁이 一六水면 확실하다.
	一		

1) 天芮星(천예성)이 巽宮(손궁)에 있으면

① 손궁은 왼쪽 어깨, 귀, 팔에 해당되고 바람이다.

② 四八沖이면 견비통, 오십견이 올 수 있고,

③ 五十土가 一水를 剋(극)하면 양쪽 어깨가 쑤시든지 耳鳴(이명)이나 膀胱症 (방광증)이 온다.

④ 五十土는 위염, 위경련이 올 수 있고, 중풍으로 인한 구완와사가 올 수 있다.

⑤ 四九金이 있고 임신했으면 제왕절개 수술을 한다(장녀 방이니까).

⑥ 驚門(경문)이 있으면 입이나 이빨에 문제가 있다.

⑦ 五十土가 四九金을 생하면 위경련이다(四九金은 세균성이기 때문이다).

⑧ 三木이 二火方에 오면 刑이고 육의격형이 있으면 풍을 조심해야 한다.

⑨ 홍국수가 四/四면 유방암, 자궁암을 조심해야 한다.

2) 천예성이 離宮(이궁)에 있으면

① 이궁은 머리, 얼굴, 눈, 심장이다. 따라서 시력이 나빠지거나, 심장병, 心火病(심화병)이 올 수 있다.

② 四/九金이면 머리나 얼굴에 흉터가 있다.

③ 七/九이면 폐, 대장이 나쁘고 심장이나 눈이 나쁘다.

④ 육의격형 辛(신)이 있으면 午午, 七七自刑으로 심장에 이상이 올 수 있다.

⑤ 九/九면 유방암, 자궁암을 조심해야 한다.

3) 천예성이 坤宮(곤궁)에 있으면

① 곤궁은 어깨, 귀 복부, 자궁이다.

② 八/四 沖이면 한쪽 어깨가 아프다(견비통). 共沖이면 더 아프다.

③ 五/一, 十/六이면 가는 귀가 먹거나, 귀에 고름이 생긴다. 이 말은 우물의 뚜껑을 닫아 놓은 격이다.

④ 八/九이면 어깨, 견비통, 오십견이 온다.

⑤ 十/七, 七/十이면 복부에 흉터가 있다. 자궁 수술을 할 수 있다.

⑥ 五/五이면 창자, 복부암, 위통, 식중독이 올 수 있다.

⑦ 九/四이면 대장암을 조심해라. 암은 천예, 편관 귀, 백호, 공망일 때 가능성이 높다.

⑧ 三/五이면 위통, 어깨, 견비통, 간, 담에 이상이 올 수 있다.

⑨ 坤宮에 驚門(경문)이 있으면 귀에 고름이 생긴다.

⑩ 一/六에 杜門에 偏官 鬼가 있고 사대흉격이면 김금딩한다.

⑪ 六/六이면 九金이 생하니 백혈병이다.

4) 천예성이 震宮(진궁)에 있으면

① 진궁은 옆구리, 간, 담, 대퇴부, 무릎이다.

② 四九金이면 팔, 다리나 대퇴부에 흉터가 생길 수 있다.

③ 七火가 있으면 卯午破로 눈이 번쩍인다.

④ 一七 沖이면 혈압, 눈이 흐리멍덩해진다.

⑤ 四九金이 겸왕되면 팔·다리에 흉터가 있고 폐·임파선의 문제로 간담병, 갑상선이 발생한다.

⑥ 五十土가 겸왕되면 비·위장 문제가 발생하고, 木剋土(목극토)하면 신경성 소화불량이 생길 수 있다. 왜냐하면 震宮은 木方이기 때문이다.

⑦ 吐血(토혈)의 증세가 있는 경우는

ㄱ 四九金 겸왕에 천예가 있는 경우

ㄴ 육의격형이 있는 경우

ㄷ 사대흉격이 있는 경우

5) 천예성이 中宮(중궁)에 있으면

① 중궁은 복부다.

② 四九金이 있으면 복부에 흉터가 있고, 생리통이 있다.

③ 偏官 鬼가 있어도 복부에 흉터가 있다.

④ 六/六自刑이면 냉 대하증, 당뇨병을 의심해 봐야 하고, 신장염이나 하혈이 있을 수 있다.

⑤ 六/一, 八/一, 四/一이면 여자는 자궁에 이상이 생길 수 있고, 남자는 전립선, 성병이 올 수 있다.

⑥ 六水에 鬼가 動하면 익사(물귀신), 혈압 문제, 피 계통에 문제가 생길 수 있고, 九金의 생을 받으면 당뇨, 혈압 문제가 발생한다.

⑦ 八/四, 九/三 沖이면 제왕절개 수술을 한다.

⑧ 七/一 沖이면 혈압 문제이고, 六/二 沖이면 정신질환이다(저혈압).

⑨ 六/六이면 저혈압과 당뇨가 의심된다.

6) 천예성이 兌宮(태궁)에 있으면

① 태궁은 폐, 대장, 옆구리, 입, 치아이다.

② 二七火가 앉아 있으면 인후염이 발생하고 명치 끝이 꾹꾹 찌르고 아프다.

③ 二七火의 剋을 받으면 폐, 대장, 호흡기를 조심해야 한다.

④ 景門(경문)에 絶命(절명)이 있고, 천예가 있으면 입이나 치통이 있다.

⑤ 四/四 自刑이나, 四九金이 겸왕되어도 해수, 천식, 동노, 알레르기가 있다. 이런 경우 몸을 따뜻하게 보호해 주면 좋다. 一/四, 六/九도 해수, 천식을 조심해야 한다.

※ 동노는 노동을 많이 하여 氣가 허해져서 오는 병이다.

7) 천예성이 艮宮(간궁)에 있으면

① 간궁은 좌우측 팔다리, 대퇴부 허벅지, 좌우측 수족이다.

② 四/九 金이면 팔, 다리에 흉터가 있다.

③ 三/九 沖이면 다리 수족에 문제가 있고, 교통사고를 조심해야 한다.

④ 七/九 相戰이면 폐, 임파선, 갑상선을 조심해야 한다.

⑤ 五/五면 위통(섭생 조심)이 있다. 木剋土하기 때문이다(바닥 三木).

⑥ 六/六이면 당뇨나 저혈압, 식은땀이 생기고, 여기에 四九金의 생을 받으면 백혈병을 조심해야 한다.

⑦ 六水가 十土의 剋을 받는 사람이 旺한 四九金의 생을 받으면 저혈압을 조심해야 한다.

⑧ 四九金이 木方에 앉아 약하면 폐, 대장, 임파선, 갑상선 계통이 문제
　된다.

8) 천예성이 坎宮(감궁)에 있으면
① 감궁은 자궁이고 신장, 방광이다.
② 감궁은 많은 水가 있어 냉한 방인데 九金이 생해도 신장, 방광 문제가
　오고 陰虛病(음허병)이 발생한다.
③ 八/一, 一/八 子卯刑이면
　㉠ 자궁암이나 종기, 자궁 질환이 발생한다.
　㉡ 八木이 浮木(부목)되어 자궁이 착궁을 못하여 벌어져 있다는 뜻이다.
　㉢ 남자는 10세 이하면 포경 수술을 하라고 하고, 20세 이상이면 성병을
　　조심해야 한다.
④ 四/一 子酉破는 전립선, 고환, 요실금 문제가 있다.
⑤ 六/六 自刑은 여자가 淫事(음사)를 많이 하여 신장, 방광이 허하고 설사
　를 자주 한다.
⑥ 五十土가 刑이나 破이면 변비통이 있다(戌未刑, 丑辰破).
⑦ 四/四면 전립선, 요실금, 자궁 적출 수술을 받는 사람이 많다.

9) 천예성이 乾宮(건궁)에 있으면
① 건궁은 머리, 대퇴부, 팔, 다리, 근육통, 신경통, 대장, 신장, 방광, 항
　문이다.
② 八/十, 三/五, 九/三는 偏官 鬼를 머리에 이고 있으니 머리가 아프다
　(편두통).
③ 土가 水方에 있으면 비, 위장, 피부병이 있다.

奇門命理學

④ 六/六은 항문 수술, 치질 수술이다.

⑤ 天芮(천예)에 偏官 鬼(편관 귀)가 있으면 두통 환자다.

⑥ 一/八에 천예에 鬼가 있으면 자궁 수술이다.

⑦ 四/六이면 치질, 대장으로 본다.

2. 病星(병성)

천예성은 병성이고, 편관귀도 질액이다. 천심성은 의사성이다. 일지가 편관 귀방에 들어갈 때 疾厄(질액)이라고 하지만, 일지가 왕하면 괜찮다.

① 死門(사문) + 絶命(절명), 驚門(경문) + 絶命(절명), 杜門(두문)에 天芮(천예), 天柱(천주), 白虎(백호), 句陳(구진)이면 疾厄(질액)이다.

② 일지궁에 편관귀, 병궁, 편관귀방 등이 있으면 타고난 질액이다.

③ 일지가 태신약한 상태에서 天芮(천예), 死門(사문), 四大凶格(사대흉격) 등이 같이 있으면 壽命(수명)과도 관계될 수 있다.

④ 편관귀 운이면 질액 조심해라.

⑤ 杜門(두문)에 天心(천심)이면 입원이다(年局에서는 확실하다). 왜냐하면 杜門은 갇히는 것이고, 天心은 의사이니 의사한테 갇히는 것이 되기 때문이다.

⑥ 五十土가 四九金을 생하면 질액이다.

⑦ 絶命(절명)을 탄 五十土가 四九金을 生하면 終命(종명) 運(운)이다.

⑧ 身弱時(신약시) 洪局數(홍국수)가 被剋(피극) 당하면 해당 홍국수와 관련된 것(장기)이 문제가 된다. 즉, 九金이 三木을 치면 三木이 문제가 된다는 것이다. 그러니 三木이 왕하면 괜찮다. 이 중에 1개라도 太身弱(태신약)이면 가능성이 높아진다.

⑨ 驚門(경문)에 絶命(절명)은 경천지동사다. 하늘이 놀라고 땅이 뒤집어지

는 것이다.

⑩ 편관귀가 공망이면 신병은 쾌차하고, 구병은 죽는다.

⑪ 이와 같은 것이 2~3개 중복되면 질액으로 건강 조심해라.

⑫ 일지 雙金 者는 왼쪽 눈이 나쁘고, 월지 雙金 者는 오른쪽 눈이 나쁘다.

⑬ 二七火 오불우시격, 三奇入墓, 육의격형은 실명될 수 있고, 庚加己, 自刑은 癌(암)이 발생할 수 있다.

⑭ 水 바닥에 官鬼가 있고 五十土가 있으면 나이 먹으면 비, 위장을 조심해야 한다. 土剋水는 협심증으로도 본다.

⑮ 驛馬(역마)가 動處(동처)나 年支(년지)에 있거나, 日干(일간)이나 行年宮(행년궁)에 死門(사문)이 있어도 교통사고를 조심해야 한다.

⑯ 역마가 중궁이나 년지에 있고 관귀나 일간이 행년궁에 있으면 교통사고가 난다.

⑰ 年局(년국)에서 역마가 동처나 행년궁에 있고, 일간이나 행년궁에 死門이 있어도 교통사고가 날 수 있다.

⑱ 일간과 행년궁에 관귀가 있으면 아프거나 다치거나 교통사고가 난다.

⑲ 일간과 행년궁에 역마가 있고 사문이 없으면 이사나 여행으로 본다.

⑳ 중궁에 一水는 당뇨로 인한 합병증을 조심해야 한다.

㉑ 중궁에 편관귀가 있고 일지궁과 대소운이 겹치면 문제가 발생한다.

㉒ 중궁 三八木 천반에 오십토가 있으면 비, 위장이 나쁘다.

㉓ 중궁에 四/四, 九/九, 감궁에 一/四, 四/一는 냉기가 심하다. 여자는 냉이 심하다.

㉔ 坤命(곤명) 중궁에 四九金이 겸왕되어 있고 鬼가 있으면 복부나 자궁이 차고 냉병이나 복부에 흉터가 있다. 제왕절개로 수술한다.

㉕ 곤명에 坎宮, 中宮, 坤宮에 一/四, 四/一이고 偏官鬼가 있으면 자궁

수술을 하고, 12운성 胎(태)에 一/八, 八/一, 四/四, 四/八, 一/四은 유산을 많이 한다.

㉖ 坎宮, 坤宮이 空亡(공망)이면 여자는 자궁을 들어낸다(십중팔구는).

㉗ 四九金이 三八木方에 있으면 임파선, 갑상선을 조심해야 한다.

㉘ 年局에 天芮와 六合이 있으면 말 못 할 고민이 있다.

㉙ 四九金이 絶地(절지)에 있으면 기관지, 폐, 대장에 문제가 있다.

㉚ 五十土가 겸왕이면서 三八 木方에 있으면 비, 위장이 나쁘고 소화가 잘 안된다.

㉛ 五十土가 겸왕이면서 二七 火方에 있으면 위염이나 식탐이 있다.

㉜ 五十土가 겸왕이면서 一六 水方에 있으면 위하수, 소화가 잘 안되고 영양 흡수가 안 된다.

㉝ 乾宮에 二七火가 겸왕이면 부모가 혈압으로 쓰러질 수 있다. 六/六이 면 치질 수술이다.

구궁(九宮)과 신체 구조(身體 構造)

남자는 엎드린 상태로 보고, 여자는 누운 상태로 본다.

1. 머리를 상징하는 곳

離宮(이궁), 乾宮(건궁), 歲支(세지), 三木(삼목), 日支 上數(일지 상수)

① 만약 일지 상수가 재이면 부인이 정신 연령이 높거나, 연상의 여자다.

② 중궁의 재도 연상의 여자다. 家權(가권)을 쥔다.

2. 생식기방

坎宮(감궁), 中宮(중궁), 坤宮(곤궁)이다.

3. 각 궁에 四九 金이 있으면 나타나는 증상

① 二七火 方에 四九金이 있으면 폐, 대장, 호흡기를 조심해라.

② 四九金 方에 四九金이 있으면 대장 조심해라(공망 시 대장암이다). 너무 왕해도 문제가 된다.

③ 一六水 方에 四九金이 있으면 해수, 천식, 알레르기를 조심해라.

④ 三八木 方에 四九金이 있으면 갑상선, 임파선, 팔다리 흉터를 조심해야 한다.

※ 四九金이 동궁하면 三八木의 동태를 살피고 교통사고를 조심해라.

제5장

기문국 해단
奇 門 局 解 斷

기문둔갑 해단의 착안점

● 먼저 布局(포국)된 기문을 전체적으로 관찰하고 주요 動處(동처)의 氣運(기운)의 흐름을 파악한다.

● 그다음으로 기문 요소들(팔문, 팔괘, 구성, 팔장, 십이운성, 신살 등)의 기본적인 性格(성격)을 이해하여야 한다.

● 기문국을 解斷(해단)할 때는 구궁의 모든 상황을 다 고려하기보다는 주요 動處(동처)를 중심으로 해단한다.

● 洪局數(홍국수)의 狀況(상황)과 門卦星將(문괘성장)을 보고 기타 주요 神殺(신살)이나 格局(격국) 상황을 참고적으로 본다.

● 기문국을 단편적으로 하나의 기문 요소에 치우치기보다는 전체적인 狀況(상황)을 파악하는 것이 중요하다.

기문 해단(奇門 解斷)의 순서

⊛ **기문 해단의 순서는 다음과 같다.**

① 일지와 중궁과 四辰宮(사진궁)의 상태를 살핀다.

② 中宮(중궁)의 動態(동태)를 살핀다.

③ 日支(일지) 및 각 육친의 旺衰(왕쇠)를 살핀다.

④ 動處(동처) 위주로 門(문), 卦(괘), 星(성), 將(장)을 살핀다.

⑤ 六親(육친)과의 관계를 살핀다.

⑥ 行年(행년)과 日干宮(일간궁)을 살핀다.

⑦ 驛馬(역마), 軒轅(헌원), 기타 신살을 살핀다.

이를 차례대로 자세하게 살펴보자.

1. 일지와 중궁과 四辰宮(사진궁, 動處: 동처)의 상태 파악

洪局數(홍국수)의 吉凶(길흉)과 동향을 파악한다.

1) 吉格(길격)

天地盤數(천지반수)가 서로 相生(상생), 相合(상합)되거나, 動處(동처) 地盤數(지반수)끼리 서로 生하는 등 홍국수가 서로 생하고 吉門(길문)이나 吉卦(길괘), 천을귀인 등 吉(길)한 神殺(신살)이 함께 臨(임)했을 때 吉(길)하고 해당 육친도 길해진다.

2) 凶格(흉격)

천지반수가 서로 상극, 상충, 형충 등의 관계이고 흉문, 흉괘, 흉한 神殺

(신살) 등이 同宮(동궁)해 있으며, 伏吟局(복음국)이 거나, 半吟局(반음국), 四墓局(사묘국) 등이 동궁하면 흉하고, 해당 六親(육친)도 凶(흉)하다.

2. 中宮(중궁)의 動態(동태) 파악

① 中宮數(중궁수)의 旺衰(왕쇠)가 六親(육친)에 미치는 영향을 살펴보고 중궁과 일지궁과의 동태를 살핀다.

② 奇門 解斷(기문 해단)에 있어 중요한 것은 구궁 상호 간 洪局數(홍국수)의 生剋制化(생극제화)이다. 여기에서 中宮의 역할은 매우 크다. 중궁과 動宮(동궁)과의 힘의 교류가 영향력이 크고 중요하기 때문에 기문 해단 시에 구궁 중 중궁을 항상 먼저 살펴야 한다.

3. 日支(일지) 및 각 육친의 旺衰(왕쇠) 파악

① 居旺(거왕), 乘旺(승왕), 受生(수생) 등은 길한 것으로 본다.

② 居衰(거쇠), 乘衰(승쇠), 受剋(수극), 總空亡(총공망)이거나 空亡(공망)이 있는 경우 등은 흉한 것으로 해석한다.

4. 動處(동처) 위주로 門(문), 卦(괘), 星(성), 將(장) 파악

구궁의 문괘성장을 논할 때는 팔문이 길괘·길성·길국을 만나면 有氣(유기)하여 길하고, 흉괘·흉성·흉국을 만나면 無氣(무기)하여 흉하다.

5. 六親(육친)과의 관계 파악

년주 궁은 부모(년간은 아버지, 년지는 어머니), 월주 궁은 형제(월간은 남자 형제, 월지는 여자 형제), 일간과 일지는 자신이나 가정, 시주 궁은 자식(시간은 아들, 시지는 딸)으로 본다.

6. 行年(행년)과 日干宮(일간궁) 파악

① 행년은 외부적 환경에 따라 그해에 일어나는 일, 사건을 말한다.

② 일간궁은 외궁으로 사회생활 및 능력으로 자기 자신의 밖에서의 주된 활동을 나타낸다.

7. 驛馬(역마), 軒轅(헌원), 기타 신살 파악

軒轅(헌원)이나 驛馬(역마)가 일지에 있으면 변화(이사, 교통사고 등)가 있다. 丙庚殺(병경살)과 三殺(삼살)의 영향이 있을 때는 재난, 살상, 싸움 등의 凶意(흉의)가 발동한다.

명국(命局) 해단 방법

❈ **명국 해단의 순서는 다음과 같다.**

① 먼저 바탕오국이 무엇인지 살핀다.

② 일지궁(상수 포함)과 일간궁의 강약과 門卦星將(문괘성장)을 살핀다.

③ 通氣(통기) 형태를 살핀다.

④ 成局(성국) 및 三刑(삼형), 三殺(삼살) 여부를 살핀다.

⑤ 父爻(부효)의 동태를 살핀다.

⑥ 남자는 歲支(세지)와 官鬼(관귀)와 財(재)의 동태를 살핀다.

⑦ 여자는 官鬼의 동태를 살핀다(남편과 직장이니까).

이를 차례대로 자세하게 살펴보자.

1. 바탕오국 파악

각궁의 홍국수 天地盤(천지반)이 生剋制化(생극제화)의 형태로 구성되어 있는 가를 분류한 것으로, 대략적인 성격을 나타낸다.

1) 오국의 활용 및 비중

① 연국상의 제반 조건보다 크고 팔문, 팔괘의 작용보다 우월한 위치에 있고,

② 전체국을 파악하는 데 오국이 중요한 관건이 된다.

③ 사주를 감평할 때는 제일 먼저 짚고 넘어가야 할 부분이다.

④ 오국의 형태 파악이 해단의 우선순위가 된다.

2) 바탕 오국의 종류

① 和局(화국)

② 戰局(전국)

③ 沖局(원진국)

④ 刑破害局(형파해국)

⑤ 怨嗔局(원진국)

2. 일지궁과 일간궁의 강약과 문괘성장 파악

① 일지는 왕해야 좋다. 즉, 힘이 있어야 한다는 것이다.

  ㉠ 일지가 왕해야 어떤 일을 해도 추진할 능력이 있는 것이다.

  ㉡ 일지가 약하면 팔랑귀로서 추진력도 떨어지고, 때로는 신경질적인 면
   도 있다.

  ㉢ 일지가 너무 태왕하면 문제가 있다. 왜냐하면 교만해지고 남의 말을
   잘 듣지 않고 힘으로 밀어붙이려고 하기 때문이다.

② 일지 상수에 인수가 있으면 좋다. 핵우산 역할을 해 주기 때문이다.

③ 일지가 약하면 일간이라도 旺(왕)해야 한다. 왜냐하면 暗動(암동)하기 때
 문이다. 그리고 일간이 일지를 생해 주어야 한다.

④ 일지가 공망이면 노후를 대비해야 한다.

⑤ 일지가 공망이면 일지가 가택궁이니 부부 사이가 부실하다.

⑥ 일지가 욕을 달고 있으면 끼가 있고 연애결혼을 많이 한다.

⑦ 일지에 욕이 있으면 배우자나 본인 중에 바람피우는 경우가 있다. 욕살
 은 敗殺(패살)이기 때문에 돈에 관해 손해 볼 수도 있다.

3. 通氣(통기) 형태 파악

1) 通氣圖(통기도)란?

① 사주 전체 흐름을 한눈에 파악하려면 통기 형태를 본다.

② 사주는 일단 통기가 되어야 좋다.

③ 통기도에 빠진 오행이 운에서 올 때 대발한다. 잘 풀린다.

④ 비동처인 오행이 어느 방에 앉아 있는지 본다.

⑤ 통기도에서는 한 개씩 動(동)하는 게 정상이고 없으면(動하지 않으면) 因緣(인연)이 薄(박)한 것이고, 두 개 다 동하면 애로가 있다.

2) 통기도 형태의 종류

○ 印-日-孫(印我生孫: 인아생손): 財와 官이 없다.

○ 官-印-日(官印相生): 孫과 財가 없다.

○ 日-孫-財(손생재, 자수성가형): 官과 印綬가 없다.

○ 日-孫-財-官(일생손재관): 印綬가 없다.

○ 日-孫-官(孫動剋官: 治鬼者 四柱): 財와 印綬가 없다.

○ 日-財-官-印(일극재생관생인): 孫이 없다.

○ 日-財-官(일극재생관): 孫과 印綬가 없다.

○ 日-孫(일생손): 근로직, 날품팔이 사주다.

○ 印-日(印生日): 日支와 印綬만 있는 사주.

○ 官-日(官剋日): 日支와 官만 있는 사주.

○ 日-財-印(일극재극인): 孫과 官이 없다.

○ 日-財(일극재): 日支와 財만 있는 사주.

○ 日-孫-財-官-印(일손생재생관생인): 오행이 상생하는 사주.

(1) 印(인)—日(일지)—孫(손, 印我生孫: 인아생손)

財(재)와 官(관)이 없다.

① 재와 관이 없으면 재, 관의 인연이 薄(박)하다.

　　㉠ 남자는 처와 돈과 인연이 박하고, 관이 없으니 직장을 구하는 것도 쉽
　　　 지 않다.

　　㉡ 官(관)이 없으면 마음대로 하려 하거나 간섭하는 걸 싫어한다.

② 인수가 도와주고, 내가 일을 하니 생활할 수는 있다. 이런 사람은 부모
　 나 지인으로부터 도움을 받는다.

③ 관이 없으니 전문 직종(기술직)으로 가는 게 좋다.

④ 인극손하면 倒食(도식)이니 직장인은 직장을 그만둘 수 있고, 장사나 사
　 업자는 부도날 수 있다. 자식이 말썽을 부린다.

⑤ 인수가 형효를 생하면 직장인은 상사가 형효를 도와주니 승진도 다른 동
　 료가 한다. 유산도 다른 형제에게로 간다. 이런 사람은 생전에 상속받는
　 게 좋다.

(2) 官(관)— 印(인) − 日(일지: 관인상생)

孫(손)과 財(재)가 없다.

① 官印相生이니 직장 생활이 적합하다.

② 官印相生 成局(성국)이 되면 머리로 하는 관리 담당이 적합하다. 孫生
　 財(손생재)는 몸으로 하는 생산 담당이 적합하다.

③ 孫과 財가 없으면 일 안 하고 돈 벌려고두 안 한다.

④ 孫과 財가 없는 여자는 一六 水가 太旺(태왕)하면 정조 관념이 없나.

⑤ 공직자는 없는 財(재)가 들어올 때 돈, 여자를 조심해야 한다.

(3) 日(일지) – 孫(손) – 財(재: 손생재, 자수성가형)

官과 印綬(인수)가 없다. 내가 몸을 움직여서 돈을 번다. 블루칼라다(육체 노동자).

① 손생재가 되니 장사나 사업하는 게 좋다.

② 인수가 없으면 마지막 재물이 없다. 재가 인수를 타고 일지까지 들어와 야 진짜 내 돈이 된다.

③ 손생재가 되면 여자는 자기 이름을 걸고 장사한다.

④ 관이 없으니 재극인으로 돈과 시가와 인연이 薄(박)하다.

⑤ 손생재가 되면 스스로 어려움을 타파하는 능력이 있으며, 영업도 잘한 다. 재가 없고 孫(손)만 있어도 영업은 잘한다.

⑥ 형효가 손을 생해 주면 동업이 가능하고, 재까지 생해 주면 돈도 벌어 준 다(손생재가 되면). 이런 사람은 직원을 둬도 직원이 돈을 잘 벌어 준다. 그러나 재를 극하면 절대 안 된다.

※ 財物(재물)에 있어서

㉠ 財(재)는 생활하면서 쓰고, 살아가기 위해 필요한 돈이고,

㉡ 印綬(인수)는 쓰고 남은 돈을 저축한 돈이나 연금과 같이 꾸준하게 공 급되는 돈이다. 즉, 재산이다.

(4) 日 – 孫 – 財 – 官(일손재관)

인수가 없다.

① 인수가 없으니 관귀가 일지를 치면 직장에서 밀려날 수도 있다. 이런 사 람은 기술자나 전문 직종으로 가는 것이 좋다.

㉠ 만약 日支가 八이다. 八-七-十-四이면, 四金 鬼(귀)가 일지를 치 니 거덜 날 수 있다. 偏官 運(편관 운)에서 망하면 거덜 난다. 회복이

안 된다.

    ⓒ 印綬가 없으면 돈 욕심 내지 마라. 偏官 鬼 運에서 건강이 나빠져서 급사할 수도 있다.

② 이런 사람은 장사나 사업을 하면 크게 한다. 일확천금을 꿈꾼다.

(5) 日(일지) – 孫(손) – 官(관: 孫動剋官, 治鬼者 四柱)

재와 인수가 없다.

① 財와 印綬가 없다고 못사는 것은 아니다. 孫만 있어도 잘산다. 왜냐하면 孫(손) 자체가 財이기 때문이다.

② 손동극관이 되면 직장 변동이 많으니 자기 일(자영업 등)을 하는 게 좋다. 직장 생활은 힘들다. 왜냐하면 財가 없으니 孫이 官(관)을 깨려고 하는 성질이 있기 때문이다.

③ 남자는 손동극관하면 직장 변동이 일어나고, 여자는 남편이 미워진다.

④ 歲支(세지)나 官鬼(관귀)를 직장으로 본다.

※ 歲支(세지)나 官鬼(관귀)가 兼旺(겸왕)이 되거나 또는 세지나 관귀가 日支를 치면 다 직장 변동이다.

⑤ 이런 분은 직업을 治鬼者(치귀자: 나쁜 것을 다스리는 사람) 업종 또는 전문 직종을 해야 한다. 孫(손)이 官(관)을 쳐 직장 변동이 많기 때문이다.

    ㉠ 治鬼者(치귀자)는

      – 無識者(무식자)는 선생, 교수이고,

      – 犯法者(범법자)는 검찰, 경찰, 孫(손;四九金인때)이다. 판검사는 父爻가 있어야 가능하다.

      – 疾厄者(질액자)는 의사, 한의사, 약사이다.

※ 孫爻(손효)를 단 四九 金이 손동극관하면 명의가 된다.

ⓒ 치귀자 직종이 아니면(정관이면) 직장 변동이 많으니까 전문 직종이나 기술직이 좋다.

⑥ 여자는 손동극관하면 부부가 해로하기 어렵다. 왜냐하면 남편을 미워하게 되기 때문이다. 관재구설도 따른다. 孫(손)만 있는 여자는 처음에는 좋은데 금방 싫증을 느낀다. 그래서 남자가 좋다고 하는데도 싫증을 낸다.

(6) 日 – 財 – 官 –印(일극재생관생인)

孫(손)이 없다. 손이 없으면 일단 내 몸 움직이는 것을 싫어한다. 이런 사람은 돈 만들 때는 딴짓하다가 돈만 되면 쫓아가서 숟가락을 올려놓는 사람이다. 털도 안 뽑고 먹으려고 하는 사람이다.

① 이런 사주는 좋은 사주지만 財로 인한 문제 발생이 일어날 수 있다. 日支가 財를 친다는 것은 이때부터 문제가 된다는 것이다. 공직자는 돈과 여자를 조심해야 한다.

② 孫(손)이 없으니 베풀지 않는다. 인색할 수 있다. 손은 일단 내 몸에서 나가는 것이다. 그런데 손이 없어 내보내지 않으니 인색하다. 그런데 재효가 孫方(손방)에 앉아 있으면 그렇지 않다. 베푼다.

③ 씨도 안 뿌리고 걷어들이려고 한다.

(7) 日(일지) – 財(재) – 官(관: 일극재생관)

孫과 印綬가 없다. 프리랜서 사주다.

① 일극재생관 사주는 孫이 없으니 내가 돈을 만드는 것, 사업도 안 된다. 印綬도 없으니 직장 생활해도 상사(임용권자)가 관심도 안 준다. 돈을 벌어서 직장 생활을 하려고 해도 印綬가 없으니 官이 나를 친다. 그래서 직장 생활을 할 수가 없다.

奇門命理學

② 이런 사주는 연예인 등에서 많이 볼 수 있다. 孫生財도 안 되고, 官印相
生도 안 되니 전문직종(기술직)으로 가야 한다.

③ 이런 사주는 財生官이 되니, 즉 돈으로 직업을 사는 격이니 사업하는 것
보다는 직장 생활을 하는 것이 좋다. 직장 생활해도 閑職(한직)에 근무하
는 게 좋다.

④ 이런 사주는 인수운이 오면 좋고, 손운이 오면 사업도 가능하다. 그러나
잘못 사업했다간 문제가 생길 수도 있다.

⑤ 사업보다 직장 생활을 하는 게 더 좋다.

(8) 日 - 孫(일생손)

노동자, 날품팔이 사주다.

① 이 사주는 내 몸을 움직여야만 돈이 되는 사람이다.

② 이런 사주는 세상을 원망하지 말고 내 팔자라고 생각하고 살아가는 게
좋다. 그런데 일지가 인수방에 있든가 인수를 이고 있으면 인수의 도움
을 받으니 먹고사는 것은 괜찮다.

(9) 印 - 日(印生日)

일지와 인수만 있는 사주

① 인수가 있어 일지에게 도움이 되나, 관이 없으니 직장 구하기가 어렵다.
직장이 있어도 직책이 없다. 직이 있으면 명예직이다.

    ㉠ 관이 없어도 일을 잘한다 해도 일자리가 없다(無官 사주의 경우)

    ㉡ 일지 성수에 관을 이고 있으면 봉급이 없어도 감수하고 일한다.

② 인수가 있으니 관운이 들어올 때 승진도 하고 일자리도 만들어진다.

(10) 官 - 日(官剋日)

일지와 관만 있는 사주

① 인수가 없어 관이 나를 치니 직장 운, 여자는 남편 복이 없다.

② 직장이 있어도 승진이 잘 안 된다(어렵다).

(11) 日 - 財 - 印(일극재극인)

손과 관이 없다.

① 장사하면 앞으로 남고 뒤로 밑진다(재는 결과이고, 인수는 생각이다). '내가 장사하면 이런 결과가 나오겠다. 내가 투자를 하면 이렇게 되겠다.' 하여 잔머리를 굴린다. 따라서 잘못된 판단을 하는 경우가 많다.

② 이런 사주는 돈을 벌어도 돈이 다 나간다. 財剋印(재극인)하기 때문이다. 마지막 재물인 印綬가 剋을 당하니 돈 관리를 잘해야 한다. 부동산을 사 두면 좋다.

③ 재극인하니 태어날 때 부모가 어려움이 많다(부모를 剋하니까).

　㉠ 이런 사람이 태어날 때 부모 사이가 안 좋거나 부모 사업이 문제가 된다거나 또는 부모가 아프다든가 하는 경우가 생길 수 있다.

　㉡ 여자 같으면 재극인이니 며느리가 시부모를 치는 것이니 시부모하고 같이 살지 마라.

(12) 日 - 財(일극재)

日支(일지)와 財만 있는 사주. 일지가 재를 극하면,

① 여자의 경우, 시가집을 극하니 시부모와 같이 살면 안 된다.

② 남자는 부인에게 잘해 주는 사람이 아니다. 부인을 소모품 취급하는 경향이 있다. 일을 막 시킨다. 특히 중궁에 재가 있으면 더 그렇다. 재가

하나 더 숨어 있기 때문이다. 욕궁이나 도화살이 있으면 더욱 그렇다.

(13) 부인에게 잘해 주는 사주(남자): 손생재 사주

① 재는 부인이므로 자식과 합세하여 재를 생하는 사주는 부인에게 잘해 준다(孫生財하니까).

② 손효는 베푸는 것이니 자상하게 살펴 준다.

(14) 남편에게 잘해 주는 사주(여자): 재생관 사주

① 재생관하면 남자한테 아주 잘해 준다.

② 재는 부인이고 관귀는 남편이므로 재효가 관귀를 생해 주면 남편에게 잘한다.

③ 편관이면 남편한테 맞고 사는 사람도 있다. 이런 사주는 인수가 없으니까 여자가 남편을 도와주면 도와줄수록 日支를 치니 부인 탓을 한다. 도와주지 않는 게 좋다.

4. 成局(성국) 및 三刑(삼형), 三殺(삼살) 여부 파악

1) 成局이란?

성국이란 통기의 제왕으로 다른 통기의 흐름을 무시하고 원칙을 만들어 강제로 통기시키는 것을 말한다.

① 성국의 조건: 일지, 년지 중궁 이 세 가지가 지반수끼리 앞뒤 순서에 관계없이 연이어 생히는 관계를 말한다.

② 성국의 효과

ㄱ) 통기보다 우선한다.

ㄴ) 삼형, 삼살이 있어도 면형된다.

ⓒ 비화가 동하여도 무조건 일지를 생해 준다.

2) 三殺이란?

七五九가 모여서 강력한 殺(살)을 만드는 것이다.

① 삼살은 일반 殺보다 3배가 더 강하다.

② 살을 면할 수 있는 경우는 성국뿐이다.

③ 삼살이 있는 사람은 지독한 면이 있다.

④ 삼살은 육수가 없으면 삼목을 치니 간, 담, 허리, 척추, 뇌신경 등을 조
  심해야 하고, 교통사고 또한 조심해야 한다.

3) 三刑이란?

三二九가 모여서 강력한 刑(형)을 만드는 것이다.

① 면형되는 경우는 오로지 성국뿐이다.

② 三刑은 진생인 六水가 있어도 三木을 치러 간다.

③ 三木이 깨지니 간, 담, 허리, 척추, 뇌신경 등을 조심해야 하고, 또한
  교통사고도 조심해야 한다.

5. 父爻(부효)의 동태 파악

① 부효가 왕한지 본다. 왕하면 좋다.

② 부효궁의 홍국수와 공망 여부를 본다. 부효가 공망이면 부모덕이 없고,
  부모와 인연이 薄(박)하다. 학업 운도 없다. 인덕도 없다.

③ 부효와 일지가 대충방에 떨어져 있거나, 부모궁이 태신약하고, 흉문 흉
  괘가 있고, 공교충당하면 부모덕이 없고 인연이 薄(박)하다.

④ 官이 없고 인수만 있으면 직장이 없다. 官이 올 때 취직, 승진한다. 官

만 있는 것보다 인수만 있는 것이 좋다.

⑤ 부효가 二七 火이면 구설화란 등으로 문제가 발생하고, 부효가 四九 金이면 바뀔 경(更)으로 두 부모를 모신다.

※ 부모의 동태를 볼 때는 乾宮(아버지궁) 과 坤宮(어머니궁)도 같이 본다. 만약 六二沖, 二六沖으로 되어 있으면 부모는 속성이 닮았다고 하고, 공교충하면 다 깨진다.

※ 만약 부효 五十土가 火方(巽宮, 離宮)에 있으면 왕한 방에 있으니 좋다.

※ 인수방에 육의삼기가 癸加癸 天網(천망)이나, 壬加壬 地網(지망)이 있으면 부모와 因緣(인연)이 薄(박)하다.

※ 부효가 공망이면 안 좋다. 부모덕이 없고, 학문도 잘 안 된다.

※ 특히 상수에 四九金은 바뀔 경(更)이고, 殺(살)이므로 안 좋다는 뜻이다. 즉, 四九金이 부모이면 부모가 바뀐다는 뜻이니 이런 사람은 부모덕이 없다는 것이다.

※ 만약 父爻 상수 四九金이 兄爻이면 五十土 부효가 四九金 형효를 생해 주니 나는 부모덕이 없다(眞生(진생)이면 0순위가 우선이니까).

6. 남자는 歲支(세지)와 官鬼(관귀)와 財(재)의 동태 파악(직장 동태)

① 남녀 불문하고 官鬼宮(관귀궁)을 살핀다. 乾命(건명)에서는 官은 명예 직장이고 坤命(곤명)에서는 배우자이기 때문이다.

② 직장의 동태는 歲支(세지: 자모관작)를 먼저 보고 官鬼(관귀)를 본다.

③ 歲支(세지)의 官, 鬼(관귀)가 왕하고 길하면 좋다. 그러나 반드시 인수 타고 나(日爻)한테 들어와야 좋다.

④ 歲支를 단 官, 鬼는 막강한 직장이다. 그런데 官이 歲支를 달고 있는데 태신약(×××)하다면 나한테까지 올 수가 없다. 그러면 財가 받쳐 줘야

한다. 그래야 官이 빛을 발한다.

⑤ 歲支와 官鬼가 힘이 있어야 승진도 편하게 할 수 있다. 힘이 없으면 빛 좋은 개살구다.

⑥ 관이 비동처이면 직장 생활을 오래 하지 못하는 경향이 있다. 중궁에 손이 있으면 손동극관하므로 직장 변동이 많을 수 있다. 전문 직종, 기술 직종으로 가는 게 좋다.

⑦ 官鬼(관귀)가 충지에 들면 직장 변동이 많다.

⑧ 官鬼는 財星(재성)의 뒷받침이 필요하고 의식주 해결에 있어 재성은 절대적이다. 坤命(곤명)에서 재성은 財貨(재화)에 불과하지만, 乾命(건명)에서는 재성은 재화와 배우자에 해당될 뿐만 아니라 官星이 孫으로부터 다치는 것을 보호하기 때문에 잘 살펴야 한다.

⑨ 남자는 財(재)의 동태를 살핀다.

  ㉠ 財(재)가 대충방에 있으면 부부가 해로하기 어렵다.

  ㉡ 일지궁이나 배우자궁이 作沖(작충)해도 家宅(가택)이 불안하다.

  ㉢ 재가 중궁에 있으면 부인이 家權(가권)을 쥔다.

  ㉣ 재효가 작충하면 돈이 모이지 않고, 처와 인연이 박하다.

7. 여자는 官鬼(관귀)의 동태 파악 (남편과 직장이니까)

① 官鬼(관귀)가 대충방에 있으면 부부가 해로하기 어렵다.

② 관귀가 반드시 인수를 타고 나한테 들어와야 남편한테 사랑받는다. 즉, 관귀(남편)가 생하는 것이 나에게 전달되어야 한다는 것이다. 전달이 안 되면 남편이 못해 주는 것이다. 인수가 比和(비화)한테 가면 남편이 다른 여자를 도와주는 것이다.

③ 동처에 편관 귀가 오면 남편 말고 애인일 가능성도 있고, 남자 문제, 관

재구설, 질액이 발생될 수 있다. 편관 귀를 달았으니 판단력이 흐려진다. 편관은 남편이지만 나한테 스트레스를 준다.

④ 관귀가 중궁에 있으면 막강한 직장이고 좋은 남편을 얻는다.

⑤ 관효가 작충하면 관이 직장·명예·남편이니, 남자는 직업이 불안전하며 직업 변동이 많고, 여자는 직업이 불안전하고 남편 복이 없다.

년국(年局) 해단 방법

❈ 년국 해단의 순서는 다음과 같다.

① 일지궁, 일간궁, 일지 상수를 살핀다.

② 세지, 관귀를 살핀다(직장 관계).

③ 三刑(삼형), 三殺(삼살), 成局(성국) 여부를 살핀다.

④ 중궁을 살핀다.

⑤ 행년궁을 살핀다.

⑥ 바탕 오국을 살핀다.

⑦ 응기처를 살핀다.

⑧ 건강을 살핀다.

이를 차례대로 자세하게 살펴보자.

1. 日支宮(일지궁) 파악

1) 성정 변화 파악

성정 변화란 命局에서 日支 五行이 年局에서 무슨 오행으로 바뀌었나를 보고, 또한 어떤 성격에서 어떤 성격으로 바뀌었나를 보는 것이다.

2) 일지 오행 파악

① 명국에서 일지 九金이 년국에서 一六水로 바뀌면 우선 욕심이 많아졌고, 물이나 술과 밀접한 관계가 있다.

② 二七火는 성질이 급해지고 투기심이 강해지고 구설화란이 생길 수 있다. 三八木은 어질고 착한 성질로 바뀔 수 있고, 四九金은 칼 같은 성

질, 냉정한 성질이나 다른 면으로 온화한 성품도 있다. 五十土는 무뚝 뚝해지고 순박해진다. 부동산에 신경 쓰는 사람이 많다.

3) 일지 상수의 동태 파악

① 일지 상수가 兄爻(형효)이면 형제 생각, 친구 생각, 동업 생각하고, 損 財(손재)가 있을 수 있다(비견, 겁재이므로).

② 일지 상수가 孫爻(손효)이면 일을 벌인다. 자식 생각한다. 여자는 남편이 미워지고 남자는 직장 변동을 생각한다.

③ 일지 상수가 財爻(재효)이면 남녀 공히 돈 생각한다. 남자는 여자 생각, 여자는 시가집 또는 시부모 생각을 한다.

④ 일지 상수가 官爻(관효)이면 남자는 직장 생각, 여자는 남편 또는 다른 남자를 생각한다.

⑤ 일지 上數(상수)가 鬼爻(귀효)이면 판단력이 흐려지고, 남자는 직장에서 스트레스를 받고, 여자는 남편 때문에 스트레스를 받고, 외간 남자를 생 각한다. 그리고 남녀 모두 疾厄(질액)을 조심해야 한다.

⑥ 일지 상수가 父爻(부효)이면 부모 생각, 공부 생각, 문서 생각을 한다.

4) 夫婦(부부) 관계: 배우자의 동태 파악

일지궁은 가택궁인데 日支가 깨지면 부부 사이는 불화 관계가 된다. 그다 음 배우자 궁을 본다. 일지궁과 배우자궁이 대충방에 있으면 부부 사이가 멀 어지는 상대가 되고, 가까이에 있으면 그런데로 괜찮다. 일지가 충이면 싸움 을 자주 한다.

5) 가택 변동

반드시 五十土의 動態(동태)도 같이 봐야 한다.

① 일지 상하가 作沖(작충)하면 가택 변동이다. 나쁜 변동 같으면 미리 이사를 해 버린다. 또는 돈이 나가는 상황이면 미리 집을 사서 먼저 돈을 쓴다. 그래서 그걸로 때워 버리는 게 좋다.

② 일지 比和(비화)이면 가택 변동수다. 일지 상수에 형효가 있는 것(겸왕이니 변동수가 생긴다)이다.

③ 일지나 중궁에 七九 殺(살)이 있을 때 가택 변동 수가 생길 수 있다. 그리고 관재수, 부부불화가 생길 수 있다(중궁도 가택궁이니까).

※ 위의 경우에 해당되면 반드시 五十土의 동태를 살펴야 한다.

2. 歲支(세지)와 官鬼(관귀: 직장 관계) 파악

1) 직장인

歲支(세지)와 官(관)과 鬼(귀)의 동태를 살피고 난후, 반드시 孫(손)이 관귀를 극하는지의 여부를 본다.

① 孫爻(손효)가 관귀를 치는 것은 손동극관으로 직장 변동수다.

② 직장인이라면 중궁에 관이 뜨면 직장에 관한 문제를 거론한다. 즉, 올해 직장에 관한 문제가 생기겠구나 하고 본다. 그때 0순위 안에서 孫이 官을 극하면 직장 변동수가 있겠다고 본다.

③ 일지와 손이 왕한 상태에서 관귀를 극하면 이유 없이 사표를 쓴다. 손효가 약한 상태이고 관귀가 왕한데 극을 하면 마음뿐, 실은 사표를 못 쓴다.

奇門命理學

2) 사업자

孫(손)과 財(재)의 동태를 살피고 난 후, 인수를 타고 日支까지 들어오는지 여부를 살핀다.

① 재가 인수를 타고 일지까지 도달해야 내 돈이다.

② 영업하고 장사하는 사람이 년국에서 통기도를 보고 손이 비동처이면 손님이 없다는 것이다.

3) 학생이나 시험 보는 사람

父나 官의 동태를 중점적으로 살피고 시험을 치는 달도 중요하게 살펴봐야 한다.

① 임용고시는 직장과 관계되므로 官을 用神(용신)으로 봐야 하고, 官이 인수를 타고 일지까지 들어와야 된다. 관도 약하고 인수도 약하면 재가 밀어수어야 합격한다.

② 일반 자격시험은 인수, 즉 부효를 用神(용신)으로 본다.

3. 成局(성국), 三殺(삼살), 三刑(삼형) 여부 파악

4. 중궁 파악

그해에 일어나는 일에 상징적인 의미를 갖고 있다.

5. 행년궁 파악

① 년국에서 행년궁을 命宮(명궁)이라 한다.

② 구궁에서 나이에 따라 위치하는 궁이 다른데 자기 나이에 해당되는 궁의 환경에 따라 그해에 일어날 일을 상징적으로 나타낸 것이다.

6. 기타 바탕 오국 파악

1) 바탕오국이란?

각궁의 홍국수 天地盤(천지반)이 生剋制化(생국제화)의 형태로 구성되어 있는 가로 분류한 것으로, 대략적인 성격을 나타낸다.

① 연국상의 제반 조건보다 크고 팔문, 팔괘의 작용보다 우월한 위치에 있고,

② 전체국을 파악하는 데 오국이 중요한 관건이 된다.

7. 응기처 파악

① 대운과 소운이 같은 궁에 왔을 때가 응기처이다. 응기가 되면 반드시 무슨 일이 일어난다.

② 대운과 소운의 같은 나이의 궁을 살핀다.

8. 건강 파악

1) 일지궁, 일간궁과 관귀의 강약 측정

① 일지에 天芮(천예) 病星(병성)이 들어 있으면 그 한 해는 건강을 조심해야 한다. 년국에서 일지 상수에 편관귀를 이고 있으면 그 한 해는 무조건 건강을 조심해야 한다. 또한 판단력도 흐려진다. 특히 앉은 방이 편관 귀 방이면 특히 더 조심해야 한다.

② 일지 상수나 중궁에 편관 귀를 달고 있으면 그 한 해는 안 좋으니 조심해야 한다. 특히 四九金은 편관 귀가 들어오면 안 좋고, 그다음 二七火 편관 귀가 안 좋다(왜냐하면 四九金은 疾厄(질액)이고, 二七火는 禍亂(화란)이기 때문). 四九金은 그 자체가 칼이고 殺이기 때문에 교통사고 등이 날 수 있다. 二七火는 火이기 때문에 잘못하면 화병이 날 수 있으니

조심해야 한다.

③ 공식처럼 일지가 왕하면 편관귀는 약하게 되어 있다. 일지가 약한 상태
이면 귀가 강하기 때문에 특히 건강을 조심해야 한다.

2) 오행의 生尅(생극) 관계

① 三二九 三刑이 있으면 수술 가능성이 높다. 즉, 신체 구조조정이다.

② 만약 오행상 왕한 것을 찾아보니

　㉠ 一六 水라면, 왕한 一六水가 二七火를 치니 이럴 때는 심장, 소장을
　　조심해야 한다.

　㉡ 그리고 二七火는 熱(열)이고 빛이니 혈압 조심, 시력을 조심해야 한다.

　㉢ 一六水가 旺 하면 술을 많이 먹는다.

　㉣ 三木이 깨지면 간 손상이 올 수 있으니 조심해야 한다.

제6장

기문 해단
奇 門 解 斷
보충 이론

가족 관계

1. 부모

乾宮(건궁)과 坤宮(곤궁), 歲干(세간)과 歲支(세지), 父爻(부효)의 陽數(양수)는 아버지고, 陰數(음수)는 어머니다.

2. 형제

月干(월간), 月支(월지), 兄爻(형효)

① 형효가 월지를 타면 막강한 형제다.

② 형효가 歲支(세지)를 달면 형제가 부모를 모신다.

③ 형효가 문괘가 좋으면 형제가 좋다는 말이고, 사문을 달면 일찍 죽은 형제가 있다는 것이다.

3. 배우자

① 일지궁의 상생 상극 여부를 본다(천반: 남편. 지반: 아내).

  ㉠ 홍국수 상하가 상생하면 가정이 화합한다.

  ㉡ 홍국수 상하가 극하면 가정이 치고받고 싸운다.

  ㉢ 홍국수 상하가 충하면 순식간에 깨진다.

  ㉣ 홍국수 상하가 七/九殺이면 남편한테 일방적으로 당한다. 이혼하는 경우도 많다.

② 배우자 궁의 居剋(거극), 受剋(수극), 乘剋(승극) 여부 및 공망, 대충방 여부를 본다.

  ㉠ 居剋(앉은자리), 受剋(수극), 乘剋(승극) 여부를 보고, 백호, 사대흉

격, 沖地(충지)에 들거나, 충이 되거나, 공망, 묘궁에 들면 배우자에 게 애로가 많다.

ⓛ 배우자가 대충방에 있으면 떨어져 살아야 한다.

ⓒ 재가 세지를 타면 큰돈이다. 부모가 준 큰돈이거나, 연상의 여인이 다. 처가 세지를 달고 있으니 부인이 가권을 쥔다.

ⓔ 배우자 효가 묘궁에 들면 생사별도 거론된다.

ⓜ 배우자효 2개가 다 비동처일 경우 정관과 정재를 먼저 보고 편관과 편 재를 본다. 즉 정관, 정재 위주로 본다.

③ 財(재)가 官(관)을 生(생)하면 여자가 남편을 도와주는 격이니 처덕이 있다.

④ 財(재)가 官(관)이 없어 財剋印(재극인)하면 처하고 부모 사이가 안 좋다. 재극인하면 부모와 같이 살지 말고 떨어져 사는 게 좋다.

4. 자식

① 아들: 震宮(장남 자리), 시간, 손효의 양수가 아들이다.

② 딸: 巽宮(장녀 자리), 시지, 손효의 음수가 딸이다.

③ 손효가 시지를 타면 막강한 자식으로 본다.

④ 손효가 겸왕이 되면 딸딸 아들 아들을 낳는다(여자인 경우).

⑤ 중궁의 손효는 막강한 자식이며 손효가 一水이면 영리한 자식을 눈다.

5. 부모

① 부는 乾宮(건궁), 歲干(세간: 진정한 아버지), 부효의 양수가 아버지다.

② 모는 坤宮(곤궁), 歲支(세지: 진정한 어머니), 부효의 음수가 어머니다.

③ 歲干(세간)이나 歲支(세지)가 天網(천망)이나, 地網(지망)을 타면 아버

지·어머니와 因緣(인연)이 薄(박)하다.

④ 歲支(세지)를 탄 印綬(인수)는 强(강)하다. 힘이 있다.

⑤ 歲干(세간)이 非動處(비동처)이면 어머니가 극성스럽다. 왜냐하면 아버지 대신 어머니가 활동하기 때문이다.

⑥ 아버지궁(건궁)에 歲支(세지)가 있으면 어머니가 아버지 역할을 한다.

⑦ 부선망인지, 모선망인지 여부는 건궁, 곤궁, 세간, 세지, 부효를 봐서 구별하고 건궁에 七火나 乙木이 들어가면 父先亡(부선망)으로 본다.

⑧ 歲支(세지)를 단 父爻(인수)가 中宮의 손효를 극하든지, 중궁의 부효가 세지의 손효를 극하면 반드시 그해 안에 부모상을 당한다.

奇門命理學

학교 관련

1. **학교 선택은 官**(관), **印綬**(인수), **歲支**(세지)**를 본다.**

① 一六水이면 ㅁ, ㅂ, ㅍ

② 二七火이면 ㄴ, ㄷ, ㄹ, ㅌ

③ 三八木이면 ㄱ, ㅋ

④ 四九金이면 ㅅ, ㅈ, ㅊ

⑤ 五十土이면 ㅇ, ㅎ

※ 遊年(유년)에 형운이면 대학 가서 친구들과 어울려 논다고 학교를 옳게 다니지 못한다.

2. **官, 印綬의 유무를 살핀다.**

① 官은 학교, 父는 공부로서 官이 없으면 국공립대학교는 가기 어렵다. 년국에 官이 있으면 갈 수 있다(죽을 각오로 공부하면).

② 官, 印綬가 없으면 장사나 사업을 하는 게 좋다.

3. 대운과 소운을 보되 대운의 비중을 높게 본다고 되어 있으나 같이 봐야 하고 반드시 년국도 봐야 한다. 그러나 대운 역할이 크다. 그래서 항상 소운을 대운으로 당겨서 본다.

4. **중궁에**

① 손이 動(동)하면 제1 학마운이라 공부가 안된다(돈 벌려고 한다).

② 재가 동하면 제3 학마운이라 공부에 애로가 있다.

③ 귀가 동하면 공부로 인한 스트레스 등으로 공부에 애로가 있다. 인수를
  생하면 살인상생이 되어 괜찮다.

5. 유년운(대학 갈 나이인 19세)에서 관효, 인수효를 당겨 본다.

6. 학교명이나 학과는 **歲支**(세지), 부효, 관효를 보고 판단한다. 인연이 있는
대학이나 학과를 가야 활용도가 높다.

직업 관련

1. 통기상 손생재인지, 관인상생인지 여부와 일지의 강약 여부를 보고 사업을 할 것인지 또는 봉급생활을 할 것인지 여부를 판단한다.

① 손생재이면 장사나 사업을 하는 게 좋고,

② 관인상생이면 직장이나 봉급생활자, 관리직이 좋다.

③ 재나 관이 없으면 손생재도 관인상생도 안 되니 전문 직종을 선택해야 한다. 사업이나 직장은 오래가지 못한다.

④ 재나 관이 없으면 자유로운 영혼이기 때문에 누군가의 통제나 간섭받는 것을 싫어한다.

2. 職種(직종)은 歲支(세지), 官爻(관효), 孫爻(손효) 순으로 본다. 歲支, 官爻는 일반 직장이요, 孫爻는 자영업 하는 사람이다.

① 직장자는 歲支(세지), 官爻(관효)를 보고, 사업자는 孫爻(손효)를 본다(사업자는 歲支, 官爻도 같이 본다).

② 일지가 왕하면 손효를 쓰고, 약하면 부효를 쓴다.

③ 태신약자는 인수를 쓰고, 사업하는 사람은 웬만하면 손효를 쓴다(손효가 공망이라도 쓰는 게 좋다).

④ 사업의 시작은 兄運(형운)과 扁罐鬼運(편관귀운)에서는 절대 시작하면 안 된다.

3. 歲支(세지), 官鬼(관귀)가 被剋(피극)되거나 空亡(공망)이 되는 것을 쓰면 오래가지 못한다.

① 앉은자리나 상수가 극이 되거나 충이 될 때

② 관귀가 비동처일 때도 직장 변동이 많다.

③ 손효가 중궁에 있으면 손동극관하여 직장 변동이 많으니 전문 직종으로 가는 게 좋다.

4. 用神(용신)에 해당되는 직업을 선택한다. 신왕자는 孫爻(손효)를, 신약자는 印綬(인수)를 사용한다.

5. 職場 變動(직장 변동)

① 관효가 兼旺(겸왕)일 때 직장 변동수다(직장이 2개니까).

② 관효가 상하 作沖(작충)할 때, 즉 관효가 충지에 들 때.

③ 손효가 관효를 충극할 때, 즉 손동극관 할 때.

④ 倒食(도식)할 때, 즉 부효가 손효를 극할 때.

⑤ 太歲(태세)가 공망이면 모든 일이 허사이고, 관직자는 落任(낙임: 잘린다, 해임된다) 운이다.

유년운로(遊年運路) 관련

1. 大運(대운)과 小運(소운)의 吉凶(길흉) 파악

① 대운은 體(체: 본질의 근원), 소운은 用(용: 본질에 대한 작용)으로 하고 대운이 뿌리이므로 흉하면 뿌리가 썩은 것이다. 즉, 대운이 좋아야 한다는 것이다.

② 대운이 길하고 소운이 길하면 대길이고, 대운이 길하고 소운이 안 좋으면 소길이다. 대운이 흉하고 소운이 안 좋으면 대흉이고, 대운이 흉하고 소운이 길하면 소흉이다(그런대로 한 해는 넘어간다).

2. 삼형, 삼살, 공교충, 사대흉격, 육의격형, 천망, 지망 등 길흉 파악

三刑(삼형), 三殺(삼살), 共交沖(공교충), 四大凶格(사대흉격), 六儀格刑(육의격형), 天網(천망), 地網(지망) 등 흉운이면 흉하다.

① 삼살(七五九)은 성국이 되거나 六水로 빠지면 면할 수 있다.

② 삼형(三二九)은 성국만이 免刑(면형)이 가능하다.

3. 년국에서 입묘, 공교충되는 오행과 육신 파악

4. 년운에서 오행과 입묘, 공교충되는 육친 파악

년운에서 기는 방이 무슨 오행이 왕해지고 무슨 오행이 약해지는지를 보고, 입묘되는 것도 보고 그리고 공교충되는 것이 무슨 육친인지를 살펴본다.

5. 대발 시기 파악

원상통기가 될 때 대발한다. 즉, 통기상 빠진 오행이 들어오는 시기에 대발한다.

6. 해단 요령

① 대운 소운을 빨리 찾아내서 전년과 올해 내년을 연결해 본다.

② 명국에서는 60~70%, 년국에서는 70~80%로 보고, 년국에서 일지 상수는 90% 정도 참조한다.

③ 年局에서는

　　㉠ 일지 상수가 무엇인지 보고,

　　㉡ 중궁의 육신과 홍국수가 무엇인지 본다.

　　㉢ 歲支(세지)를 보고 관인상생 등 성국 여부를 본다.

　　㉣ 삼형, 삼살, 교충 여부를 살핀다.

　　㉤ 겸왕된 것이 문제 제기하니 겸왕된 것이 무엇인지 보고 판단한다.

　　㉥ 행년궁을 살펴본다.

부동산 관련

1. 오행 구분

五土는 양택 집이고, 十土는 음택 땅이다.

2. 부동산은 五十土로 본다

① 五十土가 천지반에 겸왕이 되거나 木剋土하면 부동산 변동수다.

② 五十土가 門卦(문괘)가 좋으면 사고팔아도 제값을 받을 수 있고, 문괘가 나쁘면 제값을 못 받는다.

3. 五十土의 궁별 가치

① 巽宮(손궁:二火方), 離宮(이궁:七火方), 中宮(중궁:五土方)은 ㅇ, ㅎ, ㄴ, ㄷ, ㄹ, ㅌ 地名이고, 火生土하니 장기 투자가 좋다(사 놓고 묻어 둔다). 火生土로 계속 힘이 얻어지니 땅값이 올라가기 때문이다.

② 坤宮(곤궁: 九金方), 兌宮(태궁:四金方)은 ㅅ, ㅈ, ㅊ 지명이고 土生金하니 세를 놓아 임대소득을 얻는다. 즉, 土가 돈을 만드는 것이다.

③ 艮宮(간궁: 三木方), 震宮(진궁:八木方)은 ㄱ, ㅋ 지명이고 木剋土하니 사고팔고 買賣(매매)를 자주 하는 것이 좋다.

④ 坎宮(감궁: 一水方), 乾宮(건궁: 六水方)은 ㅁ, ㅂ, ㅍ 지명이고 土剋水하고 水方으로 힘이 빠지니 투자 가치가 적다. 빨리 처분함이 좋다.

결혼하는 운

1. 결혼해서는 안 되는 운

결혼은 어느 운에서나 이루어지나 특히 결혼을 해서는 안 되는 운은?

① 남자는 兄運(형운), 여자는 兄運(형운)과 鬼運(귀운)은 반드시 피해야 한다. 남자는 鬼運(귀운)에는 결혼할 수 있다.

② 귀운은 병을 주는 남자, 스트레스를 주는 남자로 탐탁지 않은 결혼이고, 혼전 임신시키는 남자다.

③ 여자는 귀운에 인수가 없으면 결혼 생각 없이 성관계만 갖는다.

2. 결혼을 많이 하는 운

① 남자는 官, 鬼運(직장이 있어야 하고), 財運(여자와 돈이 있어야 하고), 景門(경문: 잔치를 하니까), 合(합: 합궁이 되어서)이 있을 때

② 여자는 官運, 財運(돈이 있어야 되니까), 景門(경문), 合(합)이 있을 때

※ 日支에 六合이 있는 사람은 사람들과 합은 잘하는데 정을 안 준다.

3. 離婚(이혼)을 많이 하는 이유

① 여자는 孫運(손운)에는 남편이 미워서, 兄運(형운)에는 남편이 바람이 나서, 鬼運(귀운)에는 남편한테서 스트레스를 받아서

② 남자는 兄運(형운: 여자가 바람피워서)과, 鬼運(귀운: 다른 남자한테 가니까)에 離婚(이혼)을 많이 한다.

교통사고 나는 해

1. 命局(명국)

① 소운이 三二九 三刑이나 七五九 三殺이 될 때 교통사고 날 확률이 높다.

② 三二九 三刑이 運에서 들어올 때마다 삼형이 발동하니 교통사고를 조심해야 한다.

③ 五十土가 四九金을 생할 때

2. 年局(년국)

① 三二九 삼형이나 七五九 삼살이 되는 소운에 교통사고 날 확률이 높다.

② 五十土가 四九金을 생할 때, 즉 殺(살)을 생해 주니 살이 힘이 넘쳐서 주체하지 못하고 때려 버리는 것이다.

③ 四九金이 중중할 때(四九金이 동처에 많이 있을 때) 비동처일 때는 그 운이 올 때 조심해야 한다.

④ 三八木이나 四九金이 偏官 鬼(편관 귀)가 되었을 때

부도가 나는 때

1. 群劫爭財(군겁쟁재)일 때

財(재) 위에 兄爻(형효)가 있는 경우로서 일지가 오면 군겁쟁재가 되어 시끌벅적하게 돈이 나간다.

2. 군겁쟁재방에 들어갈 때

財가 있는 궁이 兄爻 방일 때 소리 없이 돈이 나간다.

3. 乙加辛(을가신)일 때

財宮(재궁)이 아닌 다른 궁에 있어도 부도날 수 있다.

4. 辛加乙(신가을)일 때

財宮이 아닌 다른 궁에 있어도 부도날 수 있다.

5. 孫動剋官(손동극관)할 때

사업자는 세금 문제가 될 수 있고, 관재구설 때문에 부도날 수 있다.

6. 놀랄 驚門(경문)에 財(재)가 있을 때

돈 때문에 놀라니 부도다.

7. 倒食(도식)될 때

즉, 인수가 孫爻(손효)를 칠 때 孫爻를 치니 일을 못 하게 하고, 財의 원신인 孫爻를 치니까 부도다.

오행(五行)의 성정(性情) 요약

1. 三八木(삼팔목)

性情 성정	① 仁(인)을 주관한다. ② 어질고 착하다. 정직하며 잘 베푼다. 고집, 질투, 학자풍. 　– 三木: 인자, 관용, 고집, 질투심 　– 八木: 매력(도화끼), 고집, 질투심 　– 雙木: 용모가 빼어나고 청순하다. ③ 지명: ㄱ, ㅋ ④ 색: 청색(푸른색)
病方 (병방) 疾病 (질병)	① 간, 담, 허리, 척추, 뇌신경, 중풍 계통의 질병 ② 三木은 머리, 八木은 손가락, 발가락, 자궁, 생식기 ③ 처방: 목초 가루약
職業 (직업)	木 계통, 목재, 건축, 의류 문방구, 서점, 화원, 증권, 교육, 행정
學科 (학과)	문과, 인문, 의류(의상), 교육, 행정, 생물, 원예

2. 二七火(이칠화)

性情 성정	① 禮(예)를 주관한다. ② 예의가 바르나 성급하다. 말을 잘한다. 영특(총명)하다. 口舌禍亂(구설화란) 주의가 　필요하다. 투기심이 강하다. 　– 二火: 총명하고 인내심이 강하나 내면은 폭발적이다. 부모덕이 없다(三木을 받지 　　못하니까). 친구를 좋아한다. 　– 七火: 예의 바르다. 과감하고 머리 회전이 빠르다. 성질이 급하다. 　– 雙火: 機智(기지)가 뛰어나고 口舌禍亂(구설화란)을 조심해야 한다. ③ 지명: ㄴ, ㄷ, ㄹ, ㅌ ④ 색: 적색(붉은색)
병방 질병	① 심상, 소상, 열압, 시력 계통 疾病(실명) ② 처방: 뜸, 양약
직업	火 계통, 전기, 전자, 전화, 컴퓨터, 페인트, 화공미용, 화장품, 유류업, 만화, 가스, 미술, 방송, 연예, 전파, 애니메이션
학과	연구직, 과학, 화학, 전기, 전자, 컴퓨터, 미술공예, 환경

3. 五十土(오십토)

性情 성정	① 信(신: 믿음)을 주관한다. ② 순박하고, 검소하고 신의가 있다. 생각이 깊고, 고집이 세고, 무뚝뚝하다. 　－五土: 순박, 검소하고, 고집이 세고, 자존심이 강하다. 　－十土: 겉은 온화하나 내면은 강하다. 무언의 실천자로, 저축심이 강하다. 　　　투기심이 강하다. 　－雙土: 우둔하고 생각이 깊어 좋은 기회를 놓친다. ③ 지명: ㅇ, ㅎ ④ 색: 황색(노란색)
병방 질병	① 비(췌장), 위장, 피부, 직장, 십이지장, 당뇨(六六 포함) 계통 질환 ② 처방: 환약 ※ 五十 土가 뭉쳐 있으면 攝生管理(섭생관리) 잘해라.
직업	土 계통, 부동산, 음식점, 여관, 집, 사무실, 가게, 토목, 건축, 농산물, 약초, 약사, 한의사, 운동권, 조폭, 골동품(토산품)
학과	토목, 농대, 한의대, 약대, 간호사, 사학과, 신학대, 종교, 체육대, 중국어, 건축과, 부동산과

4. 四九金(사구금)

性情 성정	① 義(의)를 주관한다. ② 의리를 중요시하고, 냉정하나 속정은 깊다. 자존심이 강하고 명예심, 공명심이 많다. 말을 잘하고 청백하다. 　－九金: 의리 있고, 희생, 봉사적이고, 단도직입적이며, 명명백백, 흑백논리이고, 　　　냉정하고 총명하다. 　－四金: 쌀쌀하면서도 온후한 성품, 완고, 사교성이 미흡하다. 　－雙金: 살생을 좋아한다. 몸에 살이 있다. 이복형제가 있다. ③ 지명: ㅅ, ㅈ, ㅊ ④ 색: 백색(흰색)
병방 질병	① 폐, 대장, 호흡기 계통의 질병, 천식 ② 처방: 침, 양약
직업	금속, 기계, 자동차, 검찰, 경찰, 무역, 서방, 복서, 병권, 의사, 간호사, 회계(金生水할 때), 해결사, 감사직
학과	의대, 임상연구, 회계, 금융 분야, 특수직, 무역 분야, 경제, 법대, 경찰학과

5. 一六水(일육수)

性情
성정
	① 智(지)를 주관한다.
	② 머리가 영리하고, 好酒(호주), 好色(호색), 好學(호학), 모험심이 강하다. 현무, 끼,
	욕심이 많다(왜냐하면 한곳으로 다 끌어모으기 때문). 총명하고, 냉정하며, 뒤끝이
	흐리다.
	  – 一水: 모험심과 의협심이 강하다. 대외적으로 총명하다. 똑똑한 행동을 잘한다.
	    잘난 체한다.
	  – 六水: 융통성과 판단력이 좋다. 두뇌 영민, 참모직, 심지를 측정하기 어렵다.
	    남의 마음을 꿰뚫어 보는 능력이 있다. 一水보다 머리가 더 좋다.
	  – 雙水: 旺者(왕한자)는 情神不取(정신불취), 정신 집중을 못 한다. 弱者(약자)는
	    奸巧(간교), 奸詐(간사)하다.
	※ 참모격으로 남의 마음을 꿰뚫는다.
	※ 신왕자는 마음이 넓고, 포용력 있다. 추진력이 강하다.
	※ 신약자는 포용력과 추진력이 부족하고 성격과 행동이 급하다.
	③ 지명: ㅁ, ㅂ, ㅍ
	④ 색: 흑색(검은색)

병방 질병	① 신장, 방광, 자궁, 생식기, 전립선, 요도결석 등의 계통 질병 ② 처방: 탕약
직업	水 계통, 유통, 소리 나는 것(노래방), 유흥업, 음식점, 수산물, 여관, 레저 산업, 해운, 보험, 목욕탕
학과	해양대, 유통 관련, 외국어대, 관광학과, 무역학과, 육아(一水)

※ 日支(일지) 上數(상수)에 四九 金이 있으면 明明白白(명명백백)하다.

   一六 水가 旺(왕)하면 목소리가 크다.

※ 鬼門官殺로 애먹는 사람은 유치원 선생을 하면 괜찮다.

년국에서 흉한 경우와 길한 경우

1. 凶(흉)한 경우

① 四辰入墓(사진입묘)가 되면 그 한 해는 되는 일이 없다.

   ㉠ 中宮에 홍국수가 一水이면 사진입묘이고, 六水이면 준 사진입묘다.

      中宮에 一六水가 있는데 偏官 鬼면 그해는 물 조심해라.

      中宮에 二七火인데 偏官 鬼가 있으면 불조심해야 한다.

   ㉡ 그러나 四辰入墓(사진입묘)라도 통기가 되어 日支(일지)까지 들어오면 괜찮다. 또한 成局(성국)이 돼도 괜찮다.

② 總空亡(총공망)이 되어도 되는 일이 없다.

③ 反吟(반음)이 되면 뒤에 오는 禍亂(화란)을 조심해야 한다.

※ 반음: 육의삼기가 대충방에 首尾腹背(수미복배)가 되는 것

④ 伏吟(복음)이면 행동반경을 줄여라. 그리고 조심해라. 왜냐하면 햇빛과 달빛이 가려져 보이지 않기 때문이다. 이는 지혜가 없어진 것을 의미한다. 즉, 보이지 않으니 조심하라는 것이다.

⑤ 三奇 入墓가 되면 뒤에 오는 禍亂(화란)을 조심하고 대비해야 한다. 그리고 판단력이 흐려진다.

※ 판단력 흐려지는 것: 丁加癸, 偏官鬼, 三奇入墓

⑥ 四大凶格, 刑格, 父가 없을 때, 歲支나 中宮이 官을 生을 하여 日支를 치는 경우는 難保身世(난보신세: 자기 몸도 제대로 보호하기 힘든 것)

⑦ 日支에 天網(천망), 地網(지망)이 있으면 출행을 삼가라.

2. 吉(길)한 경우

1) 成局(성국)이 될때

① 관인상생 성국이 되면 직장인은 승진하고, 사업자는 명예를 얻는다.

② 손생재 성국이 되면

　　㉠ 사업자는 돈을 번다(고생하면서 돈을 번다).

　　㉡ 그러나 印綬(인수: 부효)를 타고 들어와야 완전한 내 돈이 된다. 印綬
　　　　가 없으면 나갈 돈이다.

　　㉢ 직장인이나 사업자 모두 印綬가 있어야 자기 것이 되고 문제가 안 된다.

2) 원상통기가 될 때

원상통기가 되면 만사 대길하고, 대발, 소원 성취한다.

3) 부효가 歲支(세지)나 중궁늘 타고 일지를 생하는 경우

부효가 歲支(세지)나 중궁을 타고 일지를 생하는 경우가 좋다. 印綬(인수)만
있어도 괜찮다. 그런데 兄爻(형효)가 眞生(진생)이면 印綬가 진생인 형효한테
가 버리니 죽 쒀서 개 주는 격이다.

① 三陰神(삼음신)이 있으면 좋다.

　　㉠ 팔문 중 生門(생문), 開門(개문), 休門(휴문)과: 門(문)이 우선한다.

　　㉡ 三奇(삼기) 中 丁, 丙, 乙과

　　㉢ 팔장 중 太陰(태음), 六合(육합), 九地(구지)에서 八門(팔문), 三奇(삼
　　　　기), 八將(팔장)이 있으면 삼음신이다.

② 천을귀인이 있으면 길히다.

　　㉠ 일지에 천을귀인이 있으면 좋고, 일지 외에 다른 六親(육친)에 붙으면
　　　　印綬(인수)를 타고 자기한테 와야 좋다. 만약 안 온다면 해당 육진은

좋지만 자기는 관계없다.

ⓛ 삼음신이나 천을귀인 등은 瑕疵(하자)가 없어야 좋다. 만약 공망이나
반음, 사대흉격, 삼기입묘, 복음 등 하자가 있으면 안 좋다.

기문명리(奇門命理)의 해단 요약

❀ 일지가 六水이고 天蓬(천봉)과 九天(구천)이 있으면
① 六水는 욕심이 많은 玄武(현무)와 같은 의미다.
② 大盜(대도)로서 사기성이 있다.

❀ 일지에 死門에 絶命(절명)이 있으면 자기가 잡혀 들어가거나, 죽을 짓만
한다.

❀ 孫宮(손궁)에 九金이고 時干이 있고 천금성이 있으면 패륜아다.

❀ 孫이 九/七이고 驚門(경문)에 朱雀(주작)이 있으면
① 驚門(경문)은 말 잘하고 七九殺이니 관재구설, 주작이 있으니 구설 시비
수가 있으며
② 孫이니 수하·학생·자식으로 인한 문제가 발생한다.

❀ 형효궁에 월간이 있고 驚門(경문)과 절명이 있으면
① 형제로 인해 크게 놀랄 일이 있다.
② 경천지동사다(형제로 인해 하늘이 놀라고 땅이 뒤집어지는 것).

❀ 놀릴 驚門(경문)에 등사가 있으면
① 말을 잘한다.
② 身弱(신약)하면 사기꾼, 天蓬(천봉)이나 六水를 만나면 더 심하다.

❀ 財宮(재궁)에 驚門(경문)과 絶命(절명)이 있으면 뭉칫돈이 나간다. '일간 +
재'이면 남의 여자 때문에 돈이 나가고, '일간 + 관'이면 직장 때문에 돈이 나
간다.

❀ 財宮(재궁)에 開門(개문)에 백호가 있으면

① 백호는 홀취홀산인데 財에 붙으면 돈이 나가고 부인이 집을 나간다.

② 三刑(삼형)이 들어오면 관재구설 또는 수술한다.

❀ 財宮에 杜門(두문)과 朱雀(주작)이 있으면 돈 융통이 안 되고 말썽이 생긴
다. 돈이 숨어 버리기 때문이다.

❀ 官宮(관궁)에 死門(사문)과 六合(육합)이 있으면

① 死門을 합당화시킨다. 관청, 직장, 인간관계가 잘 안 된다.

② 편관귀가 오면 더욱 감당 못 한다. 편관귀는 판단력이 흐리고 자존심만
   내세운다.

❀ 開門(개문)에 육합이 있으면

① 개방적으로 화합을 엄청 잘 시킨다. 그러나 정은 주지 않는다.

② 六合이 있는 사람은 절대 마음을 주는 사람이 아니다.

❀ 景門(경문)에 禍害(화해)가 있으면 잔치하다가 싸울 수 있다.

❀ 景門(경문)에 絶體(절체)가 있으면 잔치하다가 혼사가 깨질 수 있다.

奇門命理學

❈ 놀랄 驚門(경문)에 등사에 天柱星이 있으면 선수를 쳐라. 그렇지 않으면 六神에게 당한다.

❈ 육의삼기가 癸加癸이면, 壬加壬과 같이 무슨 일이 될 듯 될 듯하면서 안 되는 것을 말한다.

신수국(身數局: 년국)의 해단 보충

1. 먼저 日支宮(일지궁)을 살핀다

① 日支(일지)가 乘旺(승왕), 居旺(거왕), 受生(수생)하고 吉門(길문), 吉卦(길괘)가 同宮(동궁)하면 吉(길)하다.

② 日支의 상수에 偏官鬼(편관귀)가 臨(임)하고 일지가 居衰(거쇠), 乘衰(승쇠)되어 있으면 스트레스, 질액 등이 있다.

㉠ 日支가 受剋(수극)되고 絶體(절체)가 同宮하면 육체가 다치기 쉽다.

㉡ 일지궁에 死門(사문), 絶命(절명), 傷門(상문), 禍害(화해)가 同宮하고 있으면 만사가 어렵고 다치거나 아플 수 있다.

㉢ 어느 六親(육친)이든지 死門(사문), 傷門(상문), 絶體(절체)가 同宮하고 있으면 凶(흉)하고 주로 상해나 질병수로 본다.

③ 日支(일지: 世宮)에 驚門(경문), 遊魂(유혼), 驛馬(역마)가 있으면 출입과 이동이 頻繁(빈번)하다.

㉠ 일지궁이나 중궁에 歲馬(세마), 日馬(일마), 軒轅(헌원) 등이 있으면 여행이나 이주 등의 일이 있다.

㉡ 일지가 兼旺(겸왕)되고, 驛馬(역마)가 일지궁이나 중궁에 臨(임)하면 직장 이동이나 이사 수가 있다.

㉢ 일지의 天地盤(천지반)이 相沖(상충)하고 있거나, 七九나 火金上典이면 移動(이동)이나 移住(이주)하게 되는데 주로 상황이 불리해져 옮기는 것으로 쫓겨나거나 부인이 집을 나가거나 이혼하는 일이 있게 된다.

④ 日支가 官,鬼와 相沖(상충)하면 疾病(질병)이 있고, 官星을 沖(충)하면

직업 변동이 있다.

ㄱ 日支宮이 七九로 되어 있고, 中宮 官,鬼를 生(생)하면 주변 사람에게 陰害(음해)를 당할 수 있다.

ㄴ 日支 天地盤(천지반)이 相沖(상충)하고 일지와 財(재)가 相沖(상충)하면 부부 불화하여 이별하기도 한다. 혹은 損財(손재) 수도 있게 된다.

⑤ 日支 천반이나 사진궁에서 兄이 動(동)하면 형제 · 친구를 많이 만나고, 동업하는 문제가 생기며, 損財(손재) 수도 있게 된다.

⑥ 日支나 日干에 遊魂(유혼)이 동궁하고 있으면 출입이 頻繁(빈번)하다. 일지 궁이 一六水이고, 沐浴(목욕)이 가세하면 색정, 淫亂事(음란사)가 있기 쉽고, 壬癸(임계)가 더해지면 酒色(주색)을 조심해야 한다.

2. 六親宮(육친궁)을 살핀다

① 父(부)가 動(동)하면 길하다 하나, 雙金(쌍금) · 雙火(쌍화)로 되어 있으면 厄(액)이 따르기도 한다.

ㄱ 父爻宮에 死門(사문) · 絶命(절명)이 있으면 부모에게 흉액이 있고, 학업 · 문서 · 서류에도 불리하다.

ㄴ 부모의 길흉은 대개 장남의 사주로 논한다. 世爻(세효)나 父爻가 相沖(상충)하면 부모와 離別(이별)하거나 是非(시비)가 있다.

② 관성이 旺하고, 일지 천반에 관성이 臨(임)하고, 일간 또는 행년이 관성 궁에 있으면 사업 · 직업 · 구직 · 관청에 관한 문제가 발생하는데, 일지가 居旺(거왕) · 乘旺(승왕)하면 직업, 사업, 구직, 관직 運이 대길하다.

ㄱ 官星 宮이 공망되거나 居衰(거쇠), 受剋(수극), 乘衰(승쇠)되어 있고, 孫(손)이 동하여 손동극관하면 실직하기 쉽고, 구직에 어려움이 있다.

ㄴ 鬼宮이 動(동)하고 일지 천반에 관 · 귀가 臨(임)하고 일간 또는 행년

이 관·귀궁에 있으면 병액, 내환, 손재, 횡액 등의 흉사가 발생한다. 그러나 일지가 居旺(거왕)·乘旺(승왕)하거나 중궁, 년지궁의 生을 받아 旺盛(왕성)하면 官職(관직)에 吉(길)하며, 특히 군인·경찰·검찰·사법 계통에 길하다.

③ 兄이 動(동)하고, 日支 상수에 형이 臨(임)하고, 일간 또는 행년이 형제궁에 있으면,

　㉠ 동업, 형제, 친구와의 불화, 손재, 상처 등의 문제가 발생하는데, 일지와 손이 왕하면 得財(득재)에 길하고, 관성이 왕하면 官職(관직)·求職(구직)이 길하다. 다만 求妻(구처)에는 불리하다.

　㉡ 형제궁에 死門(사문)·絶命(절명)이 同宮하면 형제·친우 상을 당하고, 絶體(절체)·禍害(화해)·傷門(상문)이 동궁하면 형제·친구 중에 사고가 있다.

④ 孫宮(손궁)이 왕하고 일지 천반에 손이 臨(임)하고, 일간 또는 행년이 孫宮에 있으면 득자·구재에 길하고, 구직·관직에는 흉하다.

　㉠ 孫이 일지궁·중궁·년지궁 등에 있으면서 생문·생기가 臨(임)하면, 受胎(수태)하여 得子(득자)하게 된다.

　㉡ 孫宮(손궁)이 공망되어 있거나 거쇠·승쇠·수극되어 있으면 득자에 불리하고 흉문·괘(절체, 절명, 사문, 휴문 등)가 중중하면 낙태 유산한다.

　㉢ 孫(손)이 겸왕되면 득자에 불리하고, 낙태수가 있다.

⑤ 財星(재성)이 動하고 일지 천반에 財星(재성)이 臨(임)하고 일간 또는 행년이 재성 궁에 있으면,

　㉠ 처와 재물에 관한 문제가 발생하는데, 日支가 旺하면 구재·구처·구직에 吉(길)하다.

　㉡ 財星이 居衰(거쇠)·乘衰(승쇠)·受剋(수극)되어 있거나, 공망되어 있

奇門命理學

으면 損財(손재)하기 쉽고, 처와 불화 또는 처에게 질병이 생긴다,

ⓒ 日支가 왕하고 년지궁이나 중궁에서 雙財가 동하면 求妻(구처)에 吉하고 得財(득재)하게 된다.

ⓔ 四辰宮(사진궁)에서 雙孫(쌍손)이 동하여 財星(재성)을 生하고 있으면 得財(득재)에 吉하다.

ⓜ 雙財가 動하거나 재성이 왕한데 일지궁이 衰弱(쇠약)하면 일지궁을 生助(생조)하는 달에 득재하게 된다.

ⓗ 일지가 왕하고 재성이 극되어 衰弱(쇠약)하면 財星(재성)을 생해 주는 달에 得財(득재)하게 된다.

ⓢ 재성(재성)이 旺生하고 驚門(경문), 遊魂(유혼), 驛馬(역마)가 同宮하면 재물의 출입이 많아지고 投資(투자)하는 일로 분주하다.

1) 年支宮(년지궁)

년지궁은 歲宮(세궁)이라고도 하며 주로 대외적인 일, 1년의 중대 사건을 나타낸다. 중궁과 더불어 해단에 미치는 영향력이 크다.

(1) 년지궁에 鬼(귀)가 왕하면

일 년 동안 흉사가 자주 발생한다.

① 년지궁에 鬼가 雙五, 雙七, 雙九로 되어 동하면 厄(액)을 당하게 된다.

② 년지궁이 중궁을 생하고 중궁이 월지궁의 관귀를 생하면 대흉이다.

(2) 부효가 歲支宮(세지궁: 년지궁)에 있으면

제자리에 앉아 있는 것이므로 부모나 윗사람이 권위를 갖고 집안을 다스린다. 그리고 문서에 관한 일도 吉(길)하고, 시험이나 승진에도 좋다.

① 財가 세지궁에 있으면 경제적으로 길할 수 있으나, 鬼(귀)가 왕하다면 크게 흉한 일이 발생한다.

② 官鬼가 歲支宮에 있으면 길격인 경우 고위직에 오르는 영광이 있으나, 흉격이거나 일지가 居衰(거쇠) · 乘衰(승쇠)한 경우라면 흉한 일들이 발생할 수 있다. 元命局에서 凶(흉)하게 작용하면 極貧(극빈)하거나 불구자, 범죄자가 될 수 있고, 身數局(신수국)에서 흉하게 작용하면 사망 · 사고 등이 발생할 수 있다.

③ 孫이 歲支 宮에 있으면 관직운은 사라지나 경제 운은 좋아진다. 공무원에게는 해롭고, 상인에게는 이롭다. 여성의 경우, 남편 복이 薄(박)하다. 왜냐하면 孫動剋官(손동극관)하기 때문이다.

(3) 세지궁이 월지궁의 재성을 생하고 길문, 길괘가 臨(임)하면

집안에 결혼 등의 경사가 있다(남자의 경우).

① 세지궁이나 월지궁에 생문, 생기가 동궁하면 임신, 출산의 일이 있다.

② 세지궁에서 雙財(쌍재)가 臨(임)하고, 중궁 · 월지궁 · 시지궁에 부가 臨(임)하면 대재를 얻을 수 있다.

(4) 세지궁에 死門(사문), 絶命(절명)이 있으면

부모상을 당하기 쉽다.

① 세지궁의 부모가 중궁에서 動하고 있는 孫(손)을 剋(극)하면 부모상을 당한다.

② 중궁의 부모가 세지궁에 있는 孫을 극하면 부모상을 당하기 쉽다. 아울러 문서와 관련된 일도 불리하다.

奇門命理學

(5) 歲支宮이나 부모궁이 공망되어 있을 때

移動(이동)하거나 移住(이주)하면 損失(손실)이 많다.

① 歲支宮이나 부모궁의 천지반이 상극 · 상충하면 이주 · 이동하게 된다.

② 아울러 길문 · 길괘가 동궁하면 길하고, 흉문 · 흉괘가 동궁하면 흉하다.

2) 月支宮(월지궁)

① 父가 月支宮(월지궁)에 있으면 문서, 서류, 시험 등에 길하다. 그러나 자녀를 약화시키는 운도 작용한다.

② 兄이 월지궁에 있으면 동업이나 합자 투자 등의 뜻도 있고, 파산, 재물 손해의 운이요, 처가 아프거나 가출하여 도망갈 수도 있다.

③ 月干과 月支宮에 死門, 絶命이 동궁하면 형제 · 친우 상을 당한다.

④ 財가 월지궁에 있으면 경제 운은 활력을 찾고 좋아지나, 孫이 강할 때 그러한 경향이 농후하고, 시험이나 부동산 買入(매입)에는 해롭다.

⑤ 官鬼가 월지궁에 있고, 관인상생되거나 일지가 居旺(거왕) · 乘旺(승왕)하면 높은 직책에 오른다. 취직, 승진, 영전 등이 가능하다.

⑥ 孫이 월지궁에 있으면 평민은 길하고, 官職者(관직자)는 困難(곤란)하다. 여성도 남편이나 시댁 식구와 관계가 나빠지므로 가정의 평화가 깨지는 상이라 흉하다.

3) 時支宮(시지궁)

① 時干(시간)과 時支宮(시지궁)에 生門(생문), 生氣(생기)가 同宮(동궁)하면 得子(득자)한다.

② 時干(시간)과 時支宮(시지궁)에 丙庚(병경)이나 七九가 있으면 자식, 수하 사람 등에게 災厄(재액)이 닥친다.

4) 六親(육친)이 兼旺(겸왕)되어 있으면

⑴ 父(부)가 겸왕하면

① 문서 계약은 잘 이루어진다. 건물을 신·개축하기 쉽다.

② 시험과 취직은 좋은 결과를 얻는다.

③ 소송, 재판 중에는 차선의 결과를 얻는다.

⑵ 兄이 겸왕하면

① 동업을 하기 쉬우나 損害(손해)를 보기 쉽다.

② 시험이나 승진은 되지 않는다.

③ 사기꾼을 만나 피해 보기 쉽다.

④ 경제활동은 힘만 들고 소모만 많고 결과는 공허하다.

⑤ 연애운은 불리하며 라이벌에게 애인을 빼앗기기 쉽다.

⑥ 종업원이 그만두거나 잘 구해지지 않아 어렵다.

⑶ 財가 겸왕하면

① 경제운은 좋아진다.

② 남자는 애인을 만나게 되고 결혼도 가능하다.

③ 시험은 불합격하고 출마자는 낙선한다.

④ 실물한 재물은 찾는다.

⑤ 一六水가 財가 되면 도둑이나 사기꾼을 만나기 쉽고, 남자는 바람나기 쉽다.

⑷ 官鬼가 겸왕하면

① 관직자는 직책이 높아지거나 권력을 더욱 강화하여 실세가 된다.

奇門命理學

② 일반인은 다치거나 질병의 재난이 있고, 어려운 일에 봉착하여 관재구설, 송사를 겪기도 한다.

③ 여자는 애인을 만나기 쉽고 결혼 가능성도 높아진다.

④ 공공기관 제도권의 시험에는 길하다.

⑤ 질병을 앓고 있는 자는 질병이 깊어 가고, 의료진의 오진이나 실수로 더욱 나쁜 상황이 된다.

⑥ 一六水 관귀는 도둑을 만나고, 여자는 남편 외의 남자를 사귀기 쉽다.

⑦ 二七火 관귀는 송사가 생기거나 집안에서 초상나기 쉽다.

⑧ 三八木 관귀는 교통사고의 염려가 있다.

⑨ 四九金 관귀는 수술 수나, 사고를 조심해야 한다.

⑩ 五十土 관귀는 옛 병의 재발이나 유산 상속과 관계된 소송이 생길 수 있다.

⑸ 孫이 겸왕하면

① 질병을 앓고 있는 사람은 명의를 만나 치료된다.

② 재판 중인 사람은 최선의 결과로 송사가 끝난다.

③ 남자는 경제 금전운이 좋고, 여자는 이혼 문제가 되거나 과부가 될 수 있다.

④ 미혼 남자는 애인, 결혼 상대를 만나기 쉽다.

⑤ 임신한 경우, 아들을 낳을 확률이 높다.

3. 空亡(공밍) 관련

① 空亡된 궁이 겸왕, 거왕, 승왕, 수생하여 왕성하면 공망의 영향은 감소된다. 그러나 거쇠, 승쇠, 수극되면 空亡의 영향은 더욱 증가된다.

② 吉門(길문)·吉卦(길괘)가 공망을 만나면 좋은 운은 감소되고, 흉문·흉
　　괘가 공망을 만나면 나쁜 운은 반감된다.

③ 日支宮이 공망이면 마음이 공허하고, 뜻하는 일이 계획에 그치기 쉬우
　　며, 타인의 도움을 받기 어렵다.

④ 孫이 衰弱(쇠약)하고 공망되어 있으면 財物(재물)로 인한 근심이 있고 得
　　財(득재)하기 어렵다.

⑤ 財星이 공망지에 있으면 타인과 금전 거래를 삼가는 것이 좋고, 부부간
　　불화가 있거나 空房(공방) 생활을 하게 된다.

⑥ 官星宮이 공망이면 직업상의 변동이고, 길문·길괘를 만나면 길하지만
　　대체로 不利(불리)하고 裁判(재판)이나 訟事(송사)도 불리하다.

⑦ 父母宮이 공망이면 문서로 인해 관재구설, 詐欺(사기) 등이 있고 매사에
　　손해를 보게 된다.

⑧ 年, 月이 공망이면 조상과 부친이 흉하거나 형제와도 인연이 없다.

⑨ 時(시)가 공망이면 마음이 안정이 안 되고 산만하거나 자식과 인연이
　　없다.

제7장

천하국
天 下 局
포국

천하국 설명 및 포국법

1. 천하국이란

우리나라의 國運(국운)을 보기 위한 기문국을 천하국이라 한다. 천하국을 통해 국운과 기후, 물가, 풍년, 흉년 등을 예측할 수 있다. 매년 음력 1월 1일을 기준하여 年, 月, 日 三柱로 천하의 대국을 작성하여 우리나라가 속해 있는 艮宮(간궁)의 길흉을 살펴본 뒤 간궁의 홍국수, 육의삼기, 팔문을 중궁에 넣어 다시 포국함으로써 우리나라 1년 동안의 吉凶(길흉)을 본다.

천하국을 포국하는 방법은 사주국과 마찬가지로 입춘을 중심으로 한다. 立春(입춘) 節氣(절기)가 음력 1월 1일 以前(이전)에 들어 있으면 그해의 干支(간지)와 立春(입춘) 月建(월건)을 쓰고, 입춘 절기가 음력 1월 1일 以後(이후)에 들어 있으면 전년도 간지와 입춘 전에 해당되는 월건을 씀을 원칙으로 한다 (시간은 불론한다).

2. 천하국 포국 방법

① 천하국상에서 우리나라의 國運(국운)을 보려면 艮宮(간궁)에 있는 홍국수와 육의삼기, 팔문을 다시 중궁에 넣고 다시 포국하여 본다.

② 먼저 艮宮(간궁)에 있는 홍국수를 중궁에 넣고 사주국과 동일한 방법으로 포국한다.

③ 煙局(연국: 六儀三奇)을 포국할 때는 艮宮(간궁)의 地盤(지반) 六儀三奇 (육의삼기)만 중궁에 넣고 양둔이면 순행하고 음둔이면 역행한다.

④ 육의삼기 地盤(지반)을 포국한 뒤 天盤(천반) 육의삼기를 포국한다(천반은 시간이 없으므로 일간 기준으로 포국한다).

奇門命理學

⑤ 중궁 지반수에 의해 팔괘를 포국한다.

⑥ 팔문의 경우에는 양둔이면 천하국의 艮宮에 臨(임)한 팔문을 중궁에 놓고 다시 出 坎宮하여 坎乾震坤艮兌巽離宮(16328749)順으로 포국시키고, 음둔이면 중궁에서 出 離宮하여 離巽兌艮坤震乾坎宮(94782361)順으로 포국한다.

⑦ 직부팔장도 붙인다. 천봉구성도 붙인다.

3. 天時(천시)와 雨晴(우청: 기후)

그해의 천하국에서 완성된 우리나라 국을 보고 일 년간의 기후를 알 수 있다.

1) 陰(음)하고 晴(청)한 것은 水火(수화)에 있다

① 중궁에 水가 있느냐, 火가 있느냐로 雨晴(우청)을 보고 중궁은 전국을 본다.

② 一六水는 雨雪(우설)인데 水이면 水災(수재)이고, 極旺(극왕)하면 수해, 반대로 가뭄(大旱, 대한: 큰 가뭄)이 올 수 있다.

③ 二七火는 주로 晴旱(청한)이다. 즉, 맑고 가뭄이다. 더위 火가 火를 만나면 가뭄이 있고 火가 극왕하면 반대로 홍수가 있다.

④ 三八木은 風雷(풍뢰)다. 즉, 바람과 천둥 번개를 뜻한다.

⑤ 四九金은 서리, 이슬, 寒害(한해), 冷害(냉해) 등을 뜻하며 여름은 우박 등이다.

⑥ 五十土는 雲霧(운무)다. 즉 구름과 안개와 蟲害(충해)를 말한다.

⑦ 父(부)가 旺(왕)하면 비가 오고, 財(재)가 왕하면 비가 오지 않는다. 이 둘

을 비교하여 비가 오고 오지 않음을 판단한다.

⑧ 兄(형)이 왕하면 바람(태풍)이 심하고, 官鬼(관귀)가 왕하면 천둥 번개가 요란하다. 孫(손)이 왕하면 무지개가 뜬다.

⑨ 중궁에 財(재)가 있으면 대체로 가물고, 중궁에 부가 있으면 비가 자주 오는 편이다.

⑩ 乙(을)은 바람이고, 丙,丁(병정)은 맑음, 戊(무)는 구름, 己(기)는 무지개, 庚辛(경신)은 서리·이슬로 보고, 壬癸(임계)는 비와 눈으로 본다. 즉 丙丁이 왕하면 가물고, 壬癸가 왕하면 비가 온다는 것이다.

⑪ 天蓬(천봉)과 休門(휴문)을 또한 비로 보고 天英(천영)과 景文(경문)을 맑음으로 보니 旺弱(왕약)으로 雨晴(우청: 기후)을 판단한다.

⑫ 형충이 많고 흉문괘가 많으면 비가 사납게 내리고, 길문괘가 많으면 비가 순하게 내린다.

⑬ 庚(경)과 丙(병)이 만나면 천둥 번개가 심하고, 壬癸(임계)가 공망이면 비가 오지 않고, 丙,丁이 공망이면 비가 온다.

　㉠ 一六 水가 강하면 여름에는 시원하고, 겨울에는 매서운 추위를 본다.

　㉡ 二七 火가 강하면 여름에는 지나치게 덥고, 겨울에는 따뜻하다.

2) 중궁에 水火가 나타나지 않을 때 雨晴(우청) 판단

① 三支(삼지)상에 나타난 水火의 다소로 우청을 본다.

② 水가 2~3곳에 있으면 수왕으로 雨(우)라 하고, 火가 2~3곳에 있으면 화왕으로 旱(가물 한)이다. 즉, 가뭄이라고 한다.

③ 水火가 거생·거왕하면 그 勢(세)가 크고, 死(사)·絶(절)이면 勢(세)가 弱(약)하다.

④ 一六水가 火方이고, 상수가 二七火이면 水渴現狀(수갈현상)을 면하기

어렵다. 즉, 비가 올 낌새가 없다.

⑤ 동처상에 水를 돕는 四九金이 있거나 火를 돕는 三八木이 있으면 그 勢(세)가 倍加(배가)된다.

⑥ 丙丁巳午日은 旱(한: 가뭄)이고, 壬癸亥子日은 雨(우)라 한다.

⑦ 一六水가 日時(일시)에 加(가)하면 雨(우)라 하고 二七火가 加하면 旱(한)이라고 한다.

3) 매 節氣(절기)마다 기후를 알고자 하면

매 節氣(입춘, 입하, 입추, 입동)의 年月日時의 四柱로 천하국을 포국한 후, 다시 艮方(간궁)에 있는 홍국수, 육의삼기와 팔문, 팔괘, 구성 등을 중궁에 입중궁시켜 보면 된다.

[예시] 1998년 입하 節氣(절기)의 雨晴(우청: 기후)을 알고자 하면, 먼저 천하국을 포국한다.

입하 절입시는 음력 1998년 4월 11일(양력 5월 6일) 丑時(02:30)라면, 戊寅年 丁巳月 癸丑日 癸丑時가 된다. 양둔 입하 상원 四局


```
 10    10    4     5
 癸    癸    丁    戊  …  二
 丑    丑    巳    寅  …  四
  2     2     6     3
```

● 천하국

丁 八 戊 八 父 天 歸 杜 蓬 魂 門	壬 三 癸 三 父 天 福 景 任 德 門	乙 十 丙 六 鬼 天 天 休 沖 宜 門
庚 九 乙 七 兄 天 絕 開 心 體 門	二 己 四 財	戊 五 辛 一 官 天 遊 傷 輔 魂 門
辛 四 壬 二 世 天 絕 生 柱 命 門	丙 一 丁 五 孫 天 生 死 芮 氣 門	癸 六 庚 十 孫 天 禍 驚 英 害 門

● 우리나라 국

丙 十 辛 六 財 天 天 開 任 宜 門	庚 五 乙 一 財 天 遊 休 沖 魂 門	辛 二 己 四 孫 天 歸 景 輔 魂 門
戊 一 庚 五 兄 天 禍 杜 蓬 害 門	四 壬 二 父 生 門	乙 七 丁 九 孫 天 福 驚 英 德 門
癸 六 丙 十 世 天 生 死 心 氣 門	丁 三 戊 三 官 天 絕 生 柱 命 門	壬 八 癸 八 鬼 天 絕 傷 芮 體 門

奇門命理學

※ 천하국 간궁에 있는 육의삼기 지반 壬을 중궁 지반수로 쓰고, 팔문은 중궁으로 가져왔다가 감궁으로 가서 팔문을 붙이고 양둔은 순행하고, 음둔은 역행한다. 팔괘도 포국하고, 구성도 포국한다. 우리나라 입하 절기 내의 雨晴(우청: 기후)을 보면 중궁에 父가 있고, 월령에 乘旺(승왕)하고 있고 兼旺(겸왕)된 官鬼(관귀)가 부를 生助(생조)하니 비가 많음을 알 수 있다. 中宮 父를 생하는 날에 비가 내린다.

4) 각 지방의 기후를 알고자 하면
우리나라를 다시 세분화하여 나누어 해당 宮을 중심으로 다시 포국하면 된다.

① 경기도는 離宮(午方)

② 충청도는 震宮(卯方)

③ 경상도는 坎宮(子方)

④ 전라도는 巽宮(辰巳方)

⑤ 강원도는 乾宮(戌亥方)

⑥ 함경도는 艮宮(丑寅方)

⑦ 평안도는 兌宮(酉方)

⑧ 황해도는 坤宮(未申方)

4. 豊年(풍년), 凶年(흉년)
유력 정월 1일을 기준으로 하여 三柱(삼주)로 천하국을 포국하여 艮宮(간궁) 數(수)를 入中宮(입중궁)한 뒤 재포국하여 우리나라 국을 만들이 그해의 풍년과 흉년을 알아볼 수 있다.

① 世(세: 일지)宮 數(수)가 旺(왕)하면 백성이 편안하고, 배불리 먹고, 세궁

수가 衰弱(쇠약)하면 백성이 굶주린다.

② 水(수)가 兼旺(겸왕)하면 냉해를 입고, 金(금)이 兼旺(겸왕)하면 벌레의 피해가 심하다.

③ 財(재)가 動(동)하고, 孫(손)이 動(동)하면 곡류에는 이롭고, 鬼(귀)가 動하면 災殃(재앙)이 발생한다.

④ 戊己土가 五十土를 만나면 벼 종류의 곡식이 길하고, 그 분야에 해당하는 땅이 길하다.

⑤ 庚辛(경신)이 四九 金을 만나면 밀과 보리가 풍년이 든다.

⑥ 壬癸(임계)가 一六 水를 만나면 魚類(어류)가 풍년이다.

⑦ 丙丁(병정)이 二七 火를 만나면 담배 농사와 소금, 약초가 풍년이 든다.

⑧ 甲乙이 三八 木을 만나면 참외, 오이 종류, 과일류가 풍년이 든다.

⑨ 戊己(무기) 五十이 子午 宮(자오궁)에 있으면 大豊(대풍)이 들고, 卯酉宮(묘유궁)에 있으면 흉년이 든다. 여기에 생문·생기가 들면 풍년이고, 흉문·흉괘가 들면 흉년이 든다.

5. 물가의 高低(고저)

① 매년 정월 7일의 干支로 局을 구성한다.

② 年, 月, 日의 三柱(삼주)로 홍국, 연국을 짜서 (再 入 中宮 없이) 그것을 보고 一年 間의 물가 동향을 알 수 있다.

ㄱ 一六水는 어류, 유흥업소, 목욕탕, 수상업, 해운법 등과 관련되고,

ㄴ 二七火는 소금, 담배, 에너지, 석유, 광물질, 영화, 화학제품, 고추 등과 관련되고,

ㄷ 三八木은 솜, 모시, 삼베, 자동차, 경공업 기계, 섬유, 종이, 미용, 나무 등이 관련되고,

ⓔ 四九金은 보리, 커피, 금융, 가죽, 귀금속, 철강 등과 관련되고,

ⓜ 五十土는 콩, 쌀, 부동산, 모래, 묘지 등과 관련된다.

③ 각 류의 五行이 旺하면 그 물건의 값이 높아지고, 동시에 吉門, 吉卦가 붙어 있으면 해당 부분이 잘 성장한다.

④ 五十土가 巳午宮에서 旺하면 여름 곡식의 값이 높고, 亥子宮에서 旺하면 겨울 곡식의 값이 높다.

⑤ 中宮, 年支宮 또는 月支 宮에서 官鬼(관귀)가 旺(왕)하면 그해에 물가가 너무 높아져 서민 생활이 힘들어진다. 鬼(귀)가 兼旺(겸왕)되면 모든 물가가 다 높다.

⑥ 地盤數가 旺하면 물가가 높아 가기 시작하고, 天盤數가 旺하면 그 물가가 최고에 도달한 상태이다. 지반수가 生地에 居하면 제왕되는 달에 가서 오르기 시작하고 天盤數가 生地에 거하면 제왕되는 달에 가서 물가가 최고로 높다.

국운(國運: 2025년도 年事) 포국

1. 2025년 년사 포국 방법

① 음력 정월 초1일(양력 1월 29일) 기준하여 年月日 三柱로 작성한다.

② 立春日은 2025년 음력 1월 6일(양력 2월 3일 23시 10분 한국 시간 23시 42분)

③ 입춘이 後圖(후도)하니 換臣不換君法(환신불환군법)을 적용하고 立春 加減法(입춘가감법)을 쓴다(음력 1월 1일이 양력 1월 29일이니 입춘일까지 5일이 늦다. 따라서 지반수에서 5일을 감한다).

④ 포국하면 음력 1월 1일이 입춘 전이므로 전년도 사주가 구성된다. 그런데 올해 乙巳年 년사를 볼 것이니 甲辰年을 乙巳年으로 대체해서 포국한다. 즉 음력 2025년 1월 1일을 포국하면 大寒 上元 三局 陽遁

壬 戊 丁 甲 子 戌 丑 辰	에서 →	戊 丁 乙 戌 丑 巳 로 바꾼다.

5	4	2		
戊	丁	乙	… 二	※ 오자원: 戊子
戌	丑	巳	… 五	※ 일주 순수: 甲午 辛
11	2	6	－ 5	(지반수에서 5를 빼 준다)

❊ 제1변국 천하국

年支 태평양 墓絕	月干 열대 남미 胎	年干 유럽 養生	
休 八 丙 孫 歸 九 己 父 輔 蛇	生 三 癸 孫 德 四 丁 父 芮 陰	死 十 戊 官 宜 七 乙 財 心 合	
日干 일본 死 景 九 辛 父 體 八 戊 孫 英 直	중국 二 財 五 庚 鬼	미국 浴 開 五 己 鬼 魂 二 壬 財 柱 陳	
月支 대한민국 病衰 驚 四 壬 父 命 三 癸 孫 蓬 天	旺 傷 一 乙 兄 氣 六 丙 兄 禽 地	소련 추운 곳 綠帶 杜 六 丁 兄 害 一 辛 世 沖 雀	

(우측 원형 도표: 六日 · 一世 · 八年 · 四月 · 九年 · 三月 · 五中 · 二中)

제1변국은 三柱를 가지고 기존 포국 방법으로 포국한다.

구성표기만 보, 예, 심, 주, 충, 금, 봉, 영 순으로 시계 방향으로 표기한다.

❊ 제2변국: 우리나라 한반도 ❊ 제1변국: 천하국 ❊ 제3변국: 대한민국

十七	五二	二五
一六	四三	七十
六一	三四	八九

태평양	열대 남미	유럽
일본	중국	미국
대한 민국		소련 추운지역

전라도	서울 경기	황해도
충청도		평안도
함경도	경상도	강원도

제1변국 포국이 끝나면 제2변국은 우리나라만 표시하는데, 즉 우리나라가
간궁이니 간궁에서 홍국수와 팔문, 지반 육의삼기만 빼서 다시 입중시켜 재

포국한다.

제3변국은 제2변국에서 대한민국은 서울·경기 지역이니 離宮(이궁)을, 북한은 평양이 평안도에 있으니 兌宮의 홍국수를 입중하여 제2변국을 포국할 때와 같은 방법으로 포국한다. 홍국수 포국이 끝나면 乙巳 丁丑 戊戌의 三干과 三支를 넣어 동처와 비동처를 구분한다. 뒤에 육의삼기를 포국한 후, 歲支(세지)는 巳이니 巽宮(손궁)에 月支는 丑이니 간궁에 일지는 戌이니 乾宮(건궁)에 각각 들어간다. 歲干(세간)은 乙, 月干은 丁, 日干은 戊이니 지반 육의삼기를 찾아 넣어 주면 된다.

※ 만약 천하국에서 반복음이면 뒤에 오는 禍亂(화란)을 조심해라.

❀ 제1변국 천하국: 세계

年支 태평양 墓絶	月干 열대 남미 胎	年干 유럽 養生	
休 八 丙 孫 歸 九 己 父 輔 蛇	生 三 癸 孫 德 四 丁 父 芮 陰	死 十 戊 官 宜 七 乙 財 心 合	
日干 일본 死	중국	미국 浴	
景 九 辛 父 體 八 戊 孫 英 直	二 財 五 庚 鬼	開 五 己 鬼 魂 二 壬 財 柱 陳	
月支 대한민국 病衰	旺	소련 추운 곳 綠帶	
驚 四 壬 父 命 三 癸 孫 蓬 天	傷 一 乙 兄 氣 六 丙 兄 禽 地	杜 六 丁 兄 害 一 辛 世 沖 雀	

❀ 제2변국 한반도, 남북한

年支 전라도　養生 景 十 乙 父 體 七 壬 鬼 芮 天	日干 경기.서울　浴 死 五 辛 父 氣 二 戊 官 心 直	황해도　帶綠 生 二 壬 官 害 五 庚 父 柱 蛇	
충청도　胎 休 一 己 孫 歸 六 辛 孫 輔 地	驚 四 兄 　三 癸 財	평안도　旺 杜 七 戊 鬼 命 十 丙 父 沖 陰	
年干月支 함경도　絶墓 傷 六 丁 孫 魂 一 乙 孫 英 雀	경상도　死 驚 三 丙 財 德 四 己 兄 蓬 陳	月干 강원도　病衰 開 八 庚 財 宜 九 丁 世 禽 合	

(우측 원형 도표: 四中 / 九世 / 十年 / 六月 / 一月 / 七年 / 三中 / 八日)

　제2변국 포국은 艮宮 대한민국의 홍국수, 팔문, 지반 육의삼기를 입중시켜 포국한다.

　※ 홍국수 포국, 육신, 三支, 三干, 空亡을 붙인다.

1) 八門布局(팔문포국)

　중궁에 있는 驚門을 1궁으로 데려와서 포국한다. 그리고 중궁은 없다고 생각하면 된다. 양둔이므로 87491632 순으로 진행한다. 따라서 포국하면 驚門(경문)이 1궁(坎宮)으로 내려온다. 1궁이 驚門이니 6328749 순으로 개, 휴, 생, 상, 두, 경, 사 순으로 붙여 나가면 된다

8	7	4	9	1	6	3	2
傷	杜	景	死	驚	開	休	生

2) 八卦布局(팔괘포국)

팔괘는 중궁 지반수 기준으로 재포국한다(中宮이 五十土면 巽宮에서).

① 중궁 지반수가 三이니 震宮 ☳(진괘)부터 시작한다(귀혼궁이다).

② 포국 방법은 귀혼궁(☳)의 상효부터 붙어 있으면 떨어뜨리고 떨어져 있으면 붙이면서 포국한다. 즉, 일상생기 → 이중천의 → 삼하절체 → 사중유혼 → 오상화해 → 육중복덕 → 칠하절명 → 팔중귀혼 순으로 포국한다.

③ 포국하면 다음과 같다.

☳(귀혼궁) → ☲(생기: 이궁)→ ☰(천의: 건궁) → ☴(절체: 손궁) ☶(유혼: 간궁) → ☷(화해: 곤궁) → ☵(복덕: 감궁) → ☱(절명: 태궁) → ☳(귀혼궁)

3) 六儀三奇 布局(육의삼기 포국)

① 地盤 六儀三奇는 中宮이 癸水이니 중궁 계수부터 시작하여 양둔이면 구궁 순행하고 음둔이면 역행한다. 양둔이니 순행한다.

乙 壬	辛 戊	壬 庚
己 辛	癸	戊 丙
丁 乙	丙 己	庚 丁

② 천반 육의삼기는 日干 위에 日柱 旬首를 올려놓고 그 순수가 어디서 왔는지 보고 가까운 곳부터 포국한다.

일간이 戊土이니 戊土 위에 일주 순수 辛(신)을 올려놓는다. 中宮에 日干이 있으면 坤宮으로 出坤하여 곤궁 천반에 순수를 붙인다.

4) 九星(구성)의 포국

천하국에서 구성은 천봉구성 대신 동방구성을 사용한다. 음둔, 양둔 구분 없이 시계 방향으로 진행한다. 동방구성의 종류는 輔(보), 芮(예), 心(심), 柱(주), 沖(충), 禽(금), 蓬(봉), 英(영)이다. 坎宮의 지반육의삼기 己가 천반의 어디에 있는지를 본다. 震宮(진궁)에 있으니 震宮부터 시계 방향으로 보, 예, 심, 주, 충, 금, 봉, 영 순으로 붙인다.

芮	心	柱
甫		沖
英	蓬	禽

5) 直符八將(직부팔장)의 포국

직부팔장의 포국은 육의삼기 지반을 포국한후 일간과 같은 오행이 있는 궁부터 양둔이면 시계 방향으로 직사음합진작지천 순으로, 음둔이면 시계 반대 방향으로 직사음합호무지천 순으로 포국한다. 만약 日干이 中宮에 있으면 곤궁으로 출곤하여 곤궁부터 포국한다.

天	直	蛇
地		陰
雀	陳	合

6) 12운성을 붙이면

日支가 乾宮에 九金이다. 四九金 三八木은 자기 방에서부터 시작하는 데 九金은 양수이니 시계 방향으로 포국한다. 그러면 곤궁에 대록, 태궁에 왕, 건궁에 쇠병, 감궁에 사, 간궁에 묘절, 진궁에 태, 손궁에 양생, 이궁에 욕이 들어가면서 2변국이 완성된다.

養生	浴	帶綠
胎		旺
絕墓	死	病衰

※ 제2변국은 우리나라 남북한 전체다.

⊞ 제3변국 대한민국

年干　　　　帶浴	生　　月干　　養胎	
杜 一 己 父 年 宜 六 乙 父 支 英 地	景 六 癸 父 魂 一 壬 父 甫 天	休 三 辛 歸 四 丁 鬼 芮 直
綠	日干	絕
開 二 庚 害 五 丙 財 蓬 雀	死 五 　 財 二 戊 孫	傷 八 丙 兄 德 九 庚 官 心 蛇
月支　　旺衰	病	死墓
生 七 丁 孫 氣 十 辛 財 禽 陳	死 四 壬 鬼 命 三 癸 兄 沖 合	驚 九 乙 官 體 八 己 世 柱 陰

(원형 도표)
八世
七月
二中
一年　六年
十月
九日　五中

① 제2변국에서 서울, 경기를 떼어 홍국수, 지반 육의삼기, 팔문을 중궁에 입중한다.

② 홍국수, 육신, 三支, 三干을 붙인다.

③ 팔문을 1궁(坎宮)으로 가지고 온다. 그리고 중궁에 있는 팔문은 없다고 생각한다.

④ 양둔이므로 87491632 순으로 포국한다. 死門이 1궁(감궁)으로 내려오니 감궁이 死門이 되고 6328749 순으로 驚, 開, 休, 生, 傷, 杜, 景 순으로 붙여 나가면 된다.

8	7	4	9	1	6	3	2
生	傷	杜	景	死	驚	開	休

⑤ 팔괘 포국은 중궁 지반수가 二火이니 坤宮(곤궁)부터 시작한다. 坤宮(☷)이 귀혼궁이 된다.

宜(☳)	魂(☳)	歸(☷)
害(☵)		德(☶)
氣(☴)	命(☵)	體(☰)

⑥ 지반 육의삼기 붙이는 방법은 중궁에 戊이니 구궁 순서대로 양둔이면 순행하고 음둔이면 역행한다.

己 乙	癸 壬	辛 丁
庚 丙	戊	丙 庚
丁 辛	壬 癸	乙 己

⑦ 천반 육의삼기는 日干 위에 일주 旬首(순수)를 올려놓는다. 일주가 戊戌이니 일주 순수는 갑오 辛이다. 따라서 일간 戊위에 辛을 올려놓고 辛이 어디서 왔는지 보고 가까운 곳부터 붙여 나간다. 일간 戊가 중궁에 있으니 곤궁으로 출곤하여 붙여 나간다.

⑧ 구성의 포국은 천반에 감궁 지반 육의삼기 癸가 있는 궁부터 보예심주충금봉영 순으로 붙인다. 감궁 지반육의삼기 癸가 이궁에 있으니 이궁에서부터 보예심주충금봉영 순으로 붙여 나가면 된다.

英	甫	芮
蓬		心
禽	沖	柱

⑨ 직부팔장의 포국은 일간이 있는 궁부터 양둔은 시계 방향으로 직사음합

진작지천으로 포국하고, 음둔이면 시계 반대 방향으로 직사음합호무지천 순으로 포국한다. 양둔이고 日干이 중궁에 있으니 곤궁으로 출곤해서 곤궁부터 시계 방향으로 직사음합진작지천순으로 붙여 나간다.

九地	九天	直符
朱雀		螣蛇
句陳	六合	太陰

⑩ 십이운성은 日支가 八木이니 震宮부터 시작하고 음수이니 시계 반대 방향으로 록왕쇠병사묘절태양생욕대 순서로 붙여 나간다.

帶浴	生	養胎
綠		絕
旺衰	病	死墓

2. 六神(육신)과 四干(사간), 四支(사지)와의 관계

① 백성(국민)은 孫爻(손효), 日干(일간), 日支(일지)다.

② 君(대통령)은 印綬爻(인수효), 年干(년간), 年支(년지)이다.

③ 신료(각료)는 兄爻(형효), 月支(월지), 月干(월간), 財爻(재효)다. 재효는 신하이고, 재운에 당선이 많이 된다.

④ 敵勢(적세: 정부를 반대하는 세력), 관귀는 야당 및 반대 세력이다.

⑤ 我勢(아세), 孫爻(손효)는 친위세력이다.

⑥ 비상시 전쟁이나 역모가 일어났을 때

　㉠ 孫爻(손효)는 친위세력이다. 즉, 공권력이다.

　㉡ 官, 鬼爻는 야권, 현 체제 반대파(세력)이다.

3. 年事(년사) 동향과 길흉 판단

① 七九相戰(칠구상전)과 火金相戰(화금상전)으로 길흉으로 판단한다.

② 單九(단구)나 金은 疾厄(질액), 死傷(사상), 病亂(병란)을 주관한다.

③ 單七(단칠)이나 火는 口舌(구설)이나 禍亂(화란)을 주관한다. 七九相戰 과 火金相戰은 旺(왕)하면 왕할수록 凶(흉)하고 약하면 덜 흉하다. 伏吟 (복음)이 되어도 흉하다.

④ 년사에서 最忌者(최기자: 최고 꺼리는 자)는 二七火, 四九金이 官鬼로 動 (동)하는 것이다. 四金은 세균성이다(예를 들어, 2021년 辛丑年 코로나).

⑤ 어느 홍국수든 官鬼가 겸왕이 되면 흉하다.

⑥ 인수효, 년간, 년지가 공망이면 흉하고 또 상수 七九의 剋을 받으면 凶 하다(즉, 천반이 지반을 극하면).

⑦ 二七火, 四九金의 官鬼(관귀)가 공망이면 별것 아니고,

⑧ 火金이 官鬼(관귀)가 아니더라도 겸왕이 되면 나쁘다.

⑨ 火金이 관귀라도 공망이면 虛驚(허경)이나, 兼旺(겸왕)이 되면 공망이 아 닌 것으로 본다. 즉, 2개가 겸왕되면 공망 아닌 것으로 본다는 것이다.

⑩ 관귀 효는 통치권에 도전하는 세력이고 정권을 탈취하려는 세력이다.

※ 제1변국, 제2변국, 제3변국이 다 만들어지고, 만약 경상도 지방의 날씨 를 보고 싶다면 제2변국에서 감궁이 경상도니까 감궁에 있는 것을 입증

하여 포국하면 경상도 지방 것을 볼 수 있다. 이런 식으로 각 도를 보면 된다.

※ 나라의 환란이 있을 때 보면, 官鬼가 야세인데 여기에 四九金 偏官鬼가 들어올 때 전쟁 아니면 혁명이 일어난다.

제8장

기문둔갑 해단에
따른 참고 이론

기문충(奇門沖)의 종류

1. 居沖(거충)

홍국수와 바탕 오행이 沖(충)하는 것. 곤궁의 지반 홍국수 三이 申(금) 바닥에 있어 충되는 것을 말한다.

	巳	午	未	
辰	三 五	八 十	五 三	申
卯	四 四	七 一	十 八	酉
寅	九 九	六 二	一 七	戌
	丑	子	亥	

2. 自沖(자충)

0순위 홍국수끼리 충하는 것. 같은 궁내 홍국수 상하가 충하는 것을 말한다.

一 一	六 六	三 九
二 十	五 七	八 四
七 五	四 八	九 三

3. 횡간충

1순위 홍국수끼리 충하는 것. 횡간충은 천반은 천반끼리 지반은 지반끼리 충하는 것을 말한다.

十 一	五 六	二 九
一 十	四 七	七 四
六 五	三 八	八 三

4. 共沖(공충)

동일 궁내에서 가충효 2개가 다른 궁내 피충효 2개를 충하는 것.

九 六	四 一	一 四
十 五	三 二	六 九
五 十	二 三	七 八

손궁과 중궁이 천반 九金과 三木이 충하고, 지반 六水와 二火가 충하는데 손궁의 九金과 六水가 가충효가 되어 중궁 三木과 二火를 피충하고 있으며, 태궁과 감궁도 같은 식으로 한 궁이 가충하고, 다른 궁이 피충하고 있다.

5. 交沖(교충)

동일 궁 내에서 가충효 피충효가 타 궁내에서 피충효 가충효가 충하는 것.

十 三	五 八	二 一
一 二	四 九	七 六
六 七	三 十	八 五

진궁의 一水가 태궁의 七火를 가충하고, 태궁의 六水가 진궁의 二火를 가충한다. 이렇게 서로 궁끼리 궁수가 교차되는 것을 말한다.

奇門命理學

초신접기(超神接氣)

기문둔갑의 이론 중에서 가장 어려운 부분이면서도 알아야 하는 것이라고 할 수 있는 부분이 바로 초신접기 이론이다. 이를 이해한다면 기문둔갑을 모두 이해했다고 해도 과언이 아닐 만큼 기문둔갑의 근원적인 이치가 들어 있는 이론이다. 실제 기문국을 조성할 때는 기문둔갑용 컴퓨터 프로그램의 도움을 받기 때문에 그 원리만 이해하면 된다.

1. 초신접기

각 節氣(절기)는 上, 中, 下元으로 15일씩 해당되는데 실제 한 절기는 14일에서 16일로 불규칙하다. 그러므로 節氣入日(절기입일)과 上元 첫날의 일진(甲子, 甲午, 己卯, 己酉)이 일치하지 않기 때문에 매 절기가 正授奇(정수기), 超神(초신), 接氣(접기) 어느 것에 해당하는지 알아야 한다.

1) 正授奇(정수기)

절기와 일진(甲子, 甲午, 己卯, 己酉)이 같은 날에 드는 것을 정수기라 한다. 즉, 절기와 상원 첫 日辰(일진)이 일치하는 것, 다시 말하면 절기가 드는 날의 日辰(일진)이 甲子, 甲午, 己卯, 己酉日이면 정수기라는 것이다.

2) 超神(초신)

超(초)는 넘었나는 것이고 神(신)은 日辰(일진)을 뜻하는 것이므로 甲子, 甲午, 己卯, 己酉日이 節氣(절기)보다 앞서 들어온 것을 말한다. 즉, 上元 첫 日辰(일진)이 절기보다 먼저 들어오는 것이다.

3) 接氣(접기)

接氣(접기)란 節氣(절기)가 일진(甲子, 甲午, 己卯, 己酉)日보다 먼저 들어옴을 말한다. 즉, 절기가 상원 첫 日辰(일진)보다 먼저 들어온 것이다.

4) 超神接氣 規則(초신접기 규칙)

초신접기에는 일정한 순서가 있다. 正授奇(정수기)가 지나면 초신이 되고, 초신이 10일 지나면 閨局(윤국)을 두고, 윤국 후에는 접기가 되고 접기가 끝나면 다시 정수기가 되는 것이다. 초신은 10일을 넘을 수 없는데 초신이 10일이 지나면 閨局(윤국)을 두는데 반드시 芒種(망종)과 夏至(하지) 사이 또는 大雪(대설)과 冬至(동지) 사이에서만 置閨(치윤)할 수 있다.

2. 閨局(윤국)

일 년에 윤달을 두는 것과 같은 위치로 모든 절기에서 正授奇(정수기)가 되면 置閨(치윤)할 필요가 없으나, 날짜가 흐를수록 점차 超神(초신)이 되고 그 간격이 자꾸 넓어지므로 몇 년에 한 번씩 閨局(윤국)을 두어 시정해 나가기 위함이다.

3. 折局 補局(절국 보국)

正授奇(정수기) 이후에는 대개 超神(초신)이 되고 그 이후에는 閨局(윤국)을 두는데 윤국이 지나면 接氣(접기)가 되는 법이다. 접기가 되었을 때는 折局(절국)하거나 補局(보국)하여 局數(국수)를 정하게 된다.

선거와 당선 여부

1. 선거(選擧) 개념

① 印綬(인수)는 증서, 官(관)은 정부, 財(재)는 부하(정치하는 사람)

② 야당은 孫(손)이 官(관)을 치고, 官印相生(관인상생)해야 이긴다.

③ 여당은 官(관), 父(부), 日支(일지=世), 財가 있으면 당선된다.

④ 야당은 손동극관, 즉 야당은 孫動剋官하고 官印相生이 되어야 승리한다.

2. 당선과 낙선

1) 각종 선거의 당선 여부

출마자가 여당인지 야당인지를 먼저 살핀다.

① 여당 출마자는 관인상생이 되어야 당선될 확률이 높다. 이때 財(재)가 받쳐 주면(생해 주면) 확실하다. 官(관)이 힘이 있어야 한다. 관이 태신약하면 당선되기 힘들다. 따라서 이것이 인수를 통해 나(日支)까지 와야 한다.

② 야당 출마자는 손동극관에 관인상생이 되어야 당선된다.

2) 공천 여부

만약에 印綬가 비동처이면 추천(공천)을 못 받을 수 있다. 왜냐하면 印綬(인수: 문서) 자체가 하격증, 증명서이기 때문이다.

3) 낙선 여부

비화가 동하여 인수가 비화로 빠지면 본인이 불리하다. 이 말은 인수가 나한테 오지 않고 형효한테 간다는 것이다. 그러면 나는 꽝이다.

① 貴者(귀자)는 대통령을 말하는데 대통령은 財를 용신으로 사용한다. 財
　 는 신하이다. 權力者(권력자)는 用殺(용살)이라 한다.

② 孫爻는 유권자를 말한다.

※ 후보자 일지가 A는 庚辰이고, B는 辛酉라면 투표일이 酉날이면 A는 辰
　 酉合이 되고, B는 酉酉自刑이 된다. 따라서 합이 되는 A가 당선된다.

생기복덕(生氣福德) 보는 법

1. 남자와 여자의 생기복덕 보는 법

남자는 離宮(이궁)에서 1세부터 출발하여 시계 방향으로 시작한다. 첫 번째 坤宮(곤궁)은 건너뛰고 兌宮(태궁)이 2세가 되고, 여자는 坎宮(감궁)에서 1세부터 출발하여 시계 반대 방향으로 시작한다. 첫 번째 艮宮(간궁)은 건너뛰고 坎宮(감궁)이 8세가 된다.

2. 생기복덕 찾는 방법

1) 남자 32세 생기복덕

남자는 離宮(이궁)에서 1살부터 시작하고 시계 방향으로 순행하며 첫 번째 坤宮(곤궁)은 건너뛰니 兌宮(태궁)이 2살이 되며 시계 방향으로 한 바퀴 돌면 태궁이 10살이 된다. 따라서 시계 방향으로 2칸 건너면 20살이 되니 나이를 계산할 때 2칸씩 건너 10살씩 더해 간다.

2) 여자 32세 생기복덕

여자는 坎宮(감궁)에서 1살부터 시작하고 시계 반대 방향으로 역행하며, 첫 번째 艮宮(간궁)은 건너뛰니 坎宮(감궁)이 8살이 되며 시계 반대 방향으로 한 바퀴 돌면 兌宮이 10살이 된다. 따라서 시계 반대 방향으로 2칸 건너면 20살이 되니 나이를 계산할 때 2칸씩 건너 10살씩 더해 간다.

☴ 孫宮 남 7, 15, 23, 31 여 6, 13, 21, 29	☲ 離宮 남 1, 8, 16, 24, 32 여 5, 12, 20, 28	☷ 坤宮 남 9, 17, 25 여 4, 11, 19, 27
☳ 震宮 남 6, 14, 22, 30 여 7, 14, 22, 30		☱ 兌宮 남 2, 10, 18, 26 여 3, 10, 18, 26
☶ 艮宮 남 5, 13, 21, 29 여 15, 23, 31	☵ 坎宮 남 4, 12, 20, 28 여 1, 8, 16, 24, 32	☰ 乾宮 남 3, 11, 19, 27 여 2, 9, 17, 25

3) 생기복덕을 찾는 순서

一上生氣 → 二中天宜 → 三下絶體 → 四中遊魂 → 五上禍害 → 六中福德 → 七下絶命 → 八中歸魂

① 먼저 나이에 따른 八卦(팔괘)를 찾는다. 남자 32세는 離宮(이궁)이다. 離宮은 卦(괘)가 이괘(☲)다. 離卦(☲)부터 시작하여 一上 生氣(생기)이니 上爻가 변하는 것이 생기방이다. 즉, ☲(이괘)가 ☳(진괘)로 변하니 卯(묘) 方이 생기이다.

② 一上 生氣(생기)는 ☲(이괘)가 ☳(진괘)로 변한 것이니 卯(묘)方이 生氣이다.

③ 二中 天宜(천의)는 ☳(진괘)가 ☱(태괘)로 변한 것이니 酉(유)方이 天宜이다.

④ 三下 絶體(절체)는 ☱(태괘)가 ☵(감괘)로 변한 것이니 子(자)方이 絶體이다.

⑤ 四中 遊魂(유혼)은 ☵(감괘)가 ☷(곤괘)로 변한 것이니 未申(미신)方이 遊魂이다.

⑥ 五上 禍害(화해)는 ☷(곤괘)가 ☶(간괘)로 변한 것이니 丑寅(축인)方이 禍害다.

⑦ 六中 福德(복덕)은 ☶(간괘)가 ☴(손괘)로 변한 것이니 辰巳(진사)方이 福德이다.

⑧ 七下 絶命(절명)은 ☴(손괘)가 ☰(건괘)로 변한 것이니 戌亥(술해)方이 絶命이다.

⑨ 八中 歸魂(귀혼)은 ☰(건괘)가 ☲(이괘)로 변한 것이니 午(오)方이 歸魂이다.

이사방위(移徙方位) 보는 법

1. 남녀의 출발점

① 남자는 震宮(진궁), 여자는 坤宮(곤궁)에서 출발한다.

② 남녀 모두 구궁 순서대로 순행으로 진행한다.

❀ 남자

巽宮 2, 11, 20, 29, 38, 47	離宮 7, 16, 25, 34, 43,52	坤宮 9, 18, 27, 36, 45, 54
震宮 1, 10, 19, 28, 37, 46	中宮 3, 12, 21, 30, 39, 48	兌宮 5, 14, 23, 32, 41, 50
艮宮 6, 15, 24, 33, 42, 51	坎宮 8, 17, 26, 35, 44, 53	乾宮 4, 13, 22, 31, 40, 49

❀ 여자

巽宮 3, 12, 21, 30, 39, 48	離宮 8, 17, 26, 35, 44, 53	坤宮 1, 10, 19, 28, 37, 46
震宮 2, 11, 20, 29, 38, 47	中宮 4, 13, 22, 31, 40, 49	兌宮 6,15, 24, 33, 42, 51
艮宮 7, 16, 25, 34, 43, 52	坎宮 9, 18, 27, 36, 45, 54	乾宮 5, 14, 23, 32, 41, 50

※ 한 칸씩 가면 10살씩 더해진다.

奇門命理學

2. 이사방위 기본도

4. 징파	9. 퇴식	2. 안손	1. 천록: 천록방으로 이사하면 관직에 길하다. 2. 안손: 안산방으로 이사하면 눈병과 손재가 있다. 3. 식신: 식신방으로 이사하면 재물이 늘어난다.
3. 식신	5. 오기	7. 진귀	4. 징파: 징파방으로 이사하면 손재와 가정 풍파가 일어난다. 5. 오기: 오기방으로 이사하면 질병과 우환과 횡액이 있다. 6. 합식: 합식방으로 이사하면 사업이 번창한다. 7. 진귀: 진귀방으로 이사하면 괴병과 우환이 발생한다.
8. 관인	1. 천록	6. 합식	8. 관인: 관인방으로 이사하면 관록이 오르거나 관직을 얻게 된다. 9. 퇴식: 퇴식방으로 이사하면 재물이 나가고 사업이 안된다.

1) 남자 17세 이사방위

巽宮 2 11 징파	離宮 7 16 퇴식	坤宮 9 18 안손
震宮 1 10 식신	中宮 3 12 오기	兌宮 5 14 진귀
艮宮 6 15 관인	坎宮 8 17 천록	乾宮 4 13 합식

→

東南 퇴식	南 오기	南西 진귀
東 관인	中央 천록	西 식신
北東 징파	北 합식	西北 안손

이사방위는 남자니까 진궁에서 1살부터 시작해서 17세니까 17까지 간다.
이사방위 기본도에서 17세가 있는 궁이 감궁 천록 자리다. 이사방위를 볼 때
는 이사하는 사람의 나이에 있는 것을 중궁으로 끌어다 놓고 다시 포국한다.
17세가 坎宮(감궁)이니 감궁에 있는 천록을 중앙에 끌어다 놓고 다시 포국하
면 위의 표와 같다.

1. 천록: 中央   2. 안손: 西北   3. 식신: 西

4. 징파: 北東   5. 오기: 南   6. 합식: 北

7. 진귀: 南西   8. 관인: 東   9. 퇴식: 東南

좋은 이사방위는 천록, 식신, 합식, 관인 등 4개 방위다.

2) 여자 17세 이사방위

巽宮 3 12 징파	離宮 8 17 퇴식	坤宮 1 10 안손
震宮 2 11 식신	中宮 4 13 오기	兌宮 6 15 진귀
艮宮 7 16 관인	坎宮 9 18 천록	乾宮 5 14 합식

→

東南 관인	南 징파	南西 합식
東 진귀	中央 퇴식	西 안손
北東 식신	北 오기	西北 천록

이사방위는 여자니까 곤궁에서 1살부터 시작해서 17세니까 17까지 간다. 이사방위 기본도에서 17세가 있는 궁이 이궁 퇴식 자리다. 이사방위를 볼 때는 이사하는 사람의 나이에 있는 것을 중궁으로 끌어다 놓고 다시 포국한다. 17세가 離宮(이궁)이니 이궁에 있는 퇴식을 중앙에 끌어다 놓고 다시 포국하면 위의 표와 같다.

1. 천록: 西北   2. 안손: 西   3. 식신: 北東

4. 징파: 南   5. 오기: 北   6. 합식: 南西

7. 진귀: 東   8. 관인: 東南   9. 퇴식: 中央

좋은 이사방위는 천록, 식신, 합식, 관인 등 4개 방위다.

시주 순수(時柱 旬首) 찾는 법

時柱(시주)의 地盤(지반) 洪局數(홍국수)에서 天盤(천반) 홍국수를 빼서 0이 나오면 甲子旬(갑자순)이고, 10이 나오면 甲戌旬(갑술순), 8이 나오면 甲申旬(갑신순), 6이 나오면 甲午旬(갑오순), 4가 나오면 甲辰旬(갑진순), 2가 나오면 甲寅旬(갑인순)이 된다.

0	10	8	6	4	2
甲子 1,1	甲戌 1,11	甲申 1,9	甲午 1,7	甲辰 1,5	甲寅 1,3
乙丑 2,2	乙亥 2,12	乙酉 2,10	乙未 2,8	乙巳 2,6	乙卯 2,4
丙寅 3,3	丙子 3,1 (3,13)	丙戌 3,11	丙申 3,9	丙午 3,7	丙辰 3,5
丁卯 4,4	丁丑 4,2 (4,14)	丁亥 4,12	丁酉 4,10	丁未 4,8	丁巳 4,6
戊辰 5,5	戊寅 5,3 (5,15)	戊子 5,1 (5,13)	戊戌 5,11	戊申 5,9	戊午 5,7
己巳 6,6	己卯 6,4 (6,16)	己丑 6,2 (6,14)	己亥 6,12	己酉 6,10	己未 6,8
庚午 7,7	庚辰 7,5 (7,17)	庚寅 7,3 (7,15)	庚子 7,1 (7,13)	庚戌 7,11	庚申 7,9
辛未 8,8	辛巳 8,6 (8,18)	辛卯 8,4 (8,16)	辛丑 8,2 (8,14)	辛亥 8,12	辛酉 8,10
壬申 9,9	壬午 9,7 (9,19)	壬辰 9,5 (9,17)	壬寅 9,3 (9,15)	壬子 9,1 (9,13)	壬戌 9,11
癸酉 10,10	癸未 10,8 (10,20)	癸巳 10,6 (10,18)	癸卯 10,4 (10,16)	癸丑 10,2 (10,14)	癸亥 10,12

※ 地支(지지) 자연수가 작으면 12를 더해서 빼 준다.

오행(五行)별 학과 및 직업 분류표

木	학과	문과/인문 계통, 교육, 행정, 의상디자인학과, 생물학과
	직업	木 계통, 교육 계통, 행정 계통, 가구업, 목재업, 목공업, 제지업, 지물업, 묘목, 육림, 화훼업, 인테리어, 악기, 죽세공업, 교육자, 의류업, 섬유업, 포목점, 옷가게, 건재상
火	학과	과학, 전기, 전자, 컴퓨터, 화공학과, 과학, 공예, 신문, 예능, 예술, 미술학과
	직업	전기 계통, 전자 계통, 컴퓨터, 통신, 인터넷 쇼핑, 애니메이션, 연구직, 광고, 조명업, 예능 계통, 관광 계통, 이벤트업, 장치업, 화술업, 유류업, 난방업, 주유소, 화학 계통, 도장업(페인트), 신발류, 패션업, 모텔업, 미용, 화장품, 혼수용품업, 건조업, 소금, 담배, 태양업, 간판업, 경마장, 용접, 발명가, 특허, 교육, 예능, 예술, 미술, 종교, 철학, 기수련, 요가, 항공사, 신문사, 방송사, 언론사, 잡지사, 골프장, 미장원, 이발소 ※ 二七火: 乾命은 정력
土	학과	부동산, 토목, 건축, 건축설계(디자인), 농대, 약대, 한의대, 불교대, 신학대, 철학과, 사학과, 중국어과, 식품영양학과, 제빵학과, 피부미용학과, 예능계, 유도대, 체육대(七五九)
	직업	부동산 계통, 건설 계통, 토목 분야, 약학 계통, 약사(七五九), 종교, 철학, 민속신앙, 예능(그림, 서예), 도예, 골동품, 회술업, 곡물, 식품, 약초, 약업사, 한방, 투산품, 농산품, 농업, 축산업, 생산업, 부동산중개업, 식당업, 요식업, 토속음식업, 여관업, 감정원, 건설회사, 건축가, 모래사업, 골프장 사업, 체육 계통, 보디빌더, 헬스트레이너, 운동권, 주택, 유도관, 체육관, 중개인, 협상가, 로비스트, 감정평가사, 공인중개사, 건설교통부
金	학과	금속기계공학, 자동차, 재료공학, 금융회계, 무역, 경영, 경제, 법학, 경찰학, 정치학, 군사정보, 사관학교, 공대, 의대, 치대, 수의대, 간호학과, 철도 기능대학
	직업	쇠(금속), 법률, 금융, 치료, 무관계통, 칼 쓰는 직업, 특수 직종, 기계, 자동차, 보석, 액세서리, 철광, 주물, 금형, 고철, 철물, 금은세공업, 보석감정사, 광산업, 선박업, 운수업, 건축자재업, 토목건축업, 용접사, 검찰, 경찰, 군인, 검사, 변호사, 사정관, 행정관, 수사관, 교도관, 정보요원, 탐정, 의사, 간호사, 치과의사, 수의사, 침술사, 간호조무사, 간병인, 물리 치료사, 요리사, 주방장, 건강원, 횟집, 식육전, 장의사, 정비업, 금융업, 사채업, 회계사, 세무사, 변리사, 무역업, 보건직, 환경 계통, 법원, 감사원, 국정원, 검찰청, 교도소, 법무부, 경비업체, 철도, 은행, 병원, 보건소, 보석상, 닭고기, 전문업, 바둑지도사, 살생업
水	학과	어학과, 관광과, 유통학과, 유아교육학과, 무역학과, 유아교육학과, 아동복지학과, 사회복지학과, 의료관광학과, 외국어대학, 해양대학, 수산대학, 음악대학
	직업	물 계통, 어학 계통, 음악(소리) 계통, 육아 계통, 보험, 관광계통, 술장시, 정수기, 목욕탕, 생수, 주류, 빙과, 수도사업, 수산업, 원양어업, 양식업, 냉동업, 수산물, 조선업, 해운업, 무역업, 숙박업, 세탁업, 요식업, 물과 관련된 직업, 사회복지, 실버산업, 양로원, 고아원, 육아, 유아원, 유치원, 아동교육 사업, 소방공무원, 비뇨기과 병원, 어학, 어문 계통, 외교관, 통역관, 가이드, 해군, 수영강사, 선원, 관광어행사, 신부인과, 성인용품업, 냉동냉장사업 ※ 소리 계통: 음악가, 작곡가, 성악과, 노래방, 어학원

동방지리서(東方地理書)에 수록된 성씨(姓氏) 기준 오행

木姓	高(고), 孔(공), 郭(곽), 權(권), 奇(기), 金(금), 林(림), 朴(박), 尙(상), 廉(염), 劉(유), 陸(육), 諸(제), 曹(조), 趙(조), 周(주), 朱(주), 池(지), 車(차), 崔(최), 夏(하), 洪(홍)
火姓	姜(강), 吉(길), 那(나), 羅(라), 邊(변), 石(석), 宣(선), 薛(설), 宋(송), 施(시), 辛(신), 愼(신), 尹(윤), 殷(은), 李(이), 印(인), 田(전), 錢(전), 鄭(정), 丁(정), 陳(진), 千(천), 蔡(채), 咸(함), 荊(형)
土姓	景(경), 鞠(국), 琴(금), 都(도), 陶(도), 杜(두), 明(명), 鳳(봉), 孫(손), 沈(심), 嚴(엄), 邕(옹), 陰(음), 任(임), 貞(정), 晉(진), 天(천), 玄(현), 太(태), 鮑(포), 河(하)
金姓	康(강), 慶(경), 南(남), 盧(노), 柳(류), 文(문), 方(방), 房(방), 白(백), 裵(배), 徐(서), 成(성), 申(신), 安(안), 楊(양), 梁(양), 溫(온), 龍(용), 王(왕), 俞(유), 元(원), 張(장), 全(전), 韓(한), 黃(황)
水姓	具(구), 魯(노), 單(단), 路(로), 馬(마), 孟(맹), 門(문), 睦(목), 卞(변), 西(서), 蘇(소), 也(야), 魚(어), 呂(여), 余(여), 延(연), 吳(오), 禹(우), 于(우), 魏(위), 曾(증), 秋(추), 表(표), 許(허), 南宮(남궁)

※ 盜賊(도적)의 姓(성) 鬼爻(귀효)로 결정한다.

　木鬼(목귀)이면 木姓(목성), 火鬼(화귀)이면 火姓(화성)이다.

격국(格局)

1. 甲(갑)

甲加甲	雙木盛林 榮華富貴 (쌍목성림 영화부귀)	큰 나무가 군집을 이루는 格. 부귀영화를 누린다. 정도만 걸으면 길하다.
甲加乙	藤蘿絆木 貴人提拔 (등라반목 귀인제발)	등나무가 소나무를 감고 올라가는 격으로, 귀인의 도움을 받는다. 단독으로 독주는 금하라. 타인에게 의지함이 크다.
甲加丙	靑龍回首 化凶爲吉 (청룡반수 화흉위길)	청룡이 되돌아보는 格. 흉이 변해 길로 하는 일이 좋아진다. 출세, 명예, 승진에 좋다.
甲加丁	謁貴必邃 一拍卽合 (알귀필수 일박즉합)	마른 나무에 불붙는 格. 구상, 계획 등. 귀인은 반드시 만나고 꿈을 이룬다. 계획하는 일에 귀인을 만나고 매사 순조롭다.
甲加戊	禿山孤木 孤立無援 (독산고목 고립무원)	민둥산에 홀로 서 있는 나무와 같은 格. 고립무원으로 주위의 도움을 받지 못한다.
甲加己	共協互惠 欣欣向勞 (공협호혜 흔흔향로)	가라앉은 흙을 가래로 막는 格. 서로 돕고 은혜를 베푸니 흔쾌함이 한량없다. 힘이 부족한 일은 남의 도움을 받는다.
甲加庚	飛宮斫伐(비궁작벌) 樹倒猴散(수도후산) 連根拔起(연근발기)	소나무를 베어 내니 원숭이가 흩어지는 格, 즉 사는 보금자리가 없어진다는 말이다. 뿌리와 줄기로 분산되니 구별하기가 힘들다.
甲加辛	木棍碎瓦(목곤쇄와) 不利來往(불리래왕) 靜吉動凶(정길동흉)	몽둥이로 기왓장을 깨뜨리는 格으로, 동하면 불리하다. 오고 감이 불리하니 쉬는 것이 길하고 움직이면 흉하다.
甲加壬	隻帆標洋 有去無歸 (척범표양 유거무귀)	돛단배가 대해에 표류하는 格으로, 갈 수는 있어도 돌아올 길이 없다. 한번 가면 못 돌아온다.
甲加癸	樹根露水(수근로수) 同姓相輔(동성상보) 化險爲夷(화험위이)	나무뿌리가 물을 먹고 내뱉는 格. 서로 도우니 위험이 변하여 평탄함이 된다. 힘을 모으니 도움을 받을 수 있다. 구혼을 받을 수 있다.

2. 乙(을)

乙加甲	錦上添花 慶上加慶 (금상첨화 경상가경)	비단 위에 꽃을 더한다는 格. 경사에 경사가 겹쳤다는 것이다.
乙加乙	伏吟雜草(복음잡초) 不宜進取(불의진취) 只可安分(지가안분)	뽑아도 자꾸 돋아나는 잡초와 같이 전진은 불리하니, 분수를 지키며 쉬는 게 상책. 고집과 행동을 조심하고 분수를 지켜라.
乙加丙	遷官進職(천관진직) 三奇順遂(삼기순수) 夫妻分離(부처분리)	交泰格(교태격). 관록은 길하지만 부부 관계는 이별수다. 순탄하고 승진과 영전이 뒤따른다.
乙加丁	三奇上佐 百事加爲 (삼기상좌 백사가위)	문서사에 길하다. 백사가 잘되고 삼기가 서로 도우니 문서나 주택에 길하고, 하는 일이 순조롭다.
乙加戊	鮮花名瓶 遊山玩水 (선화명병 유산완수)	꽃병의 꽃이 아름답다는 뜻. 혼인사에 대길하다. 사람들의 눈길을 끌고, 인기가 있다.
乙加己	一奇得使(일기득사) 以一當十(이일당십) 以柔制剛(이유제강)	하나로 열을 당하고, 부드러움이 강함을 제압한다. 열 명의 일을 혼자서도 성공한다.
乙加庚	乙奇被刑(을기피형) 爭訟財産(쟁송재산) 夫妻懷私(부처회사)	귀인이 형을 당하는 격으로, 재산으로 송사가 발생하고, 부부 불화와 동상이몽이 발생할 수 있다. 대인관계를 조심하라.
乙加辛	靑龍逃走(청룡도주) 奴僕拐帶(노복괴대) 育畜皆傷(육축개상)	귀인이 배신을 당하는 격. 인패재패다. 믿었던 사람은 등을 돌리고 집, 동물, 가정에 문제가 발생한다. 사람, 금전상 손해를 본다.
乙加壬	荷葉蓮花(하엽연화) 男遊天下(남유천하) 女歸後門(유귀후문)	남자는 주유천하하고, 여자는 왕후지명으로 이름을 천하에 떨치며 공명이 발수한다. 남자는 팔방미인이나 여자는 남자를 조심해야 한다.
乙加癸	綠野朝露(녹야조로) 遁跡修道(둔적수도) 隱匿藏形(은익장형)	넓은 평야에 아침 이슬이 내리니 때를 기다리며 노력해라. 흔적을 피하여 수도나 은닉(몸을 숨김)하는 것이 상책이다.

3. 丙(병)

丙加甲	飛鳥趺穴格 (비조질혈격)	재사, 경영사, 희망사 성취, 불로소득 및 횡재. 둥지를 찾던 새가 제집을 찾으니 수고 없이 얻는다.
丙加乙	十四格 雀合花格(작합화격) 참조 (喜消息 百事 皆吉)	태양이 꽃을 아름답게 비추니 사업은 번창한다(넘어가는 해가 다시 뜬다). 희소식, 백 가지 일이 다 길하다.
丙加丙	有勇無謀(유용무모) 破耗損財(파모손재) 悖亂格(패란격)	용기는 있으나 꾀가 없으며 재산만 손실된다. 빛 좋은 개살구다.
丙加丁	三奇順遂(삼기순수) 貴人吉利(귀인길리) 常人平靜(상인평정)	귀인은 대길하고, 일반인은 평안하고, 안정된다. 귀인이 항상 곁에 있으니 매사 안 되는 일이 없고 순조롭게 번창한다.
丙加戊	三奇得使格 (삼기득사격)	어진 보필을 만난다는 뜻. 귀인이 나를 도와 힘이 생기니 생활이 발전하고 금상첨화.
丙加己	大地普照(대지보조) 門吉大吉(길문대길) 門凶不凶(문흉불흉)	대지에 태양이 넓게 비치는 격. 길문이면 대길하고, 흉문이라도 불흉하다. 전후좌우 고루 비추니 안 되는 일이 없고, 노력한 대가가 따른다
丙加庚	熒惑人白(형혹입백) 門戶破財(문호파재) 盜賊遁走(도적둔주)	실색과 노석을 소심하라. 담 너머 노적이 기웃거리니 매사 실물 조심과 사람 조심하고 시비와 구설을 조심해라
丙加辛	日月相會(일월상회) 謀事成就(모사성취) 病因不凶(병인불흉)	해와 달이 합하는 격으로, 소망사는 성취하고, 병든 자는 회복된다. 불길한 일도 좋게 변하니 걱정 말고 밀고 나가라.
丙加壬	江揮上映(간휘상영) 雖有大利(수유대리) 是非頻多(시비빈다)	타는 불에 물 뿌리는 격. 마음은 답답하다. 비록 큰 이득은 얻으나 시비가 자주 일어난다.
丙加癸	黑雲遮日(흑운차일) 陰人害事(음인해사) 災禍頻多(재화빈다)	먹구름이 해를 가리는 격. 여인으로 인한 재화가 자주 일어난다. 여색을 조심하고 긁어 부스럼을 만들지 마라.

4. 丁(정)

丁加甲	靑龍轉光(청룡전광) 官人昇遷(관인승천) 常人威昌(상인위창)	귀인이 광명을 가져오는 격으로, 승진 및 발전한다. 사업이 번창하니 마음이 흐뭇하다.
丁加乙	燒田種作(소전종작) 加官進綠(가관진록) 加田進宅(가전진택)	화전을 일구어 종자를 뿌리는 격. 관인은 봉급이 오르고, 농부는 전답과 집을 얻는다.
丁加丙	姮娥奔月(항아분월) 越級高昇(월급고성) 樂極生悲(낙극생비)	어여쁜 계집아이가 달 속에서 분주히 노는 격. 진급도 되고 월급도 오르나 즐거움이 다하면 슬픔이 온다(初吉後凶). 관운과 재운이 좋다. 즐거움이 클 때 겸손한 마음을 가져라.
丁加丁	兩火成炎(양화성염) 文書卽至(문서즉지) 喜事遂心(희사수심)	불 바닥에 불붙이는 격으로, 문서를 받고 기쁜 일이 따른다. 문서와 관계된 모든 일은 해결된다.
丁加戊	有爐有火(유로유화) 平安壽福(평안수복) 巧奪天工(교탈천공)	평생 복을 누리는 격으로, 매사에 성공한다는 뜻이다. 자기가 하고자 하는 직종을 얻을 수 있다.
丁加己	星墮句陳(성타구진) 奸邪仇寃(간사구원) 事因女人(사인여인)	별이 호랑이 굴속에 떨어진 격. 간사한 원귀가 복수를 노리니 여인으로부터 환란이 온다. 남녀를 막론하고 마음 주지 말고 조심해라.
丁加庚	火煉眞金(화련진금) 文書暢達(문서창달) 行人必歸(행인필귀)	萬事順成(만사순성)의 뜻. 불에 금을 녹여 보화를 만드는 격으로, 문서는 길하고 나간 사람은 반드시 돌아온다. 사람 조심하고 바른 일은 강하게 밀어붙여라.
丁加辛	燒毁珠玉(소훼주옥) 常人夢寃(상인몽원) 官印失位(관인실위)	구슬을 불 속에 넣어 그 형체를 더럽히는 격. 평인은 미움받고 관인은 실직한다. 관재구설.
丁加壬	三奇得使(삼기득사) 貴人恩紹(귀인은소) 訟獄公平(송옥공평)	귀인래조 만사형통. 귀인의 도움을 받고 매사 순조로우며, 억울한 누명을 벗는다.
丁加癸	朱雀投江(주작투강) 凶格, 四十四格 참조	주작이 강물에 투신하는 격. 불조심해라. 문서, 도장 조심, 보증은 금물, 관송사 시 패소한다(고소장 잘 쓰는 사람, 분쟁 잘 일으키는 사람).

5. 戊(무)

戊加甲	巨石壓木(거석압목) 不平亂伸(불평난신) 理直訟屈(이직송굴)	큰 바위가 나무를 누르는 격으로, 매사 불길하다. 불평불만이 많고, 아무리 잘했어도 소송하면 진다.
戊加乙	靑龍合靈(청룡합령) 門吉大吉(문길대길) 門凶平常(문흉평상)	청룡이 합병하는 격. 門吉(문길)하면 大吉(대길)하고, 門凶(문흉)해도 無凶(무흉)하다.
戊加丙	日出東山(일출동산) 初亂後易(초난후이) 前苦後甘(전고후감)	해가 동쪽에서 뜨는 격. 甲子直符(갑자직부)가 戊이면 청룡회수 격이나, 갑자직부가 아니면 처음에는 어렵고 고생스러우나 후에는 길하다.
戊加丁	以小勝多 以寡敵衆 (이소승다 이과적중)	적은 힘으로 많은 적을 이길 수 있다. 나약하나 그 누구와도 지지 않으니 용기를 내라.
戊加戊	伏吟峻山(복음준산) 凡事閑塞(범사한색) 靜守爲吉(정수위길)	凶神(흉신)이 福神(복신)이 되어 심술을 부리는 격으로, 갈수록 태산이다. 매사가 막히니 분수를 지켜라.
戊加己	勿以類聚(물이류취) 好逸惡勞(호일악로) 座食山空(좌식산공)	편안한 일만 취하고 어려운 일을 싫어하니 먹고사는 것이 공허하다. 따져 보다 남들보다 늦게 시작하는 사람이다.
戊加庚	助紂爲虐 吉事不吉 (조주위학 길사불길)	포악한 임금을 도와 악정을 펴게 하는 격. 좋은 일도 나쁜 일로 변한다. 될 듯하면서 안 된다.
戊加辛	初災失敗 十事九敗 (초재실패 십사구패)	스스로 재앙을 불러일으키는 격으로, 과붓집 수캐처럼 일만 저지른다.
戊加壬	山明水秀(산명수수) 有勇有謨(유용유모) 迎刀而解(영도이해)	용맹과 꾀가 있어 안 되는 일이 없고, 창과 칼이 가로막아도 위험함이 없이 능히 풀 수 있다.
戊加癸	岩石浸蝕 門吉不吉 (암석침식 문길불길)	암적인 존재가 있으니 吉門(길문)을 얻더라도 不吉(불길)하다. 금에도 녹이 나니 되는 일이 없다.

6. 己(기)

己加甲	永不發芽 剪刀鐵掃 (영불발아 전도철소)	영원히 싹이 트지 않으며 가위로 쇠를 자르는 격. 자식운에 있을 경우 無子다.
己加乙	柔情密意(유정밀의) 郎才女貌(낭재여모) 海誓山盟(해서산맹)	정은 부드럽고, 뜻은 치밀하다. 남몰래 밀회하여 결혼으로 성공한다. 매사 확고하게 실행하라.
己加丙	火悖地戶(화패지호) 陽人相害(양인상해) 陰人淫汚(음인음오)	남자는 서로 간 상해를 입고, 여자는 淫汚(음오: 음탕하고 더러움)하다. 실수든 고의든 오해나 상처받고, 구설 시비가 따른다.
己加丁	朱雀入墓(주작입묘) 文將詞訟(문장사송) 先曲後直(선곡후직)	시비 송사가 있으나 처음은 불리하나 후에는 바르게 되어 길하다. 문서 관계에 주의가 요구된다. 무리는 금물이다.
己加戊	犬遇靑龍(견우청룡) 謀望遂意(모망수의) 上人見喜(상인견희)	개가 용을 만나는 격으로, 귀인을 만나는 의미이다. 소원 성취하고 윗사람을 만나 기쁜 일을 본다.
己加己	伏吟軟弱(복음연약) 百事不遂(백사불수) 病者必死(병자필사)	모든 일이 따라 주지 않고, 병자는 필사한다. 歲에 붙거나 日支에 붙는 경우 죽는다. 매사 불성하고 안팎으로 속 썩는다.
己加庚	顚倒刑利(전도형리) 詞訟謀害(사송모해) 活鬼塵身(활귀전신)	관재구설과 중상모략을 당하고, 몸에 활귀가 붙었으니 신병을 조심해라. 좋은 일도 나빠지고 오해와 구설이 따르니 몸 조심해라.
己加辛	濕泥汚玉(습니오옥) 失足一瞬(실족일순) 懷恨千秋(회한천추)	옥이 진흙에 묻혀 더러운 격. 아차 하는 한 번의 실수가 천추의 한을 남긴다.
己加壬	反吟濁水(반음탁수) 狡僮佺女(교동질여) 姦情傷殺(간정상살)	교활한 소년과 어리석은 소녀가 간정을 통하여 서로 간의 몸이 상한다는 것. 이성을 조심해라. 잠깐의 즐거움이 신세를 망쳐 한이 된다.
己加癸	好事必止 病人必死 (호사필지 병인필사)	좋은 일은 안 오고, 아픈 사람은 죽는다. 매사불성. 좋은 일은 한순간이다. 앞으로의 건강이 염려된다.

7. 庚(경)

庚加甲	官吏失位 商覆失敗 (관리실위 상복실패)	官吏(관리)는 직위를 잃고, 商人(상인)은 실패한다. 길은 멀고 앞길이 막막하니 장사라고 벌여 보아도 별 볼 일이 없다.
庚加乙	太白逢星(태백봉성) 退吉進凶(퇴길진흉) 動咎靜安(동구정안)	나아가 움직이면 흉하고, 靜(정)하면 평안하다. 한 걸음 나아가도 물러선 것만 못하고, 활동을 해 보아도 노는 것만 못하다. 나서지 말아라.
庚加丙	太白入熒(태백입형) 占賊必來(점적필래) 爲主破財(위주파재)	도적을 조심하고, 몸의 병을 조심할 것. 열이 도둑 한 명 못 지키니 남은 좋으나 나는 손해만 본다. 門이 凶하면 더 흉하다
庚加丁	亭亭之格(정정지격) 門吉卽吉(문길즉길) 門凶卽凶(문흉즉흉)	門이 吉하면 길하고, 門이 凶하면 흉하다. 쓸데없는 농담에 구설수를 조심해라. 쉬는 게 좋다.
庚加戊	有爐無火(유로무화) 頑鐵不煉(완철불련) 難成大器(난성대기)	화로는 있어도 불이 없는 격. 무딘 철을 다루지 못하여 그릇을 만들기 어렵다(모든 일이 이루어지지 못한다는 뜻).
庚加己	官府刑格 官災口舌 (관부형격 관재구설)	관형, 신액, 남녀 색정에 빠져 刑(형)을 받을 수. 대수롭지 않은 일에 관재로 옥에 갇힐 수도 있다.
庚加庚	伏吟戰格(복음전격) 이라하여 官災橫厄	관재와 횡액이 따르고 형제가 함께 뇌공을 입는다 하니 대흉이다. 좋은 일에 성질 내고 남의 일에 구설 듣고 동기간에 불복한다. 사면초가다.
庚加辛	車折馬死 不可遠行 (거절마사 불가원행)	차는 끊기고 말은 죽은 격으로, 하는 일이 중단된다는 뜻이다. 바깥출입을 좋아하다 도중에 실직당한다.
庚加壬	耗散小格(모산소격) 損耗多大(손모다대) 失迷道路(실미도로) 不可遠行(원행불가)	길 잃고 방황하는 격. 소식불통. 재산이 모이지 않고 흩어진다.
庚加癸	大格은 부귀지명은 대발하고, 소격은 풍전등화로 다 털어먹는다. 하는 일마다 송사요 튼튼한 몸에는 상처 나고 가족이 속상하다.	

8. 辛(신)

辛加甲	月下松影 懷才不運 (월하송영 회재불운)	달빛에 소나무 그림자와 같은 격. 뿌리 없는 나무와 같으며, 재주는 있어도 운을 못 만나는 의미다.
辛加乙	白虎猖狂格 (백호창광격)	인패, 재패, 원행 출입거동 일체 흉하다. 일마다 어긋나고 집은 폐가하고 상문조객 등 마가 겹친다. 교통사고를 조심해라. 그리고 기도를 많이 해라.
辛加丙	雖有大利(수유대리) 因財致訟(인재치송) 干合悖師(간합패사)	비록 큰 이익을 보나 재물로 인한 송사가 있다. 모은 재물이 다 빠져나가고, 어쩌다 생긴 재물은 시비가 생긴다.
辛加丁	經商培利 囚人逢殺 (경상배리 수인봉살)	一喜一悲(일희일비) 격이다. 장사는 배가 넘는 이익을 보나, 죄인은 처형을 당한다. 송사가 끝나 혐의가 풀리니, 경제는 흥하고 액운은 멀어진다.
辛加戊	官司破財 妄動禍殃 (관사파재 망동화앙)	송사로 파재하고 망동하면 재앙이 온다. 재판을 하면 무조건 지고, 되는 일이 하나도 없다.
辛加己	奴僕背走(노복배주) 訴訟難伸(소송난신) 凡事箇凶(범사개흉)	수하에게 배신당하고 소송을 하면 진다. 하는 일마다 결실이 없다.
辛加庚	刀刃相接 主客相殘 (도인상접 주객상잔)	칼과 칼이 서로 싸우는 격으로, 주인과 객이 서로 상한다. 성질만 부렸지 되는 일 없이 반복한다.
辛加辛	公廢私取 自罹罪名 (공폐사취 자리죄명)	공사를 폐하고 사사로움을 취하여 스스로 죄명을 입는다. 뇌물을 받지 말고 공금을 만지지 마라. 욕심은 금물이다. 공은 없고 사만 남는다.
辛加壬	寒塘月影(한당월영) 表實內虛(표실내허) 徒有基命(도유기명)	외형은 실한 것 같으나 내실은 텅 비어 있다. 아무리 활동해도 헛된 이름만 난다. 실속이 없다.
辛加癸	誤入天網 動止乖張 (오입천망 동지괴장)	잘못하여 천망에 걸리는 격으로, 모든 일이 성사되지 못한다. 동하거나 정하거나 펴 나가지 못한다. 발을 헛디뎌 수렁에 빠져 날이 밝아야 해가 뜨는 격이다.

奇門命理學

9. 壬(임)

壬加甲	浪中孤船(낭중고선) 內外危急(내외위급) 速決僞主(속결위주)	내외가 위급하니 빨리 처리하는 게 좋다. 좌우가 불안하니 매사 속전속결하라.
壬加乙	男人輕薄 女人淫亂 (남인경박 여인음란)	남자는 경박하고, 여자는 음란하다. 무심코 사귄 정에 가족들과 별거한다.
壬加丙	日落四海(일락사해) 會光返照(회광반조) 危期不遠(위기불원)	노을이 찬란하나 잠시면 침몰하는 격으로, 호화로운 생활이 곧 암흑세계로 변한다. 지난날은 후회되고, 좋은 일만 찾아온다.
壬加丁	文書順理 貴人扶持 (문서순리 귀인부지)	모든 일이 순조롭게 잘되며 귀인의 도움을 받는다. 문서에 기쁨이 있고 상봉으로 웃음이 만발한다.
壬加戊	小蛇化龍(소사화룡) 男人發達(남인발달) 女坐金輿(여좌금여)	작은 뱀이 용이 되는 격으로, 남녀 모두 소원 성취한다. 남자는 발전하고, 여자는 금방석에 앉는다.
壬加己	反吟泥裝(반음니장) 大禍將支(대화장지) 訴訟理曲(소송이곡)	큰 재앙이 닥치니 조심하고, 아무리 옳은 일이라도 소송하면 진다. 작은 일에도 마가 낀다.
壬加庚	螣蛇相塵(등사상전) 終得吉門(종덕길문) 赤不能安(역불능안)	요사가 집안에 있으니 좋은 문을 얻을지라도 편치 않다(가정이 편하지 못하다는 뜻). 어떤 일을 해도 칭찬은 없고 마음만 답답하다.
壬加辛	淘洗珠玉(도세주옥) 刑獄公平(형옥공평) 立部邪世(입부사세)	깨끗한 주옥을 물에 씻는 격. 매사가 공평무사하다는 것을 뜻한다.
壬加壬	伏吟地網(복음지망) 地羅占葬(지라점장) 地網遮蔽(지망차폐)	들고나는 모든 일이 얽히고설킨다. 외부에서 속 썩고, 안에서 겨우 연명한다.
壬加癸	幼女姦淫(유녀간음) 家有醜聲(가유추성) 反福爲禍(반복위화)	어린 계집애가 간음하여 집안에 추악한 소리를 듣는다. 복이 오히려 화로 바뀐다.

10. 癸(계)

癸加甲	楊柳甘露(양유감로) 困時得助(곤시득조) 險時有救(험시유구)	메마른 버드나무가 비를 만난 격으로, 곤란할 때 협조를 받고 험난할 때 구함을 얻는다. 아무리 어수선하여도 편안하다.
癸加乙	梨花春雨(이화춘우) 鷺鷰分飛(로연분비) 各據一方(각거일방)	배꽃이 봄비에 떨어지는 격. 백로와 제비가 각각 다른 곳으로 날아간다. 즉, 이별한다는 것이다.
癸加丙	貴人祿位 常人平安 (귀인록위 상인평안)	귀인은 직위에 오르고 평인은 평안을 얻는다. 허송세월 놀던 몸이 이제야 생기가 난다.
癸加丁	螣蛇夭嬌(등사요교)	화재가 나면 도망갈 길조차 없다. 물 조심해라. 도장, 문서 처리 실수로 관사 발생, 관재구설 수가 있다.
癸加戊	天乙會合(천을회합) 財喜婚姻(재희혼인) 吉人贊助(길인찬조)	戊癸之合格(무계지합격). 혼인 재사 대길하고, 귀인이 來助(내조)한다.
癸加己	音信皆沮 男女不安 (음신개저 남녀불안)	소식이 막혀 남녀가 불안하다. 눈앞이 캄캄하고 마음은 답답하며, 남녀 모두 되는 일이 없다.
癸加庚	反吟浸白(반음침백) 頑鐵不煉(완철불련) 不能成鋼(불능성강)	강한 쇠를 녹이지 못하여 강철을 만들지 못한다. 즉, 매사 불성이다. 급한 성격에 폭력을 쓰면 쟁사와 송사로 가중되고 모든 일이 뒤엉킨다. 무조건 참아라.
癸加辛	占病占訟 死罪莫逃 (점병점송 사죄막도)	병점이나 소송점을 쳐 보아도 병자는 죽고 죄인은 잡힌다(모든 일이 막힌다). 흉사도 무겁다. 남자는 여자의 입장에서 판단해라.
癸加壬	沖天奔地(충천분지) 嫁娶重婚(가취중혼) 急進誤事(급진오사)	시집 장가를 두 번 가며, 무슨 일을 급하게 처리하면 잘못된다. 구설수만 따른다.
癸加癸	伏吟天羅(복음천라) 天網四張(천망사장)	그물 속에 갇힌 새, 어찌 세상 구경할까? 집 잃고 돈 떨어지고 질병과 송사까지 겹치니, 가는 길이 미로이고 행인이 실반한다. 病訟皆傷病者(병송개상병자)나 송사는 다 패한다.

奇門命理學